나르시시즘 — 다시 생각하기

RETHINKING NARCISSISM
Copyright © 2015 by Craig Malkin
All rights reserved.

Korean translation copyright © 2017 by Prunsoop Publishing Co., LTD.
Korean translation rights arranged with Harper Collins Publishers
through EYA(Eric Yang Agency).

이 책의 한국어판 저작권은 EYA(Eric Yang Agency)를 통한 Harper Collins Publishers 사와의
독점계약으로 (주)도서출판 푸른숲이 소유합니다.
저작권법에 의하여 한국 내에서 보호를 받는 저작물이므로 무단전재와 무단복제를 금합니다.

나르시시즘 다시 생각하기

나르시시즘은 어떻게 자존감을 건강하게 유지시키는가

RETHINKING NARCISSISM

The Bad—and
Surprising
Good—About
Feeling Special

크레이그 맬킨
지음

이은진
옮김

푸른숲

줄리 맬킨에게 이 책을 바친다.

들어가는 말

내 어머니는 내가 아는 이들 중에 가장 멋진 사람이자 가장 짜증 나는 사람이다. 어머니는 나르시시스트였다.

나는 너무나 오랫동안 그 사실을 알지 못했다. 대학에 진학해 심리학 교재를 읽다가 그제야 어머니가 나르시시스트라는 사실을 알았다. 호수에 비친 자기 모습을 정신없이 바라보는 그리스 청년 나르키소스의 그림 아래에, 또렷하고 굵은 글씨로 '나르시시즘'이라는 글자가 쓰여 있었다. 이어지는 설명을 읽는 순간, 나는 안도감과 함께 두려움을 느꼈다. 나르시시즘은 내 어머니가 가진 모순을 완벽하게 담아낸 용어였다.

어머니는 눈이 부시도록 화려한 사람이었다. 금발 머리에 180센티미터에 가까울 정도로 키가 컸고, 영국에서 나고 자란 티가 역력한 말투를 썼다. 주체할 수 없을 정도로 외향적이고, 주변 사람까지 밝게 만들 정도로 재미있고, 놀라울 정도로 배려심이 깊었다. 마치 세상이 그녀를 중심으로 움직이는 것 같았다.

어머니는 슈퍼마켓에 가든 커피숍에 가든 미용실에 가든 금방 사람을 사귀는 것 같았다. 어머니는 몸이 아프거나 힘든 일을 겪는 친구들을 찾아가 기운을 북돋우며 극진히 돌보았고, 운동장을 치우는 일이건 빵 바자회를 준비하는 일이건 뭐든 앞장서면서 지역 일에도 온 힘을 다했다. 그리고 내 아버지의 아내이자 나와 내 동생의 어머니로서 사랑과 조언을 아끼지 않으며 늘 우리 곁에 있었다.

그러나 내가 나이를 먹고 어머니 역시 나이를 먹으면서, 눈이 부시게 찬란했던 어머니는 차츰 빛을 잃어갔다. 어머니는 점점 더 자기 자신에게만 몰두하는 듯했다. 이따금 어설프게 스플릿(상체를 꼿꼿이 한 채 다리를 일직선이 되도록 양쪽으로 벌리고 바닥에 앉는 발레 동작)이나 플리에(꼿꼿한 자세로 두 무릎을 굽히는 발레 동작)를 하면서 어린 발레리나처럼 기량을 뽐냈다. 유명인의 이름을 친한 친구인 양 들먹이고 잠시 스쳤던 인연을 자랑했다. (그 인연이 실제인지 상상인지 나로서는 전혀 알 수 없었다.) 외모에 대한 집착이 갈수록 심해져서 주름을 감추느라 여념이 없었고, 몸 여기저기에 작은 점이 생겼다고 요란을 떠는가 하면, 날씬한 몸매를 유지해야 한다며 거의 굶다시피 했다. 이야기 중간에 불쑥 끼어들기 일쑤였는데 심지어 누군가 아픔과 불안을 토로하는 와중에도 불쑥 끼어들어 말을 끊곤 했다. 한번은 어머니에게 여자 친구와 헤어져서 괴롭다는 이야기를 꺼냈는데, 어머니는 꿈꾸는 듯한 표정으로 이렇게 중얼거렸다. "나는 한 번도 힘들게 데이트 상대를 찾아다닌 적이 없어." 너무나 생뚱맞은 그 말에, 순간 머리가 멍해졌다.

내 어머니는
나르시시스트였다

어머니에게 대체 무슨 일이 생긴 걸까? 대학에 다니면서 나르시시즘이라는 단어를 알게 되었다. 그러나 나는 그 단어가 무엇을 의미하는지 정확히 이해하지 못했다. 궁금한 게 너무 많았다. 내가 몰랐을 뿐, 어머니는 원래부터 나르시시스트였던 걸까? 아니면 상황에 떠밀려, 그러니까 나이가 들면서 그렇게 된 걸까? 어떻게 해야 어린 시절 내 기억 속에 있는, 사랑스럽고 배려심 많은 여성으로 다시 돌아갈 수 있을까?

나는 답을 찾는 데 몰두했다. 도서관에서 책과 논문을 파고들었다. 우선 프로이트부터 시작했다. 심리학자가 되기 위해 훈련을 받을 때는 나르시시즘 분야의 최고 전문가 밑에서 인턴으로 일했다. 박사 학위를 취득한 뒤에는 연구원으로서 인격 장애를 겪는 내담자들을 돕는 데 집중했다. 나르시시즘의 가장 극단적인 형태인 자기애성 인격 장애(Narcissistic Personality Disorder, NPD)를 보다 잘 이해하고 싶은 마음에서였다.

그러나 그 기간 동안 많은 것을 배웠음에도, 여전히 나르시시즘을 제대로 알지 못한다는 생각이 들었다. 그러던 어느 날, 나르시시즘에 관한 내 생각 가운데 뭔가가 바뀌었다는 사실을 깨달았다. 내 어머니와 내가 상담했던 내담자들과 내 안에 있는 나르시시즘을 바라보는 시각이 어느 순간 달라진 것이다.

최근에 아버지가 돌아가셨다. 부모님이 사시던 큰 집이 우리 부부가 사는 집과 꽤 떨어져 있어서 나는 아내 제니퍼와 함께 우리 집과 가까운

곳에 작은 아파트를 구해 어머니의 거처를 옮겨드렸다. 우리 부부에게는 아주 힘든 과정이었다. 그런데 작은 아파트를 둘러본 어머니는 기분이 나쁘셨는지 비꼬는 투로 툴툴거렸다. "날 위해 아주 멋들어진 곳을 찾아냈구나."

어머니는 첫째 날 밤 근처 호텔에서 묵으셨다. 그리고 다음 날 오후에 택시를 타고 우리를 보러 오셨다. 우리는 다시 짐을 풀기 시작했다. 어머니는 거의 말이 없었고, 손 하나 까딱 안 하셨다. 얼마 지나지 않아 어머니는 다시 택시를 타고 사라지셨다. 이번에는 실내장식에 과도한 비용을 써야 했다.

그렇게 일주일이 흘렀다. 어머니는 여전히 밤에는 호텔에서 자고 낮에는 쇼핑을 했다. 그러다 어느 날 밤늦게 커다랗게 한숨을 쉬며 선언하셨다. "난 좀 쉬어야겠어!" 그러고는 침실로 들어가셨고, 방에서 상자 포장을 푸는지 바스락거리는 소리가 들렸다. 잠시 후 어머니는 마놀로 블라닉에서 나온, 굽이 10센티미터나 되는 뾰족구두를 신고 나타났다. 그리고 뽐내듯이 우리에게 말했다. "아, 이제야 쉴 수 있겠네. 내 구두가 이 아파트보다 훨씬 낫구나." 보아 하니, 그 구두가 어머니에게 특별한 기분을 선사한 것 같았다.

내가 어머니를 이해하기까지

그때 불현듯 깨달았다. 어머니는 자신이 특별하다는 생각을 버팀목처럼 사용했다. 겁이 나거나 슬프거나 외로울 때마다 자신은 특별하다는 생각에 기대어 그 순간을 버텨냈다. 앞으로 혼자 살 생각을 하면 얼마나 무섭고 겁이 나는지 나나 동생이나 제니퍼나 다른 누군가를 붙잡고 이야기하는 대신, 어머니는 자기가 다른 사람들보다 더 낫다는 기분에 의존했다. (마놀로 블라닉 구두를 신으면 어머니는 문자 그대로 대부분의 사람들 위에 있었다.)

지금보다 젊었을 때에는 굳이 자신이 특별하다는 생각에 연연할 필요가 없었다. 사람들은 당연하다는 듯 그녀를 쳐다보고 찬사를 보냈다. 그러나 나이가 들고 자신감의 원천이었던 외모가 시들어가면서 어머니는 자신이 할 수 있는 일이 거의 없다고 여기고 사회생활에서 한발 물러났다. 어머니는 자신이 특별하다는 사실을 부각시키고 스스로에게 증명할 다른 길을 찾아야만 했다.

이처럼 나르시시즘을 '사람들이 스스로 위안을 얻기 위해 사용하는 하나의 습관'으로 여기자, 어머니에게 어떻게 대응해야 하는지가 훨씬 더 확실하고 단순해졌다. 어머니의 나르시시즘을 증폭시키고 누그러뜨리는 것이 무엇인지 이해할 수 있었다. 왜, 어떻게 나르시시즘이 파괴적으로 발현되는지 이해할 수 있었다. 나아가 나르시시즘에 기대지 않고 자신이 느끼는 아픔을 솔직히 이야기할 수 있도록 어머니를 돕는 방법이 무엇인지도 알 수 있었다.

어머니를 이해하기 위해 시작했던 조사는 또 다른 통찰로 이어졌다. 나르시시즘이 나쁘기만 한 것은 아니라는 것이다. 사실, 적당한 나르시시즘은 행복하고 충만하고 결실을 맺는 삶을 사는 데 도움이 될 뿐 아니라 꼭 필요하기까지 하다. 내가 알아낸 바로는, 자신이 특별하다는 생각은 우리가 더 좋은 연인이 되게 하고, 용기 있는 리더가 되게 하고, 용감무쌍한 탐험가가 되게 해준다. 우리가 더 창의적인 사람이 되게 하고 심지어 더 오래 살게 해줄 수도 있다.

내가 깨달은 사실을 확인해주는 연구가 많이 있다. 따뜻함, 낙관주의, 적극적인 실행력 등 어머니가 젊었을 때 내가 존경했던 성격 특성 대부분은 나르시시즘에서 비롯된 것이었다. 자신이 특별하다는 생각은 그녀에게 확신과 자신감, 용기를 선물했다. 자신에게 세상을 변화시킬 지혜와 마음만 먹으면 무슨 일이든 해낼 수 있는 능력과 일단 한번 시도해보는 대담함이 있다고 믿게 했다.

나르시시즘은 어머니의 도약대(跳躍臺)였다. 나르시시즘 덕분에 어머니는 열성적인 부모가 되었고 지역사회의 활동적인 리더가 되었다. 나르시시즘 덕분에 어머니는 자기 자신뿐 아니라 다른 사람들도 믿었고, 주변 사람들도 그녀가 자기를 신뢰한다고 느꼈다.

내가 일곱 살 때였다. 폐업 위기에 처해 낙심한 가게 주인에게 어머니는 밝게 웃으며 이렇게 말했다. "우리에게는 당신이 필요해요. 여기가 아니면 우리가 어디서 이렇게 맛있는 음식을 먹고 이렇게 멋진 대화를 나누겠어요?" 어머니는 과장되게 입술을 쑥 내밀고 발을 동동 구르며 말을 이었다. "바로 그거예요! 당연히 떠나면 안 되고말고요. 당신이 떠나게 놔두지 않을 거예요!" 쿠키를 우적우적 씹던 나는, 풀이 죽어 있던 주인의 얼굴이 점차 밝아지는 것을 보았다.

그게 어머니의 능력이었다. 어머니는 자신이 특별하다고 생각했고, 다른 사람들도 스스로 자신이 특별하다고 생각하게 만들었다. 그 남자는 내가 대학에 다닐 때까지 가게를 운영했다.

나르시시즘은 어떻게 자존감을
건강하게 유지시키는가

자신을 특별하게 여기는 태도가 좋을 수도 있고 나쁠 수도 있다는 사실은 내가 나르시시즘의 수수께끼를 탐험하면서 찾아낸 깜짝 놀랄 결과 중 하나일 뿐이다. 앞으로 여러분은 일반적인 통념에 도전장을 내미는 사실들을 여럿 발견할 것이다.

내가 내린 결론 대부분은 지난 몇 년 동안 실시한 수많은 조사를 통해 얻어낸 것들이다. 임상의로서 수많은 개인과 커플을 직접 상담한 경험을 통해 얻은 결론도 있다. 최악의 상황과 최선의 상황, 그리고 미묘한 상황에 처한 나르시시즘의 생생한 사례를 제시하고자 이 책에 이들의 사례를 인용했다. (모든 사례는 내가 상담했던 사람들의 이야기를 조합한 것이고, 사생활 보호를 위해 개인 정보는 수정했다.)

이 책을 쓴 목적은 여러분이 함께 살고 함께 일하는 주변 사람들을 이해하고 잘 대하도록 돕는 것이기도 하지만, 무엇보다 여러분 자신을 보다 잘 이해하도록 돕는 것이다. 내가 나르시시즘을 탐구한 것도 나 자신을 이해하기 위해서였다.

다른 많은 아이들처럼 나는 자라는 동안, 그리고 십 대 시절에 내가 특별하다는 생각을 용납하지 못했다. 그런 생각을 해보는 것조차 겁이 났다. 누군가 나를 칭찬하면 움츠러들거나 애써 무시했다. 어떤 성과를 냈는지는 중요하지 않았다. 어떤 성과를 냈든 그것만으로는 부족했다.

자신의 정체성을 찾고자 몸부림치는 십 대 후반에는 정반대로 움직였다. 친구들과 나누는 대화 대부분은 과한 농담이거나 말도 안 되는 이야기였다. 그 모든 행동은 내게 흥미로운 이야깃거리가 있다는 걸 증명하려는 몸부림이었다.

그러나 결국 나는 어떤 태도도 충만한 삶을 사는 데 도움이 되지 않는다는 사실을 깨달았다. 끊임없이 회의를 품어도, 계속해서 허세를 부려도 소용없었다. 그런 태도는 나를 외롭게 할 뿐이었고, 누구에게도 이해받지 못하는 존재가 되게 했다.

다행히도 나는 변화했고 바람직한 균형점을 찾아냈다. 그리고 나와 똑같은 행동을 답습하는 다른 사람들을 도왔다. 임상의로서 나는 우리 안에 나르시시즘이 너무 적든 너무 많든, 누구나 성장할 수 있다고 굳게 믿는다.

이 책을 쓰기 위해 연구를 시작하고 몇 년이 지난 어느 해, 유난히 무더웠던 한여름에 어머니가 돌아가셨다. 동생과 내가 임종을 지켰다. 그즈음 나는 어머니의 나르시시즘을 조금은 다른 시각에서, 좀 더 미묘한 관점에서 이해하고 있었다. 이런 새로운 관점이 아니었다면 나는 분명 진심 어린 사랑을 담아 어머니에게 작별 인사를 하지 못했을 것이다.

이 책을 여러분과 공유하고 싶은 이유는 여러분도 나와 같이 나르시시즘을 명쾌하게 이해하기를, 또 내가 내 삶에서 발견한 것을 여러분도 여러분 인생에서 발견하기를 바라기 때문이다.

자신이 특별하다는 생각의 단점을 극복하고 장점을 받아들이는 데 부디 이 책이 도움이 되기를 바란다.

CONTENTS

들어가는 말   6

내 어머니는 나르시시스트였다 • 내가 어머니를 이해하기까지 • 나르시시즘은 어떻게 자존감을 건강하게 유지시키는가

나르키소스 신화   20

PART 1 : 나르시시즘이란 무엇인가?

1. 나르시시즘 다시 생각하기   27
나르시시즘은 정신장애가 아니다

나르시시즘은 정상적인 인간 성향이다 • 현실적일수록 우울하다 • 자신의 연인이 최고라고 믿는 사람들 • 나르시시즘이 강해질 때와 약해질 때 • '미묘한' 나르시시스트들 • 나르시시즘은 학습된 반응이자 습관이다

2. 나르시시즘은 어떻게 금기어가 되었나   39
나르시시즘을 둘러싼 논쟁

의학계에 등장한 새로운 용어 • 프로이트는 절반만 이해했다 • 코후트와 케른베르크의 대결 • 미성숙의 증거인가, 행복의 필수 요소인가 • 건강한 성인이

나르시시즘을 향유하는 법 • 피터 팬의 나르시시즘, 모험가의 나르시시즘 • 악성 나르시시스트를 둘러싼 첨예한 대립 • 나르시시즘이 악성 나르시시즘이 되다 • 자기애적 성격 검사의 등장 • '자존감 높여주기' 열풍과 온갖 나쁜 행동 • 자기애적 성격 검사의 함정 • 약간의 과대 성향도 필요하다

3. 나르시시즘은 하나의 스펙트럼이다   58
에코이스트부터 나르시시스트까지

'있거나 없거나'가 아니다 • 0부터 10까지, 나는 지금 어디에 있나 • 대부분은 일정 범위 안에 있다 • 나르시시즘의 다양한 유형 • 나이와 성별에 따라 달라진다 • 가수와 배우와 코미디언의 위치 • 자신을 부정하다: 스펙트럼 2에 위치한 삶 • 자신밖에 모른다: 스펙트럼 9에 위치한 삶 • 건강한 사람들: 스펙트럼 5에 위치한 삶

4. 당신의 나르시시즘은 어느 정도인가   85
나르시시즘 검사하기

나르시시즘 검사 • 너무 부족해도, 너무 많아도 위험하다 • 스펙트럼에서 자신의 위치 찾기 • 양극단이 모두 높은 사람들

PART 2

건강한 나르시시즘 vs.
위험한 나르시시즘

5. 에코이스트와 나르시시스트는 **101**
   어떻게 만들어지나
   천성과 환경 탐색하기

   천성이 기질을 정한다 • 극단으로 몰고 가는 위험한 환경 • 태어나는 것이 아니라 만들어진다 • 헛된 꿈을 경계하는 에코이스트 • 평범함을 거부하는 나르키소스 • 그들의 공통된 어린 시절 • 건강한 나르시시즘, 마음껏 꿈꾸되 실패해도 된다

6. 천성이 질병이 될 때 **127**
   변화하지 않는 이유가 있다

   미묘한 에코이스트: 뒷바라지는 나의 힘 • 욕구 패닉, 욕구를 느끼는 게 무섭다 • 미묘한 나르시시스트: 저 사람을 이겨야 내가 산다 • 특권 의식, 모두 나를 따라야 해 • 특권 의식과 착취의 상관관계 • 이 수준이라면 치료가 필요하다 • 옆 사람이 사이코패스라면

PART 3 위험한 나르시시스트 상대하기

7. 이럴 땐 피해야 한다   **153**
그들이 보내는 위험 신호

감정을 회피하는 다섯 가지 조기 징후 • 위험 신호 1, 화를 내거나 화제를 돌린다 • 위험 신호 2, 자신의 감정을 상대에게 떠넘긴다 • 위험 신호 3, 상대가 먼저 포기하게 만든다 • 위험 신호 4, 상대가 우쭐해지도록 떠받든다 • 위험 신호 5, 영혼의 단짝을 찾아 헤맨다 • 회피하는 사람들에게 다가가지 마라

8. 가족, 친구, 연인 상대하기   **171**
외면할 수 없는 사람을 변화시키는 법

바뀌지 않는다는 건 고정관념이다 • 보살핌, 너그러움, 상냥함, 자비심, 따뜻함 • 고통스러운 감정을 숨기고 싶은 마음 • 공감을 유도하는 대화법 • 모든 감정은 우리가 인간이라는 증거 • 그럼에도 참을 수 없다면 • 자책이라는 정서적 장애물 • 실망할 권리, 상대를 탓할 권리 • 자꾸 흥분한다면 덫에 걸렸다는 증거다 • 친구에게도 예외는 없다

9. 동료, 상사, 부하 직원 상대하기   **204**
함께 대처하고 함께 변화한다

무시하기, 맞서기, 편들기, 고발하기, 퇴사하기 • 협력과 배려의 장점을 강조한다 • 직장 내 괴롭힘에 대응하는 세 가지 전략 • 스펙트럼 중앙으로 끌어오는 대화법 • 비참한 상태라면 절대 버티지 마라

PART 4 · 건강한 나르시시스트로
· 살아가기

10. 자존감 높고 행복한 아이로 키우기   **235**
알아두면 좋은 양육의 원칙

좋은 양육의 시작은 적절한 온정과 통제 · 건강한 나르시시즘을 길러주는 여덟 가지 전략

11. 소미(SoMe)에서 소위(SoWe)로   **261**
소셜 미디어 잘 활용하기

모두가 특별해지는 무대 · 플랫폼이 다르면 행동도 다르다 · 패션지보다 SNS가 위험한 이유 · 자존감이 무너지지 않는 여섯 가지 SNS 전략

12. 행복하고 열정적인 삶   **284**
건강한 나르시시즘이 주는 최고의 선물

성과를 내도 뿌듯하지 않은 이유 · 즐겁게, 열심히 노는 어린아이처럼 · 누구나 즐길 수 있는 특권

감사의 말	**294**
추천도서	**297**
참고문헌	**300**

나르키소스
신화

먼 옛날, 고대 그리스에 나르키소스라는 소년이 살았다. 소년은 강의 신 케피소스와 물의 님프(nymph, 그리스신화에 나오는 젊고 아름다운 여자 모습의 요정) 리리오페의 아들이었다. 소년은 훌륭한 혈통만큼이나 외모가 아주 빼어났다. 이마에는 황금빛 머리카락이 넘실거렸고, 수년간 나무를 타고 바위를 기어오르며 사슴과 새를 사냥하느라 단련된 몸은 조각과도 같았다. 수많은 이가 나르키소스를 흠모했다.

나르키소스가 어디를 가든 남녀노소를 불문하고 그를 보자마자 빠져들었다. 곧 나르키소스의 명성은 인간 세계 너머로까지 퍼져나갔다. 나르키소스가 깊은 숲속이나 집 근처 잔물결이 이는 강가를 거닐 때마다 나무의 님프들 또는 물의 님프들이 그를 보려고 몰려들었다.

나르키소스는 쏟아지는 감탄과 찬사에 익숙해졌지만, 한 번도 따뜻하게 대꾸하지 않았다. 모두의 입에 오르내린 나르키소스의 아름다움은 전설이 되었고, 그의 무심함과 매정함에 관한 소문도 파다해졌다. 나르키소스의 연인이 되고 싶은 이들이 줄을 서서 구애했지만, 돌아오는 것은 매몰찬 거절이었다. 나르키소스는 자신이 친절이나 사랑 위에 있다고 생각하는 것 같았다. 인간들의 평범한 세계 위에, 심지어 신들을 포함한 모든 존재 위에 있다고 말이다.

어느 날, 숲의 님프 에코가 나르키소스를 짝사랑하게 되었다. 숲속 나무들 사이로 해가 모습을 드러냈을 때, 에코는 사냥을 나와 숲속을 거니는 나르키소스를 보았다. 에코는 애가 탔다. 나르키소스에게 시선을 빼앗긴 에코는 그를 따라가기 시작했다. 처음에는 신중하게 나뭇가지와 나뭇잎 사이로 가만히 지켜보았다. 그러다 격정을 이기지 못하고 좀 더 대담해졌고, 그를 뒤따라가다 소란스러운 발소리를 내고 말았다. 나르키소스는 곧 누군가 자신을 따라오는 것을 알아차렸다.

"거기 누구 있니?" 나르키소스가 소리쳤다.

에코는 대답하려 했지만 목소리가 나오지 않았다. 여신 헤라의 오래된 저주 때문이었다. (헤라는 남편 제우스가 바람피우는 현장을 잡으려고 쫓던 중 에코의 수다에 정신이 팔려 여러 번 제우스를 놓친 적이 있었다.) 에코는 소리를 내보려고 애썼지만, 나르키소스의 말을 반복하는 것 외에는 할 수 있는 말이 없었다.

"거기 누구 있니?" 에코는 서글프게 대답했다.

"있으면 당장 이리 나와!" 나르키소스가 다그쳤다.

"이리 나와." 에코가 울먹이며 대답했다.

놀림당하는 것만 같아서 점점 화가 난 나르키소스는 소리쳤다. "네 모습을 보이라니까!"

"보이라니까!" 나무 뒤에서 뛰어나오며 에코가 흐느꼈다. 에코는 다가가 나르키소스의 목을 두 팔로 껴안았다.

그러나 나르키소스의 마음은 차갑기만 했다. "손 치워!" 하고 나르키소스가 고함쳤다. 그러고는 도망치며 어깨 너머로 잔인하게 소리쳤다. "널 사랑하느니 차라리 죽는 게 나아!"

에코는 흐느껴 울며 "널 사랑하느니"라고 따라했다. 굴욕감과 비통함에 사로잡힌 에코는 깊고 깊은 숲속으로 사라졌다. 에코는 그 자리에 꼼짝 않은 채 식음을 전폐했다. 몸이 서서히 야위다가 결국에는 목소리만 남았다.

한편, 신들은 나르키소스가 숱한 이들에게 남긴 잔해에 진력이 났다. 나르키소스에게 구애한 이들 중에는 아메이니아스라는 청년도 있었다. 나르키소스는 매몰차게 퇴짜를 놓았고, 괴로움에 몸부림치던 청년은 복수의 여신 네메시스에게 기도한 후 검을 뽑아 자결했다. 나르키소스의 잔인함을 목격한 네메시스는 청년의 기도를 들어주어 나르키소스에게 어울릴 저주를 내렸다. 그 저주는 바로 나르키소스가 짝사랑의 고통을 알게 되는 것이었다.

그로부터 얼마 지나지 않은 어느 날 오후, 나르키소스는 즐겨 찾던 숲속을 거닐다가 시원하고 맑은 샘을 만났다. 불가사의하게도 그 샘은 너무 맑아서 마치 거울 같았다. 숲길을 걷느라 목이 말랐던 나르키소스는 물을 마시려고 몸을 구부리다 수면에 비친 아름다운 얼굴을 얼핏 보았다. 네메시스의 저주로 판단력이 흐려진 나르키소스는 그 얼굴이 자신인 줄 알지 못했다. 심장이 쿵쾅거렸다. 한 사람의 존재로 인한 깊은 갈망과 순전한 기쁨, 전에는 한 번도 느껴보지 못한 감정이었다. '아마도 이게 사랑이겠지' 하고 그는 생각했다.

"나와서 나랑 놀자!" 나르키소스가 소리쳤다.

답이 없었다.

"왜 대답이 없는 거야!" 그는 수면에 비친 자기 얼굴을 보며 고함쳤다. "너도 나를 원하잖아, 아니야?"

나르키소스가 물에 입을 맞추기 위해 몸을 구부렸다. 그러자 물속에 비친 얼굴이 순간적으로 눈앞에서 사라졌다.

"돌아와!" 나르키소스는 다시 다가가 그를 만지고 껴안으려 했다. 그러나 그때마다 얼굴은 잔잔한 물속으로 모습을 감추고 저만치 멀어지는 것만 같았다.

시간이 흐르고 며칠이 지난 뒤, 마침내 나르키소스는 자리에서 일어나 몸에 묻은 먼지를 털어냈다. 드디어 자신이 무얼 해야 하는지 깨달은 것이다.

"내가 너에게 갈게!" 나르키소스가 물을 향해 소리쳤다. "그러면 우린 함께할 수 있을 거야!"

그렇게 말하고 나르키소스는 연못으로 뛰어들었다. 깊고 깊은 어둠 속으로 곤두박질치며 시야에서 사라진 나르키소스는 다시는 나타나지 않았다.

잠시 후, 연못가에 환상적인 꽃이 한 송이 피었다. 샛노란 트럼펫을 에워싼 하얀 꽃잎이 아주 기품 있었다. 그 꽃은 연못을 향해 몸을 구부리고 하염없이 물속을 들여다보았다.

PART 1

나르시시즘이란
무엇인가?

"위대한 업적을 세운 사람들을 남몰래 죽이는 살인마가 있다.
그 살인마는 바로 나르시시즘이다.
나르시시즘은 오만함보다 훨씬 더 위험하다."

_제임스 우즈

나르시시즘 다시 생각하기

나르시시즘은 정신장애가 아니다

나르시시즘. 최근 수많은 이들의 입에 오르내리는 단어다. 도도하기 짝이 없었던 나르키소스의 옛 명성에 견주어도 손색이 없을 정도다. 신문과 잡지를 훑어보라. 저녁 뉴스와 토크쇼를 보라. 사람들의 휴대폰 통화를 엿들어보라. 이웃과 대화를 나눠보라. 나르시시즘이라는 단어가 자꾸 튀어나온다. 모든 사람이 이 단어를 입에 올린다. 일반 시민, 배우, 사회 평론가, 상담 치료사, 미국 대법원 판사, 심지어 교황까지도.

우리 사이에 이른바 '유행성 나르시시즘'이라는 전염병이 돌고 있다는 주장까지 감안하면, 나르시시즘이라는 용어가 이처럼 흔해진 이유를 쉽게 이해할 수 있다. 보통 그 증상이 손을 쓸 수 없는 지경에 이르지 않는 한, 사람들은 제임스 우즈(James Woods)가 우려하듯이 어떤 질병이 증가 추세에 있는 것처럼 말하지 않는다.

그런데 나르시시즘이란 정확히 무엇을 의미하는 걸까? 그토록 염려하며 자주 이 단어를 입 밖에 내는데, 정작 그 의미는 애매하기 짝이 없다. 나르시시즘이라는 단어는 과도한 자의식, 이를테면 자화자찬, 자아중심, 이기주의, 자만심을 가리키는 일반적인 모욕의 말과 다르지 않다. 대중의 주목을 끌려는 떠들썩한 홍보 활동이나, 충동을 자제하지 못하고 습관처럼 셀카를 찍어 올리는 유명인이나 정치인을 두고 나르시시즘에 빠져 있다고 비난하기 일쑤다.

그렇다면 모든 나르시시즘이 이럴까? 모든 나르시시즘이 허영심으로 나타날까? 관심을 구걸하는 행동이 나르시시즘의 전부일까? 나르시시즘의 의미를 혼동하는 것은 심리학계도 별반 다르지 않다. 나르시시즘을 불쾌하지만 흔하게 접할 수 있는 성격 특성으로 보기도 하고, 희귀하고 위험한 정신 건강 질환으로 보기도 한다. 뭐든 마음에 드는 것으로 고르면 된다. 하지만 서두르는 게 좋다. 정신 건강을 연구하는 학자들 사이에 나르시시즘을 질병으로 간주해서는 안 된다는 인식이 퍼져나가고 있기 때문이다.

미덥지 않고 애매하기 짝이 없는 이런 시각들이 하나같이 공유하는 가정이 있다. '나르시시즘은 전적으로 해롭고 파괴적이다'라는 생각이다.

나르시시즘은
정상적인 인간 성향이다

애석하게도 이 가정은 틀렸다.

나르시시즘은 해로울 수 있다. 맞는 말이다. 인터넷에는 자기애가 강한 연인이나 배우자, 부모, 형제자매, 친구, 동료에게 시달리는 사람들이 쓴 글과 블로그가 넘쳐난다. 그들의 이야기를 들으면 가슴이 아파온다. 그러나 그것은 나르시시즘의 전부가 아니라 일부일 뿐이다. 조각을 모두 맞춘 전체 그림을 보지 않으면, 나르시시즘이 파괴적인 방향으로 나아갈 때 우리 자신을 보호하는 방법을 터득하기는커녕, 어떤 상황에서 나르시시즘이 그렇게 파괴적인 방식으로 표출되는지 원인조차 이해하기 어렵다.

요즈음에는 기존과 완전히 다른 시각이 새롭게 떠오르고 있다. 이 시각은 나르시시즘이 우리에게 도움이 되는 방식을 제시한다. 심지어 우리가 사랑하는 사람들이 나르키소스처럼 자기 자신에게 완전히 빠져버릴 위험에 처할 때, 변화를 기대하게끔 한다.

나르시시즘은 고치기 힘든 성격 결함이나 심각한 정신 질환, 또는 소셜 미디어를 타고 빠르게 확산되는 문화적 질병이 아니다. 심장박동이나 체온, 혈압을 기준으로 보자면 나르시시즘을 문제로 간주하는 것은 말이 안 된다. 사실, 나르시시즘은 정상적이고 보편적인 인간의 성향이기 때문이다. 자신을 특별하게 생각하고 싶은 인간의 충동 말이다.

실제로 지난 25년간 심리학자들은 대다수 사람이 지구상에 있는 거의 모든 사람보다 자신이 더 낫다고 확신한다는 증거를 엄청나게 많이 수집했다. 방대한 연구 결과, 심리학자들은 한 가지 결론에 이르렀다. 자신을 특별하게 생각하고 싶어 하는 욕구는 오만한 얼간이나 반(反)사회적 인격 장애자에게서만 찾아볼 수 있는 정신 상태가 아니라는 것이다.

일례로 '내가 보는 나의 등급'이라는 설문지를 통해 얻은 연구 결과를 살펴보자. 이 설문지는 '자기 고양(비현실적으로 긍정적인 자아상)' 수준을 측정하기 위해 고안해낸 연구 도구로 널리 활용되고 있다. 설문에 응하는 사람들은 따뜻함, 유머, 불안감, 공격성을 비롯한 다양한 기질에 관해 스스로 등급을 매긴다. ("공격성 측면에서 당신은 평균/상위 25퍼센트/상위 15퍼센트/상위 10퍼센트 중 어디에 해당한다고 생각합니까?")

수많은 나라에서 연구에 연구를 거듭한 결과, 대다수 설문 참여자가 대부분의 또래 집단보다 자신에게 훌륭한 자질은 더 많고 불쾌한 자질은 더 적다고 응답했다. 워싱턴 대학교 심리학자 조너선 브라운(Jonathan Brown)은 수십 년에 걸친 연구 결과를 검토한 뒤 이렇게 결론지었다. "대부분의 사람이 자신을 보통의 평범한 사람이 아니라 '특별하고' 독특한 사람으로 여긴다." 대다수 사람에게 스며든 이 현상은 '평균 이상 효과'라고 불린다.

현실적일수록 우울하다

여러분이 이 결과를 전 세계에 퍼진 사회적 전염병의 증거로 여기고 지레 겁먹지 않도록 진실을 밝히자면, 자신을 평균보다 괜찮은 사람으로 생각하는 이런 성향은 나름의 이점이 있다.

실제로 수많은 연구 결과에 따르면, 스스로 평균 이상이라고 생각하는 사람들이 스스로 변변치 못하다고 생각하는 사람들보다 더 행복하고 더 사교적이고 몸도 더 건강하다. 으스대는 걸음걸이는 창의력, 리더십, 높은 자존감을 포함한 다수의 긍정적 자질과 연관이 있다. 이것들은 직장에서 성공을 촉진하는 자질이다. 자기 자신을 희망적으로 바라보는 자아상은 우리에게 자신감을 불어넣고, 엄청난 실패나 끔찍한 상실을 경험한 뒤에도 역경을 견디도록 도와준다.

보스니아 전쟁 생존자들은 극적인 사례를 보여준다. 심리학자와 사회복지사들은 생존자 그룹을 대상으로 우울증, 대인관계 장애, 그 밖의 '심리적 문제'를 조사했다. 그 결과 자신을 평균 이상으로 생각하는 사람들의 상태가 자신을 보다 현실적으로 인식하는 사람들의 상태보다 더 좋은 것으로 나타났다. 9.11 생존자들도 비슷한 양상을 보였다. 자신을 특별하게 생각하는 태도는 비극적인 사건에서 살아남은 사람들이 두려움을 딛고 일어서서 희망을 가지고 앞날에 대응하도록 도와준다.

반대로 자신이 특별하다고 생각하지 않는 사람들은 우울과 불안에 시달리는 비율이 더 높다. 이들은 연인을 칭찬할 가능성도 낮다. 이들의 세계관이 잘못되었다는 말이 아니다. 자기 자신을 높게 평가하는 사람들에 비하면 이들의 시각이 더 정확할 때가 훨씬 많다. 그러나 이들은 바로 그 현실주의를 위해 행복을 희생시킨다. 이들은 보다 어두운 시각으로 자기 자신과 연인과 세상을 바라본다. 연구자들은 이것을 '더 슬프지만 더 현명한 효과'라고 부른다.

자신의 연인이 최고라고 믿는 사람들

그동안 우리가 나르시시즘에 관해 알고 있던 것과는 정반대라는 점은, 어떤 면에서는 아이러니하다. 자신이 다른 사람들보다 조금 낫다고, 조금 특별하다고 느끼는 것은 나쁘지 않고 오히려 좋다. 실제로 우리는 그럴 필요가 있는지도 모른다. 나르시시즘이 해로운가 이로운가, 건강한가 건강하지 못한가 하는 문제는 자신을 특별하게 여기고픈 충동이 어느 정도인가에 달렸다.

나르시시즘에 스펙트럼이 존재한다는 것은 밝혀진 사실이다. 적당한 나르시시즘은 상상력을 자극하고 삶을 향한 열정에 활력을 주어, 인생의 다양한 경험에 마음을 열게 하고 잠재력을 마음껏 펼치게 한다. 가족과 친구, 연인을 향한 사랑을 깊게 만들 수도 있다. 연인 관계에서 성공을 가늠하는 가장 강력한 예측 변수는 자신의 연인을 실제보다 더 좋게 보는 성향이다. 나는 이것을 '교제를 통해 자신이 특별하다고 생각하는 태도'라고 부른다.

최근 해버포드 컬리지 심리학자 벤저민 레(Benjamin Le)와 이스턴미시건 대학교 심리학자 내털리 도브(Natalie Dove)는 연인 관계에 있는 4만여 명이 참여한 연구 결과를 100건 넘게 검토했다. 그 결과 연인 관계가 몇 주 또는 몇 달 이상 지속될지를 결정하는 요인은 연인의 애교 넘치는 성격이나 당당한 자존감이나 친밀감이 아니라는 사실을 알아냈다. 한쪽 또는 양쪽 모두 긍정적 환상을 가지고 있느냐가 가장 중요했다.

다시 말해, 그들은 자신의 연인을 객관적으로 평가하지 않고 실제보다 더 영리하고, 더 재능 있고, 더 아름답다고 보았다. 내가 여기 있는 사람들 가운데 가장 대단한 사람의 손을 잡고 있다는 믿음은 자신을 특별하게 여기게 해준다.

이렇듯 적당한 나르시시즘은 사랑을 강화시킬 수 있다. 하지만 정도를 넘어선 나르시시즘은 사랑을 약화시키고 심지어 파국에 이르게 할 수 있다. 자신은 특별하다는 생각에 의존하는 정도가 높아지면 사람들은 잘난 체하기 쉽고 오만해진다. 그들은 더 이상 연인을 자신이 아는 사람들 중 최고로 중요한 사람으로 여기지 않는다. 정말 특별한 사람은 바로 자신이라고 주장해야 하기 때문이다.

나아가 이들은 자신과는 다른 관점으로 세상을 바라보는 능력을 잃어버린다. 이들이 바로 진짜 나르시시스트다. 최악의 경우에는 이른바 '다크 트라이어드(dark-triad)'로 불리는 세 가지 특성 가운데 다른 두 가지, 즉 양심의 가책이 전혀 없고 조작하고 속이는 행위를 즐기기도 한다.

나르시시즘이
강해질 때와 약해질 때

놀랍게도 나르시시즘이 너무 부족해도 해로울 수 있다. 에코를 기억하는가? 우리는 그리스신화에 나오는 에코의 존재를 쉽게 잊어버리곤 한다. 에코에게는 자신의 목소리가 없다. 에코는 자신을 부정하고 거의 눈에 띄지 않는다. 자신을 특별하게 여기지 않는 사람들은 가급적 앞에 나서지 않으려 하고, 자신이 가치 있고 중요한 존재라는 인식조차 하지 못한다. 나는 이런 사람들을 에코이스트라고 부른다.

이처럼 나르시시즘 스펙트럼의 양 끝에는 위험이 도사리고 있다. 스펙트럼의 중앙에 있는 사람이 70억 인구 가운데서 자신이 더 돋보였으면 하는 욕구 때문에 다른 사람들의 욕구나 감정을 헤아리지 못하는 경우는 없다. 스펙트럼의 중앙에만 건강과 행복이 있다.

또한 우리는 나르시시즘이 평생 똑같은 강도로 정해져 있다는 관념에 집착하는데, 이 역시 잘못된 것이다. 심지어 건강한 나르시시즘조차 생활 여건과 시기에 따라 차기도 하고 기울기도 하며, 가라앉기도 하고 폭발하기도 한다.

예를 들어, 몸이 아플 때는 대개 심리 상태가 나르시시즘 스펙트럼의 오른쪽으로 움직인다. 다른 사람들이 나를 좀 더 챙겨주고 내게 시간을 더 투자해야 마땅하다고 생각한다. 나보다 건강한 친구들이나 식구들보다 내가 더 특별한 대접을 받을 자격이 있다고 여긴다.

직장에서도 비슷하다. 인정받고 칭찬받고 좋은 평가를 받고 싶은 욕구를 느낄 때, 말하자면 승진에 필사적일 때, 나르시시즘이 치솟는다. 무리 가운데서 돋보여야만 앞날에 희망을 품을 수 있기 때문이다. 또한 인생에는 자신을 특별하게 여겨야 하는 특정 시기가 있다. 임신기와 청소년기가 여기에 해당한다.

그런가 하면 에코가 있는 스펙트럼의 왼쪽 끝으로 우리를 계속 몰고 가는 시기도 있다. 갓난아기를 돌보거나 배우자를 뒷바라지하기 위해 자신의 꿈을 잠시 미뤄두는 시기가 여기에 해당한다. 이런 상황은 우리에게 주목받고 싶은 욕구를 줄이라고 요구한다.

'미묘한' 나르시시스트들

그러나 인생의 봉우리든 골짜기든 끝이 있기 마련이다. 위기나 과도기는 지나가고 자신을 특별하게 여기고픈 충동도 건강한 수준으로 회복된다. 한동안 에코가 사는 스펙트럼의 왼쪽 끝에 가까워졌다가도 다시 자신의 목소리를 찾는다.

그런데 승진에 성공해 '내가 동료들보다 뛰어나다'는 생각을 은근슬쩍 하는데도 세상에 그 생각을 증명하고픈 욕구가 좀처럼 가라앉지 않는 경우가 있다. 그렇다면 여러분은 건강한 나르시시즘의 영역에서 오른쪽으로 비켜나 있는 셈이다.

나르시시즘에 관한 흔하고 잘못된 또 다른 억측은 주변인에게 해를 끼치는 나르시시스트가 언제 어디에나 있다는 생각이다. 사실이다. 목소리 크고 허영심 강하고 자신을 과장하기 좋아하는 나르시시스트들이 매일 TV와 소셜 미디어에 모습을 드러낸다. 그들은 유독 사람들 눈에 잘 띈다.

어찌 보면 다행스러운 일이다. 실제로 여러분은 인생을 살면서 에코이스트보다 나르시시스트를 더 자주 발견할 것이고, 나르시시스트에 대해 더 많이 우려할 것이다(나르시시스트는 타인에게 피해를 주는 반면, 에코이스트는 주로 자신에게 상처를 준다).

그렇지만 모든 나르시시스트가 아주 뻔뻔하게 자기 홍보에 나서는 것은 아니다. 개중에는 겉치장에 특별히 신경을 쓰지 않거나 외향적이지 않은 이들도 있다. 그런 경우 그들이 나르시시스트라는 사실을 알아채기가 무척 어렵다.

이들이 바로 '미묘한' 나르시시스트들이다. 이들은 상대적으로 주목을 덜 받고 알아채기도 쉽지 않지만, 더 흔하고 우리 인생에 엄청난 피해를 줄 가능성도 더 크다. 그들은 우리가 매일 만나는 사람들이다. 우리의 연인일 수도, 배우자일 수도, 친구일 수도, 상사일 수도 있다.

그들에게는 건강하지 못한 나르시시즘이 있지만, 태도에 가려져 잘 드러나지 않는다. 그들은 대개 조용하고 매력 있고 온정을 베풀 줄 알고 심지어 때때로 공감할 줄도 알기 때문에 그들에게서 나르시시즘 징후를 알아채기란 쉽지 않다. 그러나 징후는 분명히 있다. 만약 여러분이 이들과 친하다면, 감정에서 도망치려는 성향을 비롯해 몇 가지 전조를 알아챌 수 있다. 7장에서 위험을 경고하는 징후들을 좀 더 자세히 살펴보면 미묘한 나르시시스트들과 여러분의 관계를 돌아보는 데 도움이 될 것이다.

나르시시즘은 학습된 반응이자 습관이다

함께 살고 함께 일하는 사람이 나르시시스트일지도 모른다고 생각하면 소름 끼치고 침울해진다. 나르시시즘을 변치 않는 성격 특성 또는 절대 개선되지 않는 성격 결함으로 보는 보편적 인식을 떠올리면 침울함은 더 깊어진다.

그러나 이에 관해서도 생각이 바뀌고 있다. 극단적 나르시시스트 가운데 많은 이가 변하지 않는 것처럼 보인다(다행히도 이들은 미국 전체 인구의 1퍼센트에서 3퍼센트에 불과할 정도로 드물다). 그러나 좀 더 약한 나르시시스트들은 변할 수 있다. 기본 행동을 분석해보면 나르시시즘은 일종의 학습된 반응이다. 즉, 하나의 습관이다. 모든 습관이 다 그렇듯이, 나르시시즘이라는 습관 역시 상황에 따라 강해지기도 하고 약해지기도 한다.

나르시시스트들은 두려움, 슬픔, 외로움, 수치심 같은 정상적인 감정을 숨긴다. 그런 감정을 드러냈다가 거절당할 것을 두려워하기 때문이다. 그들은 두려움이 클수록 자신이 특별하다는 믿음을 방패삼아 스스로를 보호한다.

건강하지 못한 나르시시즘이 고치기 쉬운 습관은 아니다. 하지만 자신이 평소에 숨겨왔던 감정들을 받아들이고 나누는 법을 배우면 조금 더 건강해질 수 있다. 사랑하는 사람들이 먼저 마음을 터놓고 감정을 받아들이고 나누는 본을 보이면서 유도하면 그들도 스펙트럼의 중앙으로 조금씩 이동할 수 있다.

우리 인생에서 대부분의 과제가 그렇듯, 건강한 나르시시즘은 균형을 맞추는 일이다. 나르시시즘의 핵심에는 고대의 수수께끼가 자리하고 있다. 우리 자신을 얼마만큼 사랑해야 하는가? 타인을 얼마만큼 사랑해야 하는가? 유대교 현자이자 학자인 힐렐(Hillel the Elder)은 이 딜레마를 이렇게 요약했다. "내가 나를 위하지 않으면 누가 나를 위하겠는가? 그리고 내가 나만을 위한다면 내가 어찌 인간이라고 할 수 있겠는가?"

건강하고 행복한 상태를 유지하려면 누구나 자기 자신에게 어느 정도 투자를 해야 한다. 세상과 주변 사람들에게 영향을 끼치려면, 목소리를 내야 한다. 존재감을 드러내야 한다. 그러지 않으면, 에코처럼 결국 아무것도 되지 못한다.

우리 모두는 무기력을 조장하는 자기부정의 스킬라*와 영혼을 파괴하는 거만함의 카리브디스** 사이를 항해한다. 그게 바로 나르시시즘이다. 앞으로 우리는 이 항로를 안전하게 항해하는 법을 배워나갈 것이다. 그러나 그 전에 우선 수수께끼 하나를 풀어야 한다. 자신을 특별하게 여기는 태도가 우리에게 좋을 수도 있다면, 대체 왜 우리는 그런 태도가 나쁘다는 생각에 그토록 집착하게 된 것일까? 나르시시즘의 위험성에만 초점을 맞추는 이유는 대체 뭘까?

- **스킬라** 그리스신화에 등장하는 공주. 자기 나라에 쳐들어온 적국 크레타의 왕 미노스를 흠모해 아버지를 배신하고 나라를 미노스의 손에 넘겨 패망하게 만들었다. 하지만 미노스는 스킬라의 행동을 혐오한 나머지 그녀의 사랑을 거절하고, 스킬라는 버림받은 것에 분노해 키리스라는 새로 변신한다.
- **카리브디스** 그리스신화에 등장하는 바다 괴물. 하루에 세 번 바닷물을 들이마셨다가 토해내는데 그 힘이 너무 강해 근처를 지나는 배는 어김없이 난파당했다. 오디세우스, 아르고호 원정대, 아이네이아스 등의 모험에 등장하여 위력을 과시했다.

CHAPTER 2

나르시시즘은
어떻게 금기어가 되었나

나르시시즘을 둘러싼 논쟁

여러 해 전, 친한 친구 타라가 아버지와 두 살 된 딸 니나의 일로 내게 전화를 했다. 함께 공원을 산책하고 있었는데, 이제 그만 집에 가자고 했더니 니나가 빽빽 소리를 지르며 미친 듯이 울어댔다고 한다. 타라는 아이를 달래려고 애를 썼지만, 도무지 울음을 그치지 않았다. 30분쯤 타이르다 지친 타라는 단호하게 말했다. "니나, 미안하지만 이제 가야 해." 그러자 심각한 표정으로 타라를 지켜보던 아버지가 충고했다. "그렇게 짜증을 낼 때마다 달래주면, 니나는 세상이 자기를 중심으로 돌아간다고 생각할 게다." 그 말에 발끈한 타라가 이렇게 쏘아붙였다. "네, 아마도 그러겠죠. 전 그게 좋은 거라고 생각하는데요. 아닌가요?"

아버지와 딸 사이에 오간 이 설전은 표면적으로는 아이 양육법을 둘러싼 세대 갈등처럼 보인다. 그러나 조금만 더 깊이 들여다보면, 두 사람의 논쟁은 인간의 본성을 바라보는 전혀 다른 시각을 반영한다.

타라의 아버지는 사람들이 타락하기 쉽다고 믿는 것 같다. 그래서 아이가 구제 불능의 자기중심적인 사람이 되지 않게 하려면 아이의 행동을 억제해야 한다고 생각한다. 반면에 타라는 인간이 보다 더 견실한 존재이며 약간의 자기도취가 가끔은 도움이 된다고 생각한다. 첫 번째 입장은 인간 존재에 관해 다소 비관적인 견해를 취할 수밖에 없다. 두 번째 입장은 보다 긍정적인 견해를 취한다.

이를 전혀 인지하지 못한 채 타라와 아버지는 역사상 가장 오래된 논쟁거리이자 오늘날 나르시시즘을 둘러싼 혼란의 핵심 문제로 서로 날을 세웠다.

의학계에 등장한 새로운 용어

나르시시즘이라는 단어가 만들어지기 훨씬 전, 철학자들은 인간의 도덕적 우선순위에서 자아가 차지하는 위치를 두고 타라와 그녀의 아버지 못지않게 치열하게 싸웠다.

기원전 350년, 아리스토텔레스는 이런 질문을 던졌다. "훌륭한 사람은 누구를 더 사랑해야 하는가? 자기 자신인가, 아니면 타인인가?" 그리고 이렇게 답했다. "훌륭한 사람은 특히 이기적이다." 그런가 하면, 지구 반대편 인도에는 이와 정반대되는 부처의 견해가 널리 퍼져 있었다. "자아는 환상이요, 스스로를 중히 여기도록 우리를 속이기 위해 우리 마음이 쓰는 속임수에 불과하다." 불교는 이처럼 환상에 불과한 자아에 집중해서는 안 된다고 말했다.

아리스토텔레스 이후 4세기 동안, 기독교도 자기부정을 권장했다. 자신을 너무 중요하게 여기는 것은 교만이라는 죄를 짓는 것이며, 이는 지옥으로 가는 지름길이라고 가르쳤다. 나아가 자아 과잉은 태만, 탐욕, 과식, 시기와 같은 다른 죄의 밑바탕이 된다고 가르쳤다.

"자기애는 야만적인 인간 본성의 일부다"라고 주장한 토머스 홉스 같은 철학자부터 "사익 추구는 사회에 도움이 된다. 따라서 탐욕은 좋은 것이다"라고 주장한 애덤 스미스까지 가담하면서 이 논쟁은 수 세기에 걸쳐 치열하게 이어졌다.

그러나 의학계와 심리학계가 이 논쟁에 뛰어들고, 나르시시즘이라는 용어가 처음 등장한 것은 19세기 말에 이르러서다. 1898년, 선구적인 성(性) 연구가 해블록 엘리스(Havelock Ellis)가 그야말로 자기 자신과 사랑에 빠져 자신의 몸에 키스하고 과도하게 자위행위를 하는 환자들을 '나르키소스와 비슷한' 질병에 걸린 이들로 묘사했다. 1년 뒤에는 파울 네케(Paul Näcke)라는 독일인 의사가 유사 '성도착(性倒錯)'에 관한 글을 쓰면서 나르시시즘이라는 귀에 쏙 들어오는 용어를 만들었다.

프로이트는 절반만 이해했다

그러나 이 용어를 널리 알린 인물은 정신분석학의 창시자 지그문트 프로이트(Sigmund Freud)다. 그는 1914년에 쓴 획기적인 논문 〈나르시시즘에 관하여On Narcissism: An Introduction〉를 통해 나르시시즘이라는 용어를 세상에 널리 알렸다. 프로이트는 (평소의 그답지 않게) 나르시시즘이라는 용어에서 성적 함의를 분리시키고, 대신 나르시시즘을 아동기에 거치는 필수 발달 단계의 하나로 보았다.

프로이트에 따르면 영유아기에 인간은 자신 안에서 세상이 시작되며, 최소한 세상의 흥미로운 것들은 모두 자신 안에서 비롯된다고 믿는다. 우리는 말 그대로 자기 자신과 사랑에 빠지며, 우리가 누릴 수 있는 것처럼 보이는 모든 황홀하고 섹시한 것에 사로잡힌다.

프로이트는 이 과정을 '1단계 나르시시즘'이라고 불렀다. 이 단계는 단순히 건강한 발달 과정일 뿐 아니라, 친밀하고 의미 있는 관계를 형성하는 능력을 발달시키는 데 대단히 중요하다고 보았다. 영유아가 자기 자신에게 갖는 열정은 다른 이들에게 다가가는 데 필요한 에너지원이 된다. 그리고 일정 시기가 되면 다른 이들도 중요한 존재로 여긴다. 대신 그 전까지는 세상에서 나의 중요성을 과대평가할 필요가 있다.

그러나 프로이트는 영유아기 이후에는 나르시시즘을 어떻게 이해해야 하는지 잘 알지 못했다. 성인에게 나르시시즘은 이로운가, 해로운가? 한편, 프로이트는 나르시시즘과 사랑이 긴밀하게 연결되어 있다고 보았다. 연인들은 종종 지구상의 나머지 인류보다 자기 연인을 훨씬 더 중요한 존재로 생각하지 않는가. 또한 프로이트는 자신을 특별하게 생각하는 개개인이 세상에 대단히 이로울 수 있다는 사실을 보여주는 증거로 카리스마 있는 지도자들과 혁신가들을 꼽았다.

코후트와
케른베르크의 대결

그러나 프로이트는 성인의 나르시시즘을 즉각 비난하기도 했다. 만약 우리가 자기 자신에게 매료되는 어린 시절의 특성을 버리지 않는다면, 이는 허영심(프로이트에 따르면 여성에게서 주로 발견된다)과 심각한 정신 질환으로 이어져서 현실에서 소외되고 과대망상에 빠질 수 있다고 경고했다. 성인의 나르시시즘을 대하는 프로이트의 이런 이중적 시각은 엄청난 혼란을 불러일으켰고, 약 50년 뒤 정신 건강 분야를 대표하는 두 거장 간에 불꽃 튀는 결투의 장을 마련해주었다. 그 둘은 바로 하인츠 코후트(Heinz Kohut)와 오토 케른베르크(Otto Kernberg)다.

두 사람은 모두 오스트리아 빈의 유대인 가정에서 태어나 정신분석가가 되었다. 하지만 두 사람은 상당히 다른 환경에서 자랐다. 1913년에 태어난 코후트는 오스트리아 빈을 예술적 전통과 지적 열정이 풍부하고 희망과 번영이 가득한 곳으로 이해했다. 그런데 히틀러와 제3제국의 출현은 이 모든 생각을 바꾸어버렸다. 1938년 오스트리아가 독일에 병합되자마자 코후트는 사랑했던 도시 빈을 떠나 영국으로 피신했고, 1940년에는 미국에 정착했다.

반면, 코후트보다 15년 뒤인 1928년에 태어난 케른베르크는 나치 정권의 그림자가 짙게 드리워져 암울하고 험악한 빈에서 어린 시절을 보냈다. 케른베르크가 열 살 때 그와 그의 가족은 칠레로 피신했고, 케른베르크는 고향과 한참 떨어진 그곳에서 20년의 세월을 보낸 뒤 1959년 미국으로 이주했다.

두 사람의 대조적인 경험은 인간 본성을 바라보는 시각에 영향을 끼친 것으로 보인다. 케른베르크의 시각에는 어둠이 짙게 배어 있는 반면, 코후트의 시각에는 희망이 넘실거린다.

미성숙의 증거인가, 행복의 필수 요소인가

프로이트가 그랬던 것처럼, 젊은 정신분석학자 하인츠 코후트는 임상의이자 연구자이며 교사 및 강사로서 아주 탁월하다는 평을 얻었다. (그는 치료 모임 내용을 기록한 글을 전부 암기하고 원고 한 장 없이 흥미진진하게 이야기를 끌어가기로 유명했다.) 정신분석가로 활동하는 대부분의 시간 동안 그는 프로이트의 이론을 충실하게 옹호했다. 그러나 1970년대에 자기 심리학(Self Psychology)이라는 완전히 새로운 학파를 설립하기 위해 정통 프로이트학회와 결별하고, 사람들이 어떻게 건강하거나 건강하지 못한 자아상을 발달시키는지 이해하고자 온 힘을 쏟았다.

코후트는 프로이트가 성(性)과 공격성을 인간 경험의 중심에 두는 바람에 궤도를 이탈했다고 생각했다. 코후트는 인간을 이끄는 것은 야비한 본능이 아니라 견고한 자아감을 발달시키고자 하는 욕구라고 주장했다. 그리고 견고한 자아감을 발달시키려면 다른 사람들과 더불어, "우리에게는 나르시시즘이 필요하다"고 말했다.

프로이트는 자립을 미덕으로 보았다. 우리는 성인으로서 완전히 자주적인 사람이 되어야 하고, 그 누구의 인정이나 칭찬도 필요하지 않은 거장이 되어야 한다는 것이다.

프로이트가 나르시시즘을 미성숙의 표지이자 나이가 들면 벗어나야 할 유아기의 의존 상태로 본 반면, 코후트는 나르시시즘을 평생 건강과 행복을 유지하는 데 꼭 필요한 것으로 보았다. 우리는 성인이 된 뒤에도 이따금 다른 사람들에게 기댈 필요가 있다. 다른 사람들을 우러러보고 다른 이들에게 칭찬받는 것을 즐거워하고, 다른 이들에게서 위로와 만족을 얻을 필요가 있다는 것이 코후트의 주장이다.

건강한 성인이 나르시시즘을 향유하는 법

어린아이들은 부모가 자신을 특별하게 대해줄 때에만 자신이 중요하다고 느끼고, 나아가 자신이 살아 있다고 느낀다. 자녀의 내면, 다시 말해 자녀의 소망과 꿈, 자녀가 느끼는 슬픔과 두려움, 그리고 무엇보다 칭찬받고 싶어 하는 자녀의 욕구에 주목하는 부모는 아이의 건강한 자아감 발달에 필요한 '미러링(mirroring, 아이가 부모의 행동을 무의식적으로 따라하는 것-옮긴이)'을 제공한다.

그런데 어린아이들에게는 부모를 우상화하는 과정 또한 필요하다. 인생을 살다 보면 누구나 실의에 빠지는 순간이 있다. 그때 엄마와 아빠를 완벽한 사람으로 생각하면 갓 태어난 어린 새처럼 여린 자아가 폭풍우를 견딜 수 있다. 학교에서 괴롭힘을 당하거나 수학 시험에서 낙제점을 받을 때도 아이는 자기 자신에게 이렇게 말할 수 있다. "그래도 나는 아주 멋진 사람이야. 왜냐하면 우리 부모님이 그렇게 생각하시니까. 우리 부모님은 완벽하셔. 그러니까 다른 사람들도 내가 멋지다는 사실을 알아야 해."

코후트는 아이들이 그 누구도 완벽할 수 없다는 사실을 서서히 알아간다고 믿었다. 그 과정에서 자기완성을 바라는 욕구는 결국 좀 더 분별 있는 자아상으로 대체된다고 보았다. 아이들은 건강한 성인들이 자신의 결점과 한계를 다루는 방식을 지켜보면서, 위대함이나 완벽함에 더 이상 환상을 품지 않고 좀 더 실용적인 태도로 대처해나간다.

이 여정을 거치면서 아이들은 건강한 나르시시즘을 얻는다. 진정한 자긍심과 자부심, 꿈꾸고 공감하고 존중하고 존중받는 능력을 얻는 것이다. 코후트는 바로 이것이 우리가 건강한 자아를 계발하는 방법이라고 말했다.

그러나 자신의 존재가 하찮고 대수롭지 않고 중요하지 않다고 느끼게 하는 학대와 방임, 그 밖의 충격적인 경험에 직면할 때, 아이들은 칭찬을 갈구하거나 우러러볼 만한 사람을 찾는 데 모든 에너지를 쏟는다.

요컨대 코후트는 다음과 같은 결론을 내린다. 이런 아이들은 내면이 쉽게 상처받고 망가져 공허한 나르시시스트로 자라며, 자신이 얼마나 하찮은 존재인지 들키지 않으려고 겉으로는 오만하고 적대적이고 잘난 체하는 태도를 취한다. 이들에게 다른 사람은 오로지 나르시시스트인 자신이 얼마나 중요한 사람인지 증명해주는 궁정의 어릿광대, 또는 하인일 뿐이다.

부모가 자기 역할을 제대로 하면 우리 대부분은 자신을 과장해서 생각하는 일정한 시기를 거치기 마련이다. 이는 반드시 거쳐야 할 시기다.

코후트는 원대한 꿈을 본질상 나쁜 것으로 치부하는 행동은 미친 짓이라고 보았다. 어떤 형태든 원대한 꿈은 경험에 깊이와 활력을 더함으로써 야망을 불타오르게 하고 창의력을 불어넣는다.

역사를 통틀어 작곡가들과 예술가들에게는 자신을 대단한 사람으로 여기는 순간이 있었다. 위대한 작품을 세상에 내놓으려면, 심지어 자리에 앉아서 시도라도 해보려면 자신에게 위대한 능력이 있다고 종종 생각해야 한다. 자신을 보잘것없는 존재로 생각하는 마음 상태로는 위대한 작품을 만들기 어렵다.

코후트는 문명이 만들어낸 위대한 창조물인 나르시시즘을 단순히 질병의 결과물처럼 바라보는 시각을 거부했다. 코후트는 나르시시즘을 뿌리 뽑는 대신 성인으로서 나르시시즘을 향유하는 법을 배워야 한다고 주장했다. 나르시시즘이 위험해지는 순간은 자신을 특별하게 여기는 태도를 이따금 활용하는 게 아니라 마치 부적처럼 붙들고 늘어질 때다. 그 순간 나르시시즘은 우리를 장악하고 과대망상에 빠지게 만든다. 이러한 결과는 자신을 과장하고 완벽함을 추구하는 성향이 우리를 지배하려 할 때 이 성향에 대항하느냐 방치하느냐에 달렸다.

피터 팬의 나르시시즘, 모험가의 나르시시즘

나르시시즘을 바라보는 코후트의 시각에는 흥미로운 낭만주의가 깃들어 있다. 연못에 뛰어든 나르키소스처럼 나르시시즘은 우리를 죽일 수도 있다. 그러나 물속으로 영원히 사라지는 대신, 우리를 바라보는 사랑하는 사람들의 반짝이는 눈빛 속에서 또 다른 세상을 발견할 수도 있다. 거기에서 우리는 환상적인 행복감을 맛보고 잠시 동안 나머지 사람들과 구별되는 특별한 존재가 된다.

만약 우리가 건강한 사람이라면, 우리는 다시 평범한 세상으로 돌아와 따스한 마음으로 공감하고 격려하며 다른 사람들과 함께 어울려 살아갈 수 있다. 프로이트의 나르시시스트가 어른이 되기를 완강히 거부하는 피터 팬처럼 어린아이 같은 인물이라면, 코후트의 나르시시스트는 수시로 위대함에 도취되어 꿈속을 헤매다가도 다시 현실로 돌아오는 모험가다.

1970년대에는 코후트의 자기 심리학 운동이 강력하고 거대해지면서 나르시시즘에 관한 코후트의 시각이 널리 받아들여졌다. 실제로《정신장애 진단 및 통계 편람》$^{Diagnostic\ and\ Statistical\ Manual}$ 제3판이 1980년에 발간되었는데, 여기에 코후트가 제안했던 주장과 아주 비슷한, 건강하지 못한 나르시시즘에 관한 완전히 새로운 서술이 실렸다.

이 편람은 정신장애를 분류하는 미국심리학회(APA)에서 출간하는 공식 안내서다. 이때까지는 정신 건강 전문가 중 많은 이가 자신을 특별하게 생각하는 태도가 좋은 결과로 이어질 수도 있다고 보았으며, 나르시시즘의 위험성이 너무 과장되었다고 보았다. 그런데 어느 순간 이런 흐름이 바뀌기 시작했다.

악성 나르시시트를 둘러싼
첨예한 대립

건강한 나르시시즘이 우리에게 자존감과 자부심, 야망, 창의력, 회복력을 제공해준다는 점에 대해서는 오토 케른베르크도 코후트와 의견을 같이했다. 그러나 건강하지 못한 나르시시즘에 관해서는 의견이 첨예하게 갈렸다. 코후트는 과장된 나르시시즘에도 조금은 이로운 측면이 있다고 본 반면, 케른베르크는 이를 본질적으로 위험하고 해로운 것으로 보았다.

케른베르크는 감수성이 예민한 나이에 나치즘과 역사상 가장 위험한 과대망상증 환자 중 하나였던 히틀러를 경험했기 때문에 이 세상에 악이 존재한다고 믿었던 것 같다. 정신분석가가 되기 위해 수련하는 동안 겪은 일화도 인간 본성을 비판적으로 인식하는 데 일조했다.

케른베르크가 병원과 진료소에서 전문가로서 처음 진료한 부류는 공격성과 정신이상 증세를 보이는 심각한 정신 질환자들이었다. 이와 달리 코후트는 아주 편안한 개인 진료실에서 특권층 환자들을 치료하며 자신의 이론에 도달했다. 케른베르크의 관점에서 보면, 가장 파괴적인 나르시시스트들은 부글부글 끓는 원한 덩어리이자 기형적인 기질을 조각조각 모아서 조잡하게 땜질한 프랑켄슈타인의 괴물이다. 어린 시절, 의지해야 할 어른들에게 오히려 방임이나 학대를 당한 이들은 다시는 누군가에게 의존하는 듯한 느낌을 갖지 않는 것을 중요한 목표로 삼는다. 자신은 완벽하고 모든 것을 다 갖춘 인간이며 다른 사람들은 모두 자기 아래에 있다는 망상에 빠져 있는 한, 다시 불안에 떨거나 하찮은 존재인 것 같은 기분에 사로잡히지는 않을까 두려워할 필요가 없기 때문이다.

켄른베르크는 프로이트의 유산을 코후트보다 훨씬 더 충실하게 지켰다. 그래서 성과 공격성이 많은 부분에서 인간의 행동을 부추긴다는 생각을 버리지 않았다. 켄른베르크는 프로이트와 마찬가지로 인간을 가장 어둡고 대개는 가장 잔인한 격정에 휘둘리며, 적개심과 정욕으로 부글부글 끓는 가마솥으로 보았다.

또한 켄른베르크는 가장 위험한 나르시시스트는 지나치게 많은 공격성을 타고났을 수도 있다고 보았다. 그들은 감정이 상하면 동료를 시기하고 공격하고 파괴하려는 충동을 보통 사람보다 훨씬 더 강하게 느끼는 무서운 돌연변이라고 보았다. 어린 시절 자신이 하찮은 존재라고 느끼고 과도한 증오심에 불타오르는 이들은 복수심 때문에 다른 사람들을 유린하며 자신의 욕구를 채우기 위해 사람들을 이용하고, 목적을 이룬 뒤에는 헌신짝처럼 버린다. 켄른베르크는 이 부류의 가장 무서운 형태를 가리켜 '악성 나르시시스트'라고 불렀다.

켄른베르크에 따르면, 이러한 위협에 합리적으로 대처하는 유일한 방법은 뒤틀린 자아상에서 벗어나 좀 더 따뜻하고 다정한 자아상을 만드는 것뿐이다. 켄른베르크는 나르시시스트가 교화될 수 있다고 믿었고, 자신이 얼마나 위험한 존재인지 진실을 마주하는 것이 행동을 고치는 첫걸음이라고 보았다. 특별하다는 느낌을 추구하는 그들의 욕구를 충족시켜주는 방식으로는 파괴적인 나르시시즘의 위협을 막을 수 없다. 그것은 마치 마을 사람들을 공포에 떨게 하는 괴물을 풀어놓는 것과 같다는 것이 켄른베르크의 입장이었다.

코후트는 이런 시각에 절대 반대했다. 그는 나르시시스트에게 공감하면서 다가가는 방식을 옹호했다. 그들에게 개선의 여지가 조금이라도 있다면, 그들을 이해해주어야 한다고 코후트는 주장했다. 그러나 인간성에 관한 프로이트의 음울한 시각을 고수하는 케른베르크는 코후트의 입장을 위험할 정도로 순진한 것으로만 보았다.

나르시시즘이
악성 나르시시즘이 되다

코후트와 케른베르크는 학회와 논문을 통해 자신의 이론을 피력하며 어느 쪽으로도 기울지 않는 팽팽한 싸움을 치렀다. 그러나 1981년에 코후트가 암으로 사망한 뒤 케른베르크는 학계의 주목을 홀로 만끽했고, 악성 나르시시즘에 관한 그의 견해는 광범위하게 퍼져나갔다. 케른베르크의 견해는 역사가이자 사회 평론가인 크리스토퍼 래시(Christopher Lasch)가 1979년에 써서 인기를 얻은 《나르시시즘의 문화 The Culture of Narcissism》를 통해 대중에게도 파고들었다.

이 책은 케른베르크가 제시한 파괴적인 나르시시즘의 무시무시한 이미지에 크게 의존했고, 마침내 대중의 마음속에서 나르시시즘은 곧 악성 나르시시즘과 동의어가 되어버렸다.

나르시시스트라는 존재가 평생 살면서 우연히 마주칠 가능성이 아주 희박할 정도로 드물기는커녕, 길모퉁이마다 있고 바로 옆방에 앉아 있고 우리와 한 침대에서 자는 괴물이라고 생각하게 되자, 이 이미지는 더욱더 강력해지고 과장되기 시작했다. 그리고 곧이어 등장한 작은 검사 하나로 이러한 피해망상은 들불처럼 번져나갔다.

자기애적 성격 검사의 등장

1979년에 도입된 자기애적 성격 검사(Narcissistic Personality Inventory, 이하 NPI)는 심리학 연구자들이 사용하는 기본 도구다. 미국과 세계 곳곳에서 심리학을 공부하는 학생들이 관례적으로 이 검사를 받는다. (만약 여러분이 대학에서 심리학을 공부했다면, 아마도 NPI 검사를 받았을 것이다.) 응답자들은 두 문장이 한 쌍으로 구성된 40개의 진술을 읽고, 둘 중 자신의 모습을 더 잘 묘사한 문장에 체크 표시를 한다. 예를 들면 다음과 같다.

'나는 내 몸을 조종하는 것이 쉽다', '나는 특별히 내 몸을 과시하고 싶지 않다.' 또는 '사람들을 조종하는 것이 쉽다', '사람들을 조종하는 것을 좋아하지 않는다.'

자기애적 선택을 할 때마다 1점을 얻고, 반대되는 선택을 하면 0점을 얻는다. 이 검사는 점수를 합산했을 때 평균보다 높은 점수를 얻은 사람들을 나르시시스트로 칭한다.

이 검사가 도입되고 20년이 지난 2009년, 텍사스 대학교 심리학자 진 트웬지(Jean Twenge)는 미국 학생 수천 명의 전체 평균을 연도별로 비교한 뒤 "1980년대부터 현재까지 비만 인구가 증가하는 속도만큼이나 빠르게" 평균 점수가 상승했다고 발표했다. 트웬지 교수는 밀레니얼 세대 사이에서 '유행성 나르시시즘'이 맹위를 떨치고 있다고 선언했다. 그리고 이 충격적인 표현을 그대로 책 제목으로 사용함으로써 자신의 견해를 분명하게 보여주었다.

그가 조지아 대학교 심리학자 키스 캠벨(Keith Campbell)과 함께 집필한《나는 왜 나를 사랑하는가》는 요즘 젊은이들 사이에 널리 퍼져 있다고 주장하는 오만과 특권 의식을 탐구했다. 이 책은 트웬지 교수의 첫 책 《미 제너레이션 Generation Me》의 인상적인 후속작이다. 첫 책에서 트웬지 교수는 같은 연구를 바탕으로 "요즘 미국 젊은이들은 이전의 그 어떤 세대보다 자신감이 넘치고 자기주장이 강하고 특별 대우를 당연하게 여기고, 그 어떤 세대보다 더 비참하다"라고 선언했다.

'자존감 높여주기' 열풍과 온갖 나쁜 행동

트웬지 교수는 나르시시즘이라는 유행병이 돌게 된 책임을 부모와 교육자에게 돌렸다. 부모들과 교육자들이 1980년대와 1990년대에 성년이 된 아이들 세대를 '자신이 상당히 특별하다'고 느끼게끔 길렀다는 것이다. 어느 교실을 보아도 '너는 특별하단다!' 같은 문구로 긍정적인 태도를 강화하는 포스터가 도배되어 있었다. 교사들은 성취 여부와 상관없이 노력했다는 이유만으로 상장을 나누어주었고, 부모들은 언제나 아이에게 지금 이대로도 완벽하다는 것을 상기시켰다. 너 자신을 온전히 사랑하라, 너는 무엇이든 할 수 있다는 메시지였다.

교육자 중에는 자존감을 높이는 것이 건강과 행복을 증진하고 집단 괴롭힘을 예방하고 범죄도 줄일 수 있는 만병통치약이라고 주장하는 이들도 있었다. 그들은 아이가 자신이 특별하다고 느끼게 만들면 멋진 일들이 따라올 것이라고 주장했다.

트웬지 교수는 자존감 높이기 캠페인이 범죄율이나 집단 괴롭힘을 줄이고 학업 성취도를 높이는 식의 긍정적인 영향을 끼치지 못한 것으로 보인다면서, 다만 문화적으로는 중요한 영향을 끼쳤다고 주장했다. 이 운동이 '나르시시스트 부대'를 양산했다는 것이다. 아이들이 자기 자신을 더 긍정적으로 느끼게 해주려다 오히려 아이들을 망치고 말았다는 말이다. 트웬지에 따르면, 아이들에게 지나치게 많은 재량권을 부여하고 자만심을 심어줌으로써 우리가 망친 것은 비단 우리 아이들만이 아니다. 우리는 온 세상에 위협이 되는 세대를 만들어냈다.

트웬지의 이론은 미국 문화의 급소를 찔렀다. 언론에서는 과잉보호로 자녀를 응석받이로 기른 부모들에 관한 보도를 쏟아냈다. 자기 자식에게 점수를 낮게 줬다고 교사에게 호통을 치거나, 입사 면접 기간에 자식의 고용주가 될 사람에게 전화를 거는 부모들의 이야기가 보도되었다. 자신은 특별 대우를 받을 자격이 있다고 생각하는 밀레니얼 세대의 충격적인 이야기가 신문 헤드라인을 장식했다. 비서 업무는 하찮아서 자기 수준에 안 맞는다는 생각에 불만 가득한 얼굴로 근무 시간에 게으름을 피우는 행정 보조원, 상사의 말에 귀 기울여야 하는 순간에 우스갯소리를 하는 신입 사원, 전체 회의 시간에 회의 내용을 필기하는 대신 친구들에게 문자메시지를 보내느라 스마트폰만 들여다보는 신입 사원까지, 트웬지 교수는 온갖 나쁜 행동을 나르시시즘의 영향으로 설명하는 듯했다.

자기애적 성격 검사의
함정

그러나 트웬지 교수의 결론은 처음부터 비난의 표적이 되었고, 무엇보다 유행성 나르시시즘에 관한 생각을 뒷받침하기 위해 그가 수집한 증거는 맹공격을 받았다. 트웬지 교수는 NPI에 아주 많이 의존했는데, NPI는 결함이 많은 척도다. NPI 설계 조건에서는 건전하고 훌륭한 성격 특성을 반영하는 진술에 동의하는 것이 나르시시즘 등급을 높이는 결과를 불러올 수 있다.

예를 들어, '나는 자기주장이 강하다', '나는 리더가 되고 싶다'를 선택하면 건강하지 못한 것으로 간주된다. 그러나 이러한 자질이 높은 자존감이나 행복한 인간관계와 관련이 있다는 사실은 수십 년에 걸친 연구 조사에서 반복적으로 확인되었다. 단순히 자기 생각을 이야기하길 좋아하는 사람이나 책임자 위치에 있는 사람은 조작이나 거짓말을 즐기는 나르시시스트들과 확실히 다르다.

그러나 NPI는 이들을 구분하지 않는다. 수년에 걸쳐 밀레니얼 세대의 NPI 점수가 올라간 원인은 이런 건전한 진술에 체크 표시를 하는 사람들이 늘어난 데서 찾을 수 있다. 이것은 몇몇 연구에서 확인되었다.

둘째로, 1976년부터 2006년까지 거의 50만 명에 달하는 고등학생을 대상으로 이루어진 연구를 포함해 대규모로 수행된 수많은 연구 결과에 따르면, 밀레니얼 세대와 이전 세대 사이에는 자신감 상승을 제외하면 심리적인 차이가 거의 없었다. 실제로 학생 수천 명을 조사한 한 연구에 따르면, 밀레니얼 세대는 클라크 대학교 심리학자 제프리 아넷(Jeffrey Arnett)이 '위 제너레이션(Generation We)'이라고 명명할 정도로 이전 세대보다 세상에 관한 관심과 이타주의를 훨씬 많이 표출한다.

각 국가를 대표하는 밀레니얼 세대 수천 명을 표본조사한 2010년 퓨리서치 보고서 결과도 트웬지 교수의 연구 결과와 극명하게 대조된다. 퓨리서치 보고서를 쓴 사람들은 이런 결론을 내렸다. 밀레니얼 세대는 부모와 잘 지내고, 어른을 공경하고, 경력과 성공보다 결혼과 가정을 훨씬 중요하게 여기고, '자신감이 있고 자기를 표현할 줄 알고 변화를 잘 받아들일 줄 안다.' 이른바 버르장머리 없는 요즘 녀석들의 초상과는 거리가 멀다.

약간의 과대 성향도 필요하다

나르시시즘이라는 유행병이 돌고 있음을 선포하기 위해 NPI를 이용하는 데에는 훨씬 심각한 또 다른 문제가 있다. '나르시시스트'에 해당하는 점수를 받은 사람들이 시간이 흐른 뒤에도 계속 같은 상태인지 아닌지 우리로서는 알 도리가 없다는 점이다.

졸업 후에 학생 수천 명을 추적 조사한 연구는 이제껏 한 번도 없었다. 더욱이 청소년기와 성인기 초반에 관한 거의 모든 이론은 젊은이들이 자신에게 몰두하는 성향을 단지 일시적인 현상으로 여기고, 연구 결과도 이러한 시각을 뒷받침한다. 우리는 젊은이들의 해맑은 이상주의를 좋게 생각한다. 젊은이들은 자기가 무엇이든 할 수 있다고 믿는다. 그들은 세상을 장악하고 더 나은 세상을 만들 준비가 되어 있다. 냉소적인 시각을 조금만 거두면 우리 대부분은 젊은이들의 넘치는 활력의 진가를 인정할 것이다.

그러나 생애 특정 단계에 나르시시즘이 찾아와 한바탕 훑고 지나가듯 젊은 시절의 활력도 결국 사라지기 마련이다. 30대에 접어들면 우리 중 대다수는 현실로 돌아오고, 자신을 중요하게 여기며 자신에게만 몰두하던 성향도 삶의 현실 앞에 무릎을 꿇는다.

지금까지 우리는 케른베르크의 음울한 나르시시즘에 사로잡혀 있었다. 하지만 건강한 사람들 사이에는 자신을 특별하게 여기는 '평균 이상 효과'가 널리 퍼져 있는데, 이는 곧 코후트의 온건한 시각이 옳다는 것을 의미한다.

건강과 행복을 느끼려면 가끔 과대 성향도 필요하다. 최근에는 청소년기에는 약간의 나르시시즘이 질풍노도의 시기를 잘 이겨내도록 도와준다는 연구 결과가 점차 늘어나고 있다. 나르시시즘이 적당히 있는 십대들이 나르시시즘이 적거나 심한 또래들보다 불안감과 우울감이 덜하고 인간관계도 훨씬 좋다. 마찬가지로 적당한 수준의 나르시시즘이 있는 사장은 나르시시즘이 너무 부족하거나 지나치게 심한 사장보다 직원에게 훨씬 더 효율적이라는 평가를 받는다. 내가 동료들과 함께 수행한 연구 결과도 같은 방향을 가리킨다. 자기 자신과 이 세상에 위협이 되는 사람들은 자신이 특별하다는 생각을 한 번도 해본 적 없거나 언제나 자신이 특별하다고 생각하는 사람들뿐이다.

나르시시스트들과 나머지 사람들 사이에는 정도의 차이가 있을 뿐, 부류가 다른 것이 아니다. 이 점을 보다 잘 이해하려면 나르시시즘의 스펙트럼을 꼼꼼히 살펴볼 필요가 있다.

나르시시즘은
하나의 스펙트럼이다

에코이스트부터 나르시시스트까지

유치원에 다닐 무렵 내 딸들은 케임브리지 과학박물관에 가는 걸 아주 좋아했다. 특히 아이들이 넋을 놓고 보는 전시물이 하나 있었다. 작은 타일로 된 작품인데, 위쪽에 설치한 전등에서 빛이 쏟아져 나왔다. 전등 손잡이를 돌리면 불빛 색깔이 바뀌었다.

    그런데 조명 색깔이 바뀔 때마다 타일 색깔도 바뀌었다. 조금 전까지 선명한 빨간색이었는데 색이 진해지면서 자주색이 되는가 싶더니 노란색으로 바뀌고 다시 녹색으로 바뀌었다. 가장자리에는 몇 가지 색이 섞여 무슨 색인지 단번에 구분하기가 어려웠다. "지금 저 타일은 무슨 색이야?" 별것 아닌 이 질문이 어느 순간 나에게 훨씬 복잡한 질문이 되었다.

'있거나 없거나'가 아니다

우리는 확실하게 구분하는 것을 좋아하는 경향이 있다. 구분이 명확하면 세상의 질서를 잡기가 더 수월하기 때문이다. 타일은 녹색이면 녹색이고 빨간색이면 빨간색이지 둘 다일 수 없다.

이런 식으로 우리는 극단적 사고를 즐긴다. 가득 차 있지 않으면 비어 있는 것이고, 흑이 아니면 백이며, 선이 아니면 악이라고 생각한다. 그러나 세상을 조금 더 면밀하게 살펴보면 경계가 흐릿해진다. 벽에 칠한 페인트마저 빛의 세기와 성질에 따라 하루 종일 색이 바뀐다. 태도와 정서, 성격을 포함해서 삶의 거의 모든 요소에는 바림(gradation)과 뉘앙스가 있다.

그러니 나르시시즘에 관해 생각할 때도 양자택일의 관점에서 접근하지 말고 아래 스펙트럼처럼 0부터 10까지 길게 이어진 선이 있다고 상상해보자. 왼쪽에서 오른쪽으로 이동할수록 자신을 특별한 사람으로 생각하고픈 갈망이 서서히 커진다.

| 나르시시즘 스펙트럼 |

0이든 10이든 극단에 위치한 삶은 건강하다고 볼 수 없다. 0에 해당

하는 사람은 자신이 특별하다고 생각하는 걸 전혀 좋아하지 않는다. 아마 그런 느낌을 한 번도 받아본 적이 없을 것이다.

이런 생각은 언뜻 보기에는 건강한 사고방식처럼 보인다. 우리 대부분은 종교를 통해서든, 부모를 통해서든, 문화를 통해서든, 특별대우를 받고 싶어 하거나 특별히 관심 받고 싶어 하는 욕구는 나쁜 것이라는 생각을 주입받았다. "넌 뭐가 그렇게 특별하니?"라는 말은 우리가 그런 사람들을 얼마나 싫어하는지를 보여주는 대표적인 사례다. 이 말에 질책과 비난이 담겨 있다는 걸 모두가 안다.

이 말의 진짜 의미는 "네가 뭔데 그렇게 특별한 사람처럼 굴어? 그만 좀 해!"다. 전 세계 대부분의 문화권에서 이타심을 최고의 미덕으로 여긴다. 자신이 특별하다고 생각할 권리를 가진 사람은 아무도 없다. 따라서 자신이 특별하다는 느낌을 받아본 적이 없는 사람들은 칭찬받아 마땅하다는 것이 보편적 인식이다.

0부터 10까지, 나는 지금 어디에 있나

그러나 이런 인식이 실제로 의미하는 바를 유념해야 한다. 여기에는 자신의 이익은 눈곱만큼도 생각하지 않는 마음, 평범한 자신으로 인해 비참해지는 기분, 상황에 관계없이 나는 다른 사람보다 칭찬이나 사랑이나 관심을 더 많이 받을 자격이 없다는 생각이 깔려 있다. 이런 마음이 문제를 일으키기까지는 그리 오래 걸리지 않는다.

예를 들어, 여러분이 끔찍한 교통사고로 사랑하는 어머니를 잃었다고 가정해보자. 여러분에게 특별한 관심이 필요하다는 점에 대부분의 사람이 동의할 것이다. 슬픔에 빠져 있는 동안은 여러분이 겪는 고통이 세상의 중심에 놓여야 한다. 나르시시즘이 0인 삶을 산다는 것은 이런 상황에도 주변 사람의 위문과 도움을 받으려고 하지 않을뿐더러 적극적으로 밀어낸다는 뜻이다.

예전에 이런 여성을 상담한 적이 있다. 그녀는 남편이 죽었을 때도 주변 사람들의 도움이나 지원을 완강하게 거부했다. 친구들이 그녀 대신 장을 봐주려 하거나 그녀의 집을 방문하려 할 때마다 그녀는 이렇게 말했다. "번거롭게 그럴 필요 없어." 그녀는 자신에게 특별한 관심을 쏟으며 지원을 아끼지 않는 친구들에게 의지하는 대신, 혼자 있기로 결정했다.

그런가 하면 맨 오른쪽의 삶은 음침하기 그지없다. 0에 위치한 사람들이 다른 이들의 주목을 받지 않으려고 부지런히 애쓰는 것과 달리, 맨 오른쪽에 위치한 사람들은 노골적으로 또는 암암리에 다른 이들의 주목을 받으려고 애쓴다. 그들은 사람들이 자신의 특별함을 알아주지 않으면 더 이상 존재의 의미가 없다고 생각한다. 그들은 관심에 중독되어 있다. 그리고 대부분의 중독자가 그렇듯, 원하는 것을 손에 넣기 위해서는 무슨 일이든 한다. 진정한 사랑조차도 뒷전으로 밀리기 일쑤다.

나르시시즘 스펙트럼에서 10에 가까워지면, 공허하기 짝이 없는 가식과 오만함에 눌려 인간성이 무너지고 만다. 고객들의 돈 수억 달러를 가로챈 버니 매도프(Bernie Madoff)를 떠올려보라. 그는 경찰에 체포됐을 때도 자신에게 제대로 된 질문을 하지 않는다며 수사관들의 '무능'을 비

웃었다. 심지어 수감 생활을 하면서도 여전히 우월감을 느꼈다.

1이나 9에 위치한 삶도 그리 좋지 못하다. 9에 위치한 사람들 역시 어두운 나르시시즘에 빠져 있다. 이들은 주목을 받으려고 다른 사람을 밀어젖히며 나서지 않고도 살 수는 있다. 하지만 그런 식으로 살려고 할 때면 고통을 느낀다. 따라서 이런 습관을 버리려면 무엇보다도 전문가의 도움이 필요하다. (TV 드라마 〈매드 맨$^{Mad\ Men}$〉에 나오는 돈 드레이퍼를 생각해 보자. 그는 수많은 여자와 바람을 피우고 필사적으로 자극과 관심을 좇는다. 자신이 저지른 거짓과 부정(不貞)이 가족에게 어떤 해를 끼치는지 알고도 멈추지 못한다.)

1에 위치한 사람들도 이에 못지않게 고통을 겪는다. 그들은 자신을 특별하게 여기는 태도를 혐오한다. 생일날 작은 관심을 받는 것 정도는 용인할 수 있지만, 기본적으로 그런 관심을 싫어한다.

나르시시즘 스펙트럼에서 2와 3, 7과 8에 가까워지면, 0과 10에서 발견했던 강박적 경직성을 버리고 습관의 영역에 들어간다. 이 범위에서는 자신이 특별하다는 생각을 보다 더 융통성 있게 받아들이기 때문에 변화 가능성도 크다.

2에 위치한 사람들은 드물긴 해도 자신이 특별하다는 생각을 즐긴다. 3에 위치한 사람들은 가끔 위대한 성취를 꿈꿀 수도 있다. 8에 위치한 사람들은 이따금 자신의 대담한 꿈을 뒤로하고 타인을 생각할 수 있다. 7에 위치한 사람들은 때로 자신의 흔한 결점을 인정하고, 인간다운 모습을 보여주기도 한다.

대학 시절 나와 함께 살던 한 친구는 나르시시즘 스펙트럼상 3에 위치한 사람이었다. 그녀는 생일파티를 즐겼고 누가 칭찬을 하면 잘 받아들였지만 누군가 자기를 챙겨주려 하면 불편해했다. 누군가 그릇을 대신 치워주려고 하면 바로 자리에서 일어나 직접 설거지를 했다. 그녀는 다른 사람이 자기를 위해 뭔가를 해주려 하는 것을 그냥 받아들이기 힘들어했고, 어느 늦은 밤 내게 이렇게 고백했다. "나도 이런 내가 싫지만, 도움을 받거나 특별대우를 받는 게 너무 힘들어."

기숙사에서 함께 살던 친구 중에는 나르시시즘 스펙트럼상 7에 위치한 사람도 있었다. 그는 대화를 하다가 종종 유명인의 이름을 거론하며 잘 아는 사람인 양 거들먹거렸고 학점을 잘 받은 이야기를 하면서 사람들의 시선을 신경 썼다. 그는 내게 이렇게 말했다. "나도 알아. 내 행동이 잘못됐다는 거. 그래도 이렇게 해야 사람들에게 각인될 거 아냐. 내 인상을 제대로 남기지 못하면, 사람들이 나를 중요한 사람으로 여기지 않을까 봐 걱정돼."

습관적 에코이스트와 습관적 나르시시스트는 자신의 행동이 그리 건강하지 못하다는 것을 인정한다. 다만 항상 자제하지는 못한다.

가장 건강한 범주는 스펙트럼의 중앙에 해당하는 4에서 6까지다. 이른바 균형의 세계다. 이곳에서 우리는 강렬한 야망을 품기도 하고 이따금 오만해지기도 하지만, 자신이 특별하다는 생각에 강박적으로 매달리지 않는다. 그런 느낌은 그저 재미일 뿐이다.

정중앙인 5에서는 자신이 특별하다는 생각을 애써 피하거나 끊임없이 갈구하지 않는다. 이 상태로 사는 사람들은 위대한 일을 하고 크게 성공한 자신의 모습을 꿈꾸기를 즐기지만, 거기에만 매달려 모든 시간을 허비하지 않는다. 정중앙을 살짝 벗어나긴 했지만 6도 건강한 범주에 속한다. 자신이 특별하다는 생각을 하고 싶어 하는 욕구가 강하면서도 건강한 상태를 유지할 가능성이 높다.

건강한 나르시시즘은 자아도취와 타인에 대한 세심한 배려 사이를 매끄럽게 오가는 것을 의미한다. 빛을 받아 일렁이는 나르키소스의 연못을 찾아가지만, 연못에 비친 자신을 붙잡으려고 뛰어들지는 않는다.

대부분은
일정 범위 안에 있다

아주 심한 감기에 걸렸을 때였다. 몸이 아프니까 내 신세가 한없이 처량하고 버겁게 느껴졌다. 누군가 나를 좀 돌봐줬으면 싶었다. 그런데 그때 최근 실직한 친구에게 전화가 왔다. 그 친구는 오랫동안 살던 곳을 떠나 낯선 지방에서 새로 일자리를 구해야 하는 상황이었다. 그 순간 감기는 내게 더 이상 중요하지 않았다. 나는 이불 속에서 나와 샤워를 하고 친구에게 갔다.

대부분의 인간 행동 모델은 유연성을 정신 건강의 특질로 간주한다. 우리는 상황에 맞춰 자신의 기분과 행동을 조정한다. 나르시시즘도 이와 비슷하다. 아주 극단적인 에코이스트와 나르시시스트만이 나르시시즘 스펙트럼의 한쪽 끝에 치우쳐 있다. 건강한 사람들은 일반적으로 스펙트럼의 일정 범위 안에 머문다. 그 범위 안에서 스펙트럼의 좌우로 약간씩 움직이면서 일생을 살아간다. 그럼에도 뭔가가 우리를 강한 힘으로 밀어붙이면, 평소보다 스펙트럼의 오른쪽이나 왼쪽으로 더 치우치는 경향이 있다.

기분이 좋지 않을 때, 이를테면 외로움이나 슬픔, 혼란에 빠져 있거나 정서적으로 약해져 있을 때는 나르시시즘이 극적으로 올라간다. 성인이라면 병에 걸리거나 이혼하는 등의 큰일을 겪을 때 자존심을 유지하려고 애쓰면서 아집이 강해지곤 한다.

보통은 십 대 때 나르시시즘이 절정에 이른다. 청소년들은 흔히 '나는 뭐든 할 수 있다'고 확신하듯이 행동한다. 마치 자기가 자연법칙과 인간이 만들어놓은 법 위에 있는 것처럼 말이다(예를 들면, 다른 사람은 음주운전을 하다 사고를 낼 수 있어도 자기는 절대 그러지 않을 거라고 굳게 믿는다).

십 대들은 자신의 고통을 도리어 가중시키는 행동을 하는 경우가 많다. 열병처럼 펄펄 끓는 짝사랑의 아픔이나, 새로 출시될 스마트폰을 가질 수 없을 때 온몸을 휘감는 굴욕감을 아무도 이해해주지 않는다며 절망한다. 이들에게는 자기가 느끼는 괴로움보다 중요한 것이 아무것도 없다.

부모 입장에서는 괴로운 일이지만, 청소년기에 절정에 이르는 나르시시즘은 자연스러운 현상이고 이해 못 할 것도 없다. 청소년기는 자신의 정체성을 키우는 시기다. 이 시기에 아이는 부모에게서 떨어져 나와 '자기 자신'이 된다. 아직 혼자 세상에 맞설 준비가 안 되어 있다는 걸 내심 알면서도, 청소년기에는 자기에게 영향력을 행사하려는 사람들을 밀어낸다. 보호자가 필요하긴 하지만 그들에게 지지를 받을 수 있는지, 꼭 그들에게 지지를 받아야 하는지 확신이 없을 때, 아이들은 '나는 특별하다'는 생각에 많이 의지한다. 자신이 특별하다고 생각하면, 일시적이긴 해도 자신감이 생긴다. 이 자신감은 진짜도 아니고 오래 지속되지도 않지만, 어쨌거나 힘든 시간을 견디게 해준다. 사춘기가 지나면 나르시시즘은 급격히 감소한다. 이제 어른스러워져야 할 시기에 접어들기 때문이다. 어른스러워진다는 것은 나보다 다른 사람들을 더 생각한다는 뜻이다.

나르시시즘의
다양한 유형

외현적 나르시시스트: 모두 나만 봐

외현적(外顯的) 나르시시스트에 관해서는 잘 알 것이다. 사람들이 흔히 말하는 나르시시스트로, 온갖 소동을 일으키는 장본인이다. 이들은 시끄럽고 허영심이 많고 눈에 잘 띈다. 재산을 과시하고, 매 순간 주목받으려고 애쓰고, 직장에서 높은 지위에 오르려고 무자비하게 자리다툼을 벌인다.

그러나 나르시시즘은 다른 방식으로도 나타난다. 자신을 특별하게 생각하고픈 강렬한 충동은 다른 두 가지의 나르시시스트적 행동 유형으로도 나타날 수 있다. 바로 내현적(內顯的) 나르시시스트와 관계적 나르시시스트다.

내현적 나르시시스트: 나는 보통 사람들과 기질 자체가 달라

내현적 나르시시스트(학술 문헌에서는 '민감한' 나르시시스트, '은밀할' 나르시시스트, '과민성' 나르시시스트라고도 부른다)는 다른 나르시시스트와 마찬가지로 자기가 다른 사람들보다 낫다고 생각한다. 그러나 이들은 본능적으로 비판을 두려워해서 사람들을 피하고 자기에게 이목이 집중되는 것도 꺼린다. 심지어 자기에게 사람들의 관심이 쏠리면 공황 상태에 빠지기도 한다.

이런 사람들은 겉보기에 소심하고 조심성이 많아서 스펙트럼의 왼쪽 끝에 위치한 사람, 즉 자신의 존재를 드러내지 않으려 하는 사람으로 착각하기 쉽다. 그러나 이들은 열등감을 느끼지 않는다는 점에서 에코이스트들과 다르다. 이들은 자신이 아직 인지되지 않은 지능과 숨겨진 재능을 갖고 있다고 믿는다. 또한 자신이 세상의 복잡성을 누구보다 잘 이해하고 적응한다고 생각한다.

이들은 '나는 내가 대다수 사람과 기질적으로 다르다고 생각한다' 같은 진술에 '그렇다'라고 답한다. 옆에서 관찰해보면 연약하고 과민해 보인다. 대화를 나눠보면, 갑자기 그 상황에 적절하지 않은 단어를 사용하거나 어조를 바꾸거나 옆을 흘낏거리거나, "그게 무슨 뜻이죠?" 또는 "왜 무시하는 거예요?"라고 따져 묻곤 한다. 내현적 나르시시스트는 분노에 차 있다. 이들은 자신의 특별한 재능을 알아주길 '거부하는' 세상을 원망한다.

관계적 나르시시스트: 내가 원래 남을 잘 도와줘요

연구자들이 좀 더 최근에 파악한 나르시시스트의 한 유형인 관계적 나르시시스트는 사람들의 주목을 끄는 데 집중하지 않는다. 최고의 작가가 되거나 댄서로 크게 성공하거나 가장 오해를 많이 받고 가장 간과되기 쉬운 천재가 되는 것은 이들에게 중요하지 않다.

대신에 이들은 자신이 특별히 사람들을 잘 보살피고 잘 이해하고 공감 능력이 뛰어나다고 생각한다. 그들은 자기가 얼마나 많은 자선을 베푸는지, 그에 반해 자기 자신에게는 얼마나 돈을 적게 쓰는지 자랑스럽게 말한다. 이들은 여러분을 연회장 구석으로 데려가서 옆집 사람에게 생긴 일로 무척 가슴이 아프다며 자신이 얼마나 사려 깊은 사람인지 들뜬 목소리로 속삭인다. "제가 그래요. 사람들 얘기를 잘 들어주는 편이지요. 타고난 것 같아요!"

이들은 자신이 다른 사람들보다 낫다고 믿으면서, 관심을 받는 쪽이 아니라 관심을 주는 쪽으로서 자신의 위치를 귀하게 여긴다. 이들은 '나는 내가 아는 사람들 중에 타인을 가장 잘 돕는 사람이다', '나는 내가 한 선행으로 유명해질 것이다' 같은 진술에 '그렇다'라고 답하며 만족해한다.

이렇듯 모든 나르시시스트가 비슷한 모습을 보이지는 않는다. 또한 시간이 흐를수록 이 세 가지 유형 외에도 더 많은 유형이 발견될 것이다. 기억해야 할 점은, 그들은 분명 다르지만 그 어떤 것보다도 중요한 동기를 공유하고 있다는 것이다. 그들은 모두 자신이 특별하다는 생각에 필사적으로 매달린다. 단지 매달리는 방식이 서로 다를 뿐이다.

나이와 성별에 따라 달라진다

앞서 살펴보았듯이 나르시시즘은 젊은이들에게서 더 쉽게 나타날 수 있다. 25세 미만인 사람들의 나르시시즘이 가장 강한 편이다. 자신이 특별하다고 생각하고 싶은 욕구는 나이가 들수록 줄어든다. 그러면 남자와 여자 중에는 어느 쪽이 더 나르시시즘이 강할까?

대부분의 연구는 허영기가 다분하고 누가 봐도 나르시시스트가 확실한 사람들만 조사한다. 약간 건강하지 못한(내가 제시한 스펙트럼에서 7~8에 해당하는) 그룹을 연구한 결과에서는 일관되게 남성이 여성보다 조금 더 많았다. 그런데 스펙트럼의 오른쪽 끝으로 가면 남성이 월등히 많다. 무려 여성의 두 배다.

이러한 차이는 적어도 부분적으로는 성 역할에 기인한다. 대다수 사회가 여성이 큰 소리를 내고 자기주장을 강하게 하면 비판하는 반면, 남성에게는 그러한 자질을 장려한다. 그러니 습관적 나르시시즘은 성별 차이가 적은 반면, 중독성 나르시시즘에서 성별 차이가 아주 큰 것은 당연한 일이다. 자신감이 넘치고 유난히 경쟁심이 강한 여성은 오만하고 여성의 행실에 관한 사회 통념에서 완전히 벗어난 존재로 치부하기 때문이다.

관계적 나르시시즘에 관한 연구는 이제 막 시작되었지만, 지금까지만 보면 이 유형에 해당하는 남녀 수는 비슷하다. 관계적 나르시시스트는 자신이 세상에서 가장 훌륭한 부모이자 친구이며 박애주의자라고 생각할 수 있고, 무대에 올라 모든 사람에게 이 사실을 공표할 수도 있다. 사람들 앞에서 대놓고 이야기하는 부류는 남성이 압도적으로 많고 조용히 혼자 생각하는 부류는 여성이 훨씬 많아서 이 둘을 합하면 성별 차이가 없어진다. 흥미롭게도 내현적 나르시시스트도 남녀 비율은 반반이다.

가수와 배우와 코미디언의 위치

몇몇 직업에 종사하는 사람들은 스펙트럼의 특정 지점에 모여 있는 것처럼 보인다. 스펙트럼에서 가장 오른쪽에 있는 사람들은 권력과 찬사와 명성을 얻을 기회가 있는 직업에 끌리는 경향이 있다.

브라이언트 대학교 심리학자 로널드 델루가(Ronald J. Deluga)에 따르면, 미국 대통령들은 평균적으로 대다수 평범한 시민보다 나르시시즘이 강한 것으로 나타났다. 델루가 교수는 조지 워싱턴부터 로널드 레이건까지 미군 통수권자 전체를 상대로 NPI 점수를 매기기 위해 이들의 전기에서 얻은 정보를 활용했다.

예상대로 리처드 닉슨과 로널드 레이건처럼 자아가 강한 대통령들은 지미 카터와 제럴드 포드처럼 말씨가 좀 더 부드러운 대통령들보다 NPI 점수가 높았다. 하지만 거의 모든 대통령이 '나르시시스트'로 봐도 무방할 만큼 NPI 점수가 높았다.

애팔래치안 주립대학교 심리학자 로버트 힐(Robert Hill)과 그레고리 유세이(Gregory Yousey) 교수도 대통령을 제외한 정치인의 나르시시즘 성향을 사서와 대학 교수, 성직자의 나르시시즘 성향과 비교 연구했다. 이번에도 정치인은 다른 어떤 그룹보다 나르시시즘이 강한 것으로 나타났다. 성직자와 교수가 가장 건강한 편이었고, 나르시시즘이 가장 약한 그룹은 사서였다. 정치인과 달리 다른 직업군 중에는 '나르시시스트'라는 꼬리표를 붙일 만큼 높은 점수를 받은 그룹이 하나도 없었다. 사서의 경우 에코이즘을 좋아한다고 봐도 무방할 정도로 점수가 낮았다.

공연 예술은 나르시시스트들을 강하게 끌어당기는 무대다. 당연하다. 공연 예술은 결국 쇼비즈니스이기 때문이다. 그러나 자세히 들여다보면 여기에도 나르시시즘의 차이가 있다.

〈러브라인Loveline〉이라는 라디오 방송 진행자인 드루 핀스키(Drew Pinsky) 박사는 방송에 출연하는 모든 연예인에게 NPI 검사를 받아보라고 권유했다. 그다음 서던캘리포니아 대학교 마셜비즈니스스쿨의 심리학자 마크 영(S. Mark Young)과 함께 배우들의 NPI 점수와 다른 예술 분야 종사자들의 NPI 점수를 비교했다.

배우와 코미디언은 나르시시즘 스펙트럼에서는 연예인의 평균에 가깝게 나타났다. (여성이 남성보다 나르시시즘이 강했는데, 아마 여성의 경우 외모가 성공에 미치는 영향이 남성보다 더 크기 때문인 것 같다.) 음악인들은 나르시시즘이 가장 약했다.

그렇다면 나르시시즘이 가장 강한 사람은 누구일까? 바로 TV 리얼리티 쇼에 출연하는 스타들이다. 핀스키와 영은 이 자료를 근거로 대다수 연예인은 처음부터 나르시시즘이 강하고, 바로 이런 성향 때문에 화려한 직업에 끌린 것이라는 결론을 내렸다. 자료를 보면 핀스키와 영은 연예인과 경영 대학원생을 비교하기도 했다. 경영 대학원생이 종종 다른 그룹에 비해 나르시시즘이 강했기 때문이다. 그러나 역시 연예인에 비할 바는 아니었다.

우리 중에 국가원수나 연예인, 경영 대학원생과 정기적으로 교류하는 사람은 많지 않다. 따라서 우리가 가장 자주 접하는 나르시시즘은 우리가 일상에서 자주 보는 사람들, 즉 친척과 친구, 동료, 연인, 배우자의 나르시시즘일 것이다. 그렇다면 우리 주변에서 볼 수 있는 나르시시즘은 과연 어떤 모습일까? 스펙트럼의 양 끝에 있는 보통 사람을 먼저 살펴보도록 하자.

자신을 부정하다
: 스펙트럼 2에 위치한 삶

샌디는 스물여덟의 미혼이고 생명 공학 분야에서 행정직으로 일한다. 최근 직장에서 있었던 일로 화가 나서 나를 찾아왔다. 상사가 샌디를 위해 파티를 열기로 한 것이다. 작년 한 해 동안 회사가 번창할 수 있도록 지칠 줄 모르고 애써준 것에 감사한다면서 말이다.

"상사가 제게 MVP 상을 줬어요. 게다가 제 생일을 파티 날짜로 정했어요. 일석이조라고 생각한 거죠." 샌디는 이렇게 말하며 얼굴을 찡그렸다. 헐렁한 검은색 정장 바지 탓인지 그렇지 않아도 마른 몸이 더 왜소해 보였다. "상사는 저를 놀라게 해주려고 오랫동안 몰래 공을 들였지만, 무슨 일이 벌어지는 것 같은 낌새를 느꼈어요. 사람들이 휴게실에서 소곤댔거든요." 샌디는 상사가 파티를 열어주는 게 마음에 안 들어서 취소시키려고 했다. "상사의 파트너에게 말했어요. 파티 생각만 하면 거북하고 불안해서 일에 집중하기가 힘들다고요. 취소하려고 애를 썼어요."

"어떤 점이 그렇게 불편한가요?" 내가 물었다.

"칭찬을 듣는 걸 참을 수가 없어요. 칭찬을 들으면 온몸에 소름이 끼쳐요. 사람들의 이목이 제게 집중되는 것도 너무 싫어요. 저는 깜짝 파티는 물론이고, 제 생일파티도 안 좋아해요."

"왜 그런 것 같아요?"

"모르겠어요." 그렇게 말하고 샌디는 맞은편 벽에 걸려 있는 추상화를 바라보았다. 큰 화폭에 파란색과 녹색으로 그린 그림이다. "제가 아는 건, 그냥 불편하다는 거예요. 제게 알랑거리는 사람들이 싫어요."

샌디는 사람들이 자기에게 감사를 표하는 것을 몹시 싫어했지만 친구들을 도와주는 일에는 전혀 어려움을 느끼지 않았다. 그렇지만 이때도 친구들이 꽃이나 카드로 고마움을 표현하려고 하면, 눈에 띄게 거북해하면서 마지못해 감사 선물을 받았다.

"남자 친구에게 받는 건 어때요?" 샌디는 회사에서 몇 분 거리에 있는 작은 아파트에서 남자 친구 조와 3년째 함께 살고 있었다.

"남자 친구가 나를 칭찬하거나 챙겨주려고 하면 참을 수가 없어요." 샌디는 몸을 앞뒤로 움직이며 우물쭈물했다. "남자 친구에게 그럴 필요 없다고 말해요. 나는 어린애가 아니라고."

샌디는 몹시 괴로워했고 이런 성향은 직장 내 인간관계, 가족 관계, 교우 관계에 문제를 일으켰다. "상사는 마음에 상처를 입었어요. 자기는 단지 저를 위해 뭔가 특별한 걸 해주고 싶었던 것뿐이래요." 남자 친구 역시 그런 일방적인 관계에 지쳐가고 있었다.

"어느 날 제게 정색하며 화를 내더라고요. 제 생일에 어느 식당에서 저녁을 먹고 싶은지 자기한테 말해달라고 했는데, 저는 그런 이야기를 하는 게 넌더리가 났거든요." 샌디는 얼굴을 찡그렸다. "남자 친구에게 말했죠. '그냥 집에서 먹는 건 어때? 아니면 자기가 맘에 드는 데 가서 포장해 와도 되고. 자기가 알아서 해.'"

그러자 남자 친구는 질렸다는 듯 두 손을 들어올렸다. "넌 내가 널 위해 뭔가 하려고 하면 아무것도 못 하게 해!"

"그게 문제예요." 내가 말했다. "때로 사람들은 우리가 주목받을 수 있게 해주고 싶어 해요. 그러면 자기 역시 특별한 사람 같은 기분이 들거든요."

필요한 것을 요청할 줄 모른다

샌디는 스펙트럼상 2에 위치한 삶의 위험성을 보여주는 좋은 예다. 이런 사람들은 자기를 특별하게 생각하는 것에 익숙하지 않을뿐더러, 그런 기분에 사로잡히는 것을 두려워한다.

자신이 성취한 일로 찬사와 주목을 받을 때 대부분 사람들은 사기가 조금 올라가는 느낌을 받는다. 그러나 0에 위치한 사람들, 즉 극단적인 에코이스트에게는 긍정적인 관심조차도 겁나는 일이다. 꼭 창피하다고 느끼거나 자신에게 결함이 있다는 생각 때문에 그러는 것은 아니다. (개중에는 그런 사람도 있을 테지만.) 가장 평범한 존재가 되는 것이야말로 가장 안전한 삶의 방식이라고 확신해서 그런 것뿐이다.

이들은 남의 눈에 띄지 않는 곳에 머문다. '모난 돌이 정 맞는다'라는 동양 속담도 있지 않은가. 더구나 이들은 자신이 주변 사람들에게 짐이 될까 봐 두려워한다. 속으로는 관심을 바라면서 겉으로만 "폐 끼치고 싶지 않은데"라고 짐짓 염려하는 척하는 것이 아니다. 이들은 정말로 두려움을 느낀다. 그래서 모든 사람이 주의를 기울이도록 목소리를 높여 항의하고 있는 것이다.

샌디 같은 사람들은 궁핍해 보이거나 이기적으로 보이지는 않을까 너무 걱정하느라 자기에게 무언가가 필요하다는 사실을 잘 인정하지 못한다. 또한 이들은 아무것도 기대하지 않으려고 기진맥진할 정도로 열심히 일한다. 스펙트럼의 왼쪽 끝에 있는 사람들이 이따금 슬픔에 빠져 혼란스러워하는 이유가 여기에 있다. 이들은 고갈된 것 같은 기분을 느끼지만, 고갈된 내면을 다시 채우는 데 필요한 것은 너무 깊이 파묻혀 있다. 심지어 이들은 자신에게 필요한 것을 요청하는 방법조차 모른다.

에코이스트에게 가장 보편적으로 나타나는 특징은 자신이 어떤 식으로든 나르시시스트가 되는 것을 대단히 두려워한다는 점이다. 그들은 자신 안에 있는 이기주의와 오만의 징후를 끊임없이 경계한다. 그래서 누군가 자신을 끔찍이 사랑해줘도 그 사랑을 제대로 향유하지 못한다. 그 대가로 이들은 지나치게 비싼 값을 치른다. 눈을 반짝이며 우리를 바라보는 사람들의 시선을 받아들일 때, 사람들은 우리와 더 가까워졌다고 느낀다. 주목받는 순간을 즐기면, 우리뿐 아니라 우리가 사랑하는 사람들까지 기분이 좋아진다.

자신밖에 모른다
: 스펙트럼 9에 위치한 삶

게리는 스물넷의 미혼이며 경영 대학원생이다. 게리가 자꾸 수업에 빠지자 걱정도 되고 화가 난 학장이 그를 내게 보내 상담을 받게 했다. 학장은 게리 부모님과 오랜 친구 사이다.

"수업에 가는 것보다 더 중요한 일이 있었거든요." 게리가 환하게 미소 지으며 말했다. "친구랑 회사를 차리려고 준비 중이에요. 어느 날 밤, 몇 시간 동안 술을 마시다가 아이디어가 떠올랐거든요. 꽤 근사한 계획이에요." 게리는 약속 시간보다 10분 늦게 도착했지만 미안해하는 기색이 전혀 없었다. "투자자를 만나다 왔어요." 게리는 내 손을 꼭 잡고 악수를 나누며 지각한 이유를 그렇게 설명했다.

"멋지네요. 축하해요." 내가 대꾸했다.

"저는 저를 홍보하는 법을 알아요." 어깨를 으쓱하며 그가 말했다.

"그게 제가 하는 일이죠."

무슨 말인지 이해할 수 있었다. 게리는 자리에 앉더니 두 손으로 목 뒤를 받치고 팔꿈치를 벌리며 자기 능력을 과시하는 전형적인 자세를 취했다. 학생이라기보다는 기업체 간부처럼 보였다. 옷차림도 한몫했다. 짙은 감색 정장에 윤기 나는 가죽 구두, 빨간색과 파란색 줄무늬 넥타이.

"상담 쪽에 일가견이 있으신가요? 낭비할 시간이 별로 없어서요." 게리가 말했다.

"곧 알게 되겠죠." 나는 그가 이미 마음을 굳혔음을 확신하며 이렇게 말했다. "내가 아는 바에 따르면, 학생은 제적당할 수도 있어요. 제출하지 않은 논문과 과제가 너무 많으니까요."

"학장님이 그러시던가요?" 게리가 거만하게 되받아치고는 팔짱을 끼면서 상체를 뒤로 젖혔다. "제 말 좀 들어보세요. 그분들은 저를 학교에 남겨두어야 해요. 조금만 있으면 제가 그들 인생에 일어난 최고의 행운이 될지도 몰라요. 그들이 할 수 있는 최소한의 일은 저를 붙잡으려고 애쓰는 거예요. 안 그러면 제 아이디어가 대성공을 거두고 제가 떼돈을 벌 때 자신들이 실수했다는 걸 깨닫게 될 테니까."

"학장님 입장도 이해되지 않아요?" 이 학생은 자신이 얼마나 위험한 상황으로 내몰리고 있는지 알고 있을까 궁금했다.

"저는 부모님에게 무슨 얘기든 할 수 있어요." 게리는 나를 안심시키며 그렇게 말했다. "저는 누구랑 무엇에 관해 얘기해도 잘 설명할 수 있어요. 전에 그랬던 것처럼 이번에도 부모님이 학장님을 설득하실 거예요." 게리는 손가락으로 머리를 빗어 넘겼다.

"사람들은 별것도 아닌 일로 유난을 떨어요. 나머지 일은 제가 알아서 처리할 수 있어요. 문제 될 거 없어요."

"그럼 나를 왜 만나러 왔어요? 꼭 만날 필요도 없었는데."

"선생님께 건강 증명서를 받아 가야 할 것 같아서요." 게리가 사무적으로 대답했다.

"아, 안타깝지만 그렇게는 안 돼요. 우리는……."

"선생님. 저는 학장님과 교수님들을 납득시켜야 해요. 부모님이 선생님께 상담료를 지불하시는 것도 그 때문이죠. 선생님이 저를 도와주실 수 없다면 다른 사람을 찾을 거예요." 그렇게 말하고 게리는 자리에서 일어설 채비를 했다.

"가도 돼요." 내가 말했다. "하지만 다른 사람의 도움이 필요하다고 생각하지 않는 건 문제가 있어요. 학생은 재능도 많고 야망도 크죠. 그건 굉장한 장점이에요. 하지만 거기에만 의존하면 안 돼요. 만약 그런 태도가 효과가 있다면 지금 내 앞에 앉아 있지도 않았겠죠. 다음 주 월요일에 학생을 학교에 남겨둘지 제적시킬지 여부를 결정하는 회의가 열릴 거예요. 학장님은 참석하지 않을 거고요."

내 말에 흥미가 생겼는지 그가 다시 자리에 앉았다.

세상 모든 사람은 나를 위해 존재한다

게리의 행동이 우리 모두가 알고 있고 혐오하는, 오만하고 특권 의식에 젖어 있는 나르시시즘의 얼굴이다. 보고 있으면 가끔 섬뜩한 느낌마저 든다.

스펙트럼상 9에 위치한 사람들, 즉 극단적인 나르시시스트들은 흔히 자신이 세상의 규칙과 기대 위에 있다고 생각한다. 얼마를 받든 그 정도로는 충분하지 않다. 다른 사람에게 어떤 잘못을 저질렀든 잘 해명하고 넘긴다. 게리는 자신이 학교에서 쫓겨날 수도 있다는 생각을 정말 단 한 순간도 하지 않았다. 기이하게도, 그는 자신이 대학을 필요로 하는 것보다 대학이 자신을 훨씬 더 필요로 한다고 믿었다. 그리고 기업가로서의 재능이 자신을 구원해줄 것이라고 확신했다.

스펙트럼상 9와 10에 위치한 사람들은 자신의 특별한 지위에 필사적으로 매달린다. 그들은 자신을 제외한 나머지 사람들은 한낱 평범한 인간일 뿐이고 자신은 그들 위에 있다고 믿는데, 이런 믿음이 망상 수준으로 발전하기도 한다. 게리가 그랬다. 게리는 정말로 자기가 원하는 일이면 무엇이든 할 수 있다고 여겼고 지금도 학교에 다니고 있다.

자신은 '특별한 예외'에 속한다는 이런 의식은 스펙트럼 오른쪽 끝에서 살아가는 사람들의 다른 특징들도 설명해준다. 이들은 아주 조금만 무시를 당해도 불같이 화를 내고, 원하는 것을 손에 넣기 위해서라면 무슨 일이든 하고, 다른 사람들을 자신의 연장선으로 간주하는 특성이 있다.

극단적 나르시시즘에 빠지면 다른 사람들의 기분을 헤아리지 못한다. 나르시시즘 등급이 최고조에 이른 사람들과 어울리면 몹시 불쾌해지는 이유 가운데 하나가 바로 이것이다. 10에 가까운 위치에서 살아가는 사람들은 인정받고 보상받아야 할 자신의 욕구에만 사로잡힌 탓에 다른 사람의 욕구는 전혀 고려하지 못한다.

게리 부모님은 아들을 설득하느라 일주일 동안 밤마다 아들과 통화했지만 소용없었다. "어떻게 해야 할지 모르겠어요." 게리 어머니가 내 음성 사서함에 눈물 어린 메시지를 남겼다. 게리는 그것도 대수롭지 않게 여겼다. "어머니는 늘 그러시는데요, 뭘."

학교에서 곧 쫓겨날지도 모르는 상황에도 게리는 아주 태평했고, 그럼에도 학장은 충실하게 게리를 옹호했다. 그럼에도 모든 상황이 게리에게 불리했다. 학장은 게리가 걸음마를 배울 때부터 지켜봤고 그를 아들처럼 생각했다. 게리를 옹호하는 학장의 목소리도 지칠 대로 지쳐 있었다. 그러나 게리는 자신이 주변 사람들, 특히 자신에게 마음을 쓰는 사람들을 얼마나 걱정시키는지 전혀 깨닫지 못했다. "학장님은 어머니 못지않게 걱정이 많으신 분이에요."

스펙트럼의 맨 오른쪽에 있는 이들은 다른 사람들을 자신의 도구쯤으로 여기는 경향이 있다. 게리는 처음부터 나를 아둔한 하인 대하듯 했다. 아무 문제가 없다는 확인서를 써줄 수 없다고 하자 게리는 곧바로 나를 공격했다.

게리에게는 자신의 문제를 이해하는 통찰력이 없었다. 자신이 특별한 사람이라는 느낌에 중독되면 결점을 인정할 여지가 없어진다. 결점이 너무나 분명해서 만천하에 드러나도 정작 본인은 알지 못한다.

게리 같은 사람들은 나쁜 연인, 나쁜 친구로 악명이 높다. 이들은 공감 능력이 부족한 탓에 인간관계가 삐걱거리기 일쑤고 자주 거짓말을 하고 부정(不貞)을 저지른다. 그러나 이 사실을 깨닫지 못한다. 실제로 이들에게, 관심이 있는 상대와 슬픔과 외로움을 나눌 수 있는 더 깊은 관계를 잘 맺을 수 있느냐고 물으면 아무 문제없다고 대답할 것이다.

이들은 타인을 사랑하는 능력에 한계가 있음에도 자신의 한계를 깨닫지 못한다. 그만큼 자기 인식이 부족하다.

건강한 사람들
: 스펙트럼 5에 위치한 삶

리사는 마흔한 살의 기혼 여성으로, 아시아인 공동체를 돕는 비영리 기구의 상임 이사다. 어머니가 뇌졸중으로 돌아가신 뒤에 나를 찾아왔다. "어머니는 병원에 가보지도 못하셨어요." 처음 전화 통화에서 리사는 내게 이렇게 말했다. "최근 들어 제 상태가 예전 같지가 않아요. 컨디션도 별로고요. 그래서 상담을 받아보려고요."

내가 리사를 만나러 대기실로 나왔을 때, 리사는 다른 상담 치료사를 만나러 온 여성 내담자와 담소를 나누고 있었다(나는 다른 상담 치료사들과 사무실을 함께 쓴다). 전에도 본 적 있는 여성이었다. 하지만 그 여성이 누군가와 대화하는 모습을 본 것은 그때가 처음이었다. 보통은 혼자 조용히 앉아서 잡지를 읽거나 스마트폰을 들여다보곤 했다. 그런데 그 여성이 오늘은 리사와 대화하며 미소 짓고 있었다. 리사가 나를 보더니 그 여성에게 손을 흔들며 작별을 고했다. 아마 "만나서 반가웠어요"라고 했을 것이다.

나는 리사를 복도 끝으로 안내했다. 리사는 자리에 앉기 전 정장 상의에 맞춘 적당한 길이의 짙은 감색 치마를 매만지고, 포니테일 머리 매무새를 가다듬었다. "저는 매사 확실한 게 좋아요. 제가 감당할 수 없는 상황에 놓이는 걸 원치 않아요."

어머니가 돌아가신 뒤, 리사는 새로운 프로젝트 여러 개를 동시에 진행했다. 일정이 너무 빡빡해서 생각이란 걸 할 여유조차 없었다. "원래 쉬지 않고 일하는 편이긴 해요. 그런데 요즘은 저 자신을 정말 몰아붙이고 있어요." 리사가 말했다.

　노숙자와 노인을 위한 다수의 프로그램을 성공리에 안착시킨 리사는 지역 유명 인사였다. 시의회 의원부터 상원 의원까지 정계에도 연줄이 많았고 TV에도 자주 출연했다. "대부분의 사람은 언론을 상대하는 걸 질색하죠. 하지만 저는 연설하거나 카메라 앞에 서는 걸 아주 좋아해요. 살아 있다는 게 느껴지거든요. 물론 서툴지만요. 사실은 예전에 배우였어요." 리사는 걸음마를 뗐을 때부터 무대에 올랐고 고등학교 내내 연극과 뮤지컬 공연에 참여했다. "박수 받는 걸 아주 좋아해요."

　"그런데 최근에는 조금 과하다고 느낀 건가요?" 내가 물었다.

　"그런 걸까요?" 리사는 그렇게 말하고 깊게 심호흡을 했다. "어디까지가 건강한 건지 어떻게 알죠? 성공을 좇는 이런 행동들 말이에요. 이게 다 허황된 꿈인가요?" 리사는 자신을 초조하게 만드는 문제의 핵심이 무엇인지 깨달은 듯했다. 그 말을 하며 눈을 반짝이는가 싶더니 곧 편안한 표정을 지어 보였다.

　"최근에 평소보다 더 자신을 밀어붙였을 거예요. 어머니를 잃었으니까요. 누구나 그럴 수 있어요. 하지만 큰 꿈을 품을 때 찾아오는 기쁨은 당신만 행복하게 하는 게 아니에요. 다른 사람들도 행복하게 하죠. 나는 그게 바로 건강한 거라고 생각해요."

겸손하고 다정하며 자존감 높은 사람들

건강한 나르시시즘의 핵심은 폭넓게 사랑하고 사랑받는 능력에 있다. 스펙트럼 중앙에서 사는 사람들이 늘 무대에 오르는 건 아니다. 하지만 무대에 오를 때면 자신은 물론이고 다른 사람들까지 기운 나게 만든다.

리사는 스펙트럼 중앙에 위치한 건강한 나르시시즘의 특성을 많이 가지고 있었다. 어머니를 잃은 슬픔 때문에 평소보다 조금 더 자신을 몰아붙여서 사람들의 주목을 받고자 매진했지만, 뭔가 잘못되었다는 사실을 깨달을 만큼 자기 인식이 뛰어났다.

스펙트럼의 중앙에서 사는 사람들은 어떤 성향이 적정선을 넘으면 바로 알아챈다. 또한 자기 일에만 과도하게 몰두해도 금방 알아챈다. 리사는 자신을 특별하게 생각하면서 기뻐하지만, 다른 사람의 기분을 헤아리지 못하는 우를 범하지 않는다. 리사의 가장 큰 걱정은 남편 더그였다. 리사는 남편이 외로워할까 봐 염려했다. 더그는 실제로 외로웠던 것 같다.

"며칠 전 집에 들어갔더니 남편이 TV 앞에 앉아 있더라고요." 리사가 말을 이었다. "무척 우울해 보였어요. 제가 프로젝트 때문에 밤을 새느라 다음 날 들어갔거든요."

그 일을 계기로 두 사람은 오랫동안 대화를 나눴다. 더그는 최근에 리사가 자기 일에만 몰두해 있는 것 같다고 말했다.

"제가 매번 일 얘기만 한대요. 사실 맞는 말이에요." 리사가 설명했다. 리사는 한 단계 더 도약하고 싶어 했고 어느새 그녀의 야망은 최고조에 달해 있었다. 리사는 더그에게 최근에 진행하는 프로젝트의 세세한 내용을 설명하고, 자신이 하는 일이 사람들에게 얼마나 큰 감동을 주었는지 이야기했다. 리사는 혼자 오래 이야기했다. 노숙자 쉼터를 고치려는 최근의 원대한 바람을 이야기할 때는 흥분해서 말이 빨라지고 목소리도 커졌다.

"나한테 자기는 조금도 중요하지 않은 것 같대요. 알아요. 제가 고쳐야 한다는 거. 더그가 그런 생각을 하게 해선 안 되죠. 그건 저도 원치 않는 일이니까요."

"그래서 어떻게 하셨어요?" 내가 물었다.

"내가 이기적이었다고, 이제부턴 그러지 않겠다고 했어요." 리사가 웃으며 말했다. "다음 날 저녁에는 집에 일찍 들어가서 저녁 식사를 준비했죠."

리사는 스펙트럼상 5에 위치한 사람들이 가지고 있는 전형적인 특징들을 보여주었다. 리사는 원대한 뜻을 품고 거기에서 영감을 얻었다. 정계에서까지 지지자들을 모아서 자기 분야에서 창의적인 지도자가 되었다. 리사에게는 꿈이 있었고 그 꿈을 이루어 평범한 삶을 뛰어넘고자 했지만, 자기 꿈을 이용해 다른 사람들에게 하인이 된 듯한 기분이 들게 하지 않았다. 마치 지금 모습 그대로 충분히 가치 있다고 말해주기라도 하는 양, 그녀와 있을 때 사람들은 자신이 중요한 존재라고 느꼈다. 리사 덕분에 늘 조용하게 대기실에 앉아 있던 다른 내담자의 얼굴까지 환해졌다.

이러한 특징은 여러분이 스펙트럼의 중앙에 위치한 누군가와 함께 있음을 보여주는 확실한 표지다. 그들은 모든 사람에게서 최고를 이끌어 낸다.

흥미롭게도, 그들은 특별히 겸손한 사람들이 아니다. 그들은 우쭐한 기분을 느끼기 위해 사람들 앞에서 자신을 자랑하거나 뽐내거나 으스댈 필요가 없는 사람들이다. 그렇지만 이들은 자신의 재능을 드러내는 걸 부끄러워하지도 않는다. 리사는 나이트클럽에서 남편을 만났고 그에게 먼저 다가갔다. 리사는 더그 옆으로 슬며시 다가가 일부러 그의 어깨를 스치고는 얼마간 그의 주변을 맴돈 다음, 더그의 손을 잡고 플로어로 향했다. "같이 춰요." 리사가 말했다. "저 정말 춤 잘 춰요. 믿어도 돼요."

그리고 리사는 정말로 춤을 잘 췄다.

이렇게 여러분은 극단적 에코이스트부터 극단적 나르시시스트까지, 스펙트럼의 모든 범위에 있는 사람을 만났다. 이를 통해 나르시시즘에 여러 얼굴이 있다는 사실을 알았을 것이다. 나르시시즘에는 건강한 면도 있고 건강하지 못한 면도 있다.

이즈음에서 분명 이런 의문이 들 것이다. 이 스펙트럼에서 나는 어디쯤에 해당될까? 뒤에 나오는 나르시시즘 검사를 통해 더 정확한 결과를 확인할 수 있다.

당신의 나르시시즘은 어느 정도인가

나르시시즘 검사하기

빨리 결과를 알고 싶어서 몸이 근질거리겠지만, 검사를 시작하기 전에 먼저 알아야 할 사실이 몇 가지 있다.

우선, 이 검사를 통과할 것이라고 기대하지 마라. 이 검사는 대중 잡지에서 흔히 볼 수 있는 퀴즈가 아니다. 앞서 살펴보았듯이, 나르시시즘은 대다수 사람이 생각하는 것보다 훨씬 복잡하다. 검사받을 가치가 있는 검사는 약간 힘이 들기 마련이다. 하지만 특별한 노력을 기울일 가치가 충분하다. 검사가 끝나면 여러분 자신에 대해 많은 것을 알게 될 것이다. 어쩌면 깜짝 놀랄 수도 있다.

또한, 이 검사는 나르시시즘을 측정하기 위해 심리학자들이 설계한 다른 검사들과 다르다. 대부분의 설문 조사는 '나르시시즘은 모두 나쁜 것'이라는 가정에서 출발한다. '내 몸을 보는 것을 좋아한다' 또는 '나는 자기주장이 강하다'라는 진술에 '그렇다'라고 답하면, 나르시시즘 점수가 올라간다. '그렇다'라고 자주 답하면 나르시시스트라는 진단이 나올 만큼 높은 점수를 받는다. 그러나 자기 몸에 자신이 있거나 자기주장이 강한 것은 조금도 해롭거나 파괴적이지 않다. 누군가 자신에게는 특별할 게 아무것도 없다고 스스럼없이 인정한다면, 그것은 건강한 나르시시즘이 결핍되어 있음을 가리킨다.

나르시시즘을 측정하는 기존의 방식이 실패한 가장 큰 이유는 주로 스펙트럼의 오른쪽 맨 끝에만 초점을 맞추기 때문이다. 더욱이 다른 검사에서는 스펙트럼의 왼쪽에 위치한 사람들이 안고 있는 '건강한 나르시시즘 결핍'을 잡아내지 못한다.

나는 이런 미흡한 점을 보완하기 위해 센트럴미시건 대학교 심리학자 스튜어트 쿼크(Stuart Quirk) 박사, 대학원에서 박사 과정을 밟고 있는 섀넌 마틴(Shannon Martin), 연구 조교 도미닉 디마지오(Dominic Dimaggio)와 함께 나르시시즘 스펙트럼 척도(Narcissism Spectrum Scale, 이하 NSS)라는 새로운 평가 도구를 만들었다. 보통은 대학생들을 대상으로 표본을 추출하지만 우리는 정확성을 높이기 위해 전 세계 수백 명의 젊은이와 노인, 남성과 여성, 가난한 사람과 부유한 사람의 자료를 수집했다.

원래 NSS는 39개 문항으로 이루어져 있다. 그러나 자가 진단의 편의를 위해 문항을 30개로 줄이고, 검사를 마치면 점수를 바로 확인할 수 있도록 채점 방식을 간소화했다. 이것을 NSS 축약 버전이라고 부른다. NSS 개발에 관한 자세한 정보와 이를 뒷받침하는 사전 조사에 관해서는 참고문헌을 참조하라.

이제 시작하자. 연필을 들고 각 문항에 답해보라. 특별히 용기가 있고, 본인이 스펙트럼의 어디쯤에 위치하는지 좀 더 정확히 알고 싶으면 친한 친구나 연인에게 여러분 대신 각 항목에 답해달라고 부탁하라. 보통은 우리가 자신을 보는 시각보다 다른 사람들이 우리를 보는 시각이 훨씬 정확하다.

나르시시즘 검사

각 문항에 얼마만큼 동의하거나 동의하지 않는지 1부터 5까지 점수를 매겨보자.

1	2	3	4	5
전혀 아니다	아니다	보통이다	그렇다	매우 그렇다

1 칭찬을 들으면 마음이 불편하다.
2 어떤 사람이 스타가 되어 사람들의 주목을 받으면 짜증이 난다.
3 앞에 나서는 게 불편해서 승진이나 중요한 직책을 맡을 기회를 놓친 적이 있다.
4 나보다 더 좋은 생각을 하는 사람이 있을 것이라는 생각에 가끔 내 생각을 말하지 않을 때가 있다.
5 보통 다른 사람들의 의견에 따른다.
6 다른 사람들이 나를 어떻게 생각할지 걱정된다.
7 인간관계에서 내가 원하거나 필요로 하는 것이 무엇인지 잘 모르겠다.
8 사람들이 내게 어느 쪽이 더 좋으냐고 물으면 당황할 때가 많다.
9 사람들과 관계가 나빠질 때마다 자신을 탓한다.
10 사과를 자주 한다.
11 자신감이 있지만 배려심도 있다.

12	일이 힘들 때도 도전 정신으로 추진한다.	_____
13	성과를 내기 위해 일을 정말 열심히 해야 하는 경우, 내가 이룬 성과에 더 자부심을 느낀다.	_____
14	내 한계를 인정할 수 있고 한계를 인정한다고 해서 나 자신이 불만족스럽지 않다.	_____
15	내 잘못을 인정해서 상황이 나아진다면, 기꺼이 그렇게 한다.	_____
16	인간관계의 성패는 양쪽 모두의 책임이라고 생각한다.	_____
17	사람들이 내게 잘난 체한다고 말할 때 자제할 수 있다.	_____
18	큰 꿈을 갖는 것을 좋아하지만, 꿈을 위해 관계를 희생시키지는 않는다.	_____
19	어떤 경우든 받는 것보다 주는 것이 좋다.	_____
20	좌절에도 불구하고 나는 나를 믿는다.	_____
21	*사람들을 조종하는 일이 내게는 아주 쉽다.	_____
22	*나는 내가 존중받아야 마땅하다고 생각한다.	_____
23	*다른 사람들에게 많은 것을 기대한다.	_____
24	*내가 마땅히 받아야 할 것을 받지 못하면, 결코 만족하지 못할 것이다.	_____
25	내심 내가 대부분의 사람보다 낫다고 생각한다.	_____
26	비판을 받으면 무척 화가 난다.	_____
27	*내가 왔는데도 사람들이 알아채지 못하면 화가 난다.	_____
28	*기회가 되면 자랑하고 뽐낸다.	_____
29	*권력의지가 강하다.	_____
30	대부분의 사람과 비교할 때 잘하는 일이 많다.	_____

*©1987 미국심리학회. 로버트 에머슨(1987)의 허락을 받아 수정했다. Emmons, R. A., "Narcissism: Theory and Measurement", *Journal of Personality and Social Psychology*, 52(1), 11–17. 미국심리학회의 서면 허락 없이 추가 복제 및 배포를 금지한다.

나르시시즘 결핍(Narcissism Deficit, 이하 ND) 1~10번 항목의 점수를 더하라: _____
건강한 나르시시즘(Healthy Narcissism, 이하 HN) 11~20번 항목의 점수를 더하라: _____
극단적인 나르시시즘(Extreme Narcissism, 이하 EN) 21~30번 항목의 점수를 더하라: _____

너무 부족해도,
너무 많아도 위험하다

검사지는 세 가지 요인으로 나뉜다. 30개 항목이 정확히 세 덩어리로 나뉜다고 생각하면 된다. 세 가지 모두 나르시시즘 또는 나르시시즘 결핍과 관련이 있다. 그러나 세 가지가 예측하는 행동 양식은 완전히 다르다. 각각의 요인은 스펙트럼의 다른 위치를 가리키는 대략적인 지표이기도 하다.

각 점수의 이름에서 짐작할 수 있듯이, 첫 번째 총점은 여러분이 스펙트럼의 왼쪽 어디쯤에 위치하는지를 나타낸다. 두 번째 총점은 여러분이 스펙트럼의 중앙에 얼마나 가까운지, 즉 건강한 나르시시즘 성향이 어느 정도인지를 보여준다. 세 번째 총점은 여러분이 스펙트럼의 오른쪽에 얼마나 가까운지를 의미한다.

역시 짐작했겠지만, 점수가 높을수록 좋은 요인은 건강한 나르시시즘 하나뿐이다. 스펙트럼을 잘 반영하도록 등급표를 설계했기 때문이다. 문제를 일으키는 쪽은 '극단'이다. 나르시시즘은 너무 부족해도 문제고, 너무 많아도 문제다.

아래 스펙트럼을 보면 여러분의 점수가 무엇을 의미하는지 바로 이해할 수 있다.

| 나르시시즘 스펙트럼 |

적당한 나르시시즘을 가지고 있는가?

여러분의 HN 점수가 43점 이상인가? 43점이 안 된다면, 91쪽에 있는 '나르시시즘 결핍' 항목을 보라. 43점이거나 그 이상이라면, 그리고 이 점수가 다른 두 점수보다 높으면 92쪽에 있는 '건강한 나르시시즘' 항목으로 넘어가서 여러분이 어떤 복을 받았는지 읽어보라. 여러분이 머물고 싶어 하는 스펙트럼 5 근방이 여러분의 위치다.

나는 나르시시즘이 너무 부족한가?

혹시 ND 점수가 35점 이상인가? 만약 그렇다면, 그리고 이 점수가 다른 두 점수보다 높으면, 여러분의 위치는 스펙트럼에서 에코의 영역에 속하는 1~3이다. 91쪽에 있는 '나르시시즘 결핍' 항목으로 넘어가라. 거기에 나온 설명을 읽다 보면 저절로 고개가 끄덕여질 것이다.

나는 나르시시즘이 너무 과한가?

혹시 EN 점수가 35점이거나 그 이상이라면, 94쪽에 있는 '극단적인 나르시시즘' 항목으로 넘어가라.

 경험에 비추어볼 때, '극단적 나르시시즘' 점수가 높을 경우 여러분은 다른 두 점수와 상관없이 스펙트럼에서 최소 7이나 8에 해당한다. 건강하지 못한 나르시시스트들은 모든 부분에서 자신을 가장 좋은 색으로 표시할 것이라는 가정 하에 이 검사를 설계했기 때문이다. (이들은 지필 검사에 대개 그런 방식으로 대응한다.)

 이 말은 이들이 극단적 나르시시즘뿐 아니라 건강한 나르시시즘을 측정하는 항목에서도 높은 점수를 받는다는 뜻이다.

스펙트럼에서
자신의 위치 찾기

이 정도로 아는 것으로도 만족한다면 더는 배울 필요가 없다. 그러나 스펙트럼에서 여러분의 위치가 어디인지 정확히 알려면, 몇 가지 작업을 더 거쳐야 한다.

지금쯤 여러분은 자신이 어디쯤에 있는지 대충 알았을 것이다. 그러나 2와 3, 7과 8을 구분하려면 더 많은 정보가 필요하다. 예를 들어, 여러분이 극단적 나르시시즘 점수와 나르시시즘 결핍 점수가 둘 다 높은 경우라면, 조금 더 깊이 파고들 필요가 있다.

그러니 각각의 점수를 차례로 살펴보자.

나르시시즘 결핍: 특별한 두려움을 가지고 있다

나르시시즘 결핍에 해당하는 ND의 평균 점수는 28이다. 여러분의 점수가 28점에서 34점 사이거나 이보다 낮다면 양호한 편이다. 그러나 이보다 점수가 높으면 높을수록 문제에 직면하기 쉽다.

ND 점수가 35점이거나 그 이상인 사람들은 다음과 같은 경향을 보인다.

- 낮은 자존감 때문에 괴로워한다.
- 연인의 바람과 욕구를 맞춰주느라 자신을 억누른다.
- 자신은 자격이 없거나 부족하다고 느낀다.
- 정서적 지지를 주고받는 데 익숙하지 않아 애를 먹는다.
- 비관한다.

- 겸손하다.
- 불안해하고 우울해하며 감정적으로 무너지기 쉽다.

이 그룹의 특성을 가장 잘 보여주는 진술 두 가지는 '인간관계에서 내가 원하거나 필요로 하는 것이 무엇인지 잘 모르겠다'와 '사람들이 내게 어느 쪽이 더 좋으냐고 물으면 당황할 때가 많다'이다.

ND 점수가 35~41점이라면, 여러분의 위치는 2 근방일 것이다.

ND 점수가 42점이거나 그보다 높다면 여러분은 1에 위치해 있다.

이 요인에서 높은 점수를 얻은 대다수 사람은 다른 두 요인에서는 높은 점수를 받지 못했을 것이다. 만약 여러분의 ND 점수가 높다면, 세 점수 중 이 점수만 유일하게 높을 가능성이 크다.

ND 점수가 28이거나 그보다 낮다면, 여러분은 꽤 괜찮은 상태라고 할 수 있다. 최소한 여러분은 자기 자신과 여러분이 사랑하는 사람들에게 도움이 되는 선에서 가끔 자신이 특별하다고 생각하는 편이다. 스펙트럼에서 3 근방에 있다고 상상해보라. 어쩌면 그보다 더 오른쪽에 있을 수도 있다. 이를 확인하려면 건강한 나르시시즘 점수를 살펴보아야 한다.

건강한 나르시시즘: 특별한 기쁨을 누린다

건강한 나르시시즘을 뜻하는 HN의 평균 점수는 39점이다. HN 점수가 35점이거나 그보다 낮다면, 여러분이 어디에 위치해 있는지 명확해진다. 바로 3이다.

HN 점수가 낮다는 말은 여러분이 자신을 특별하다고 생각하는 걸 허용할지라도 그다지 즐기지는 않는다는 뜻이다.

여러분의 HN 점수가 평균에 해당한다면 축하한다. 오른쪽으로 한 계단 올라왔다! 여러분의 위치를 스펙트럼 4에 두면 된다.

HN 점수가 43~46이라면 여러분의 위치를 5에 두면 된다.

HN 점수가 47점이거나 그보다 높다면 여러분의 위치를 6에 두면 된다.

이 요인에서 높은 점수를 받은 사람들은 다음과 같은 경향을 보인다.

- 침착하고 낙천적이고 쾌활하다.
- 자존감이 높다.
- 정서적 지지를 주고받는 데 탁월하다.
- 삶의 목적의식이 분명하다.
- 자제력이 있다.
- 사람을 신뢰하고 정서적 친밀감과 친근한 관계를 즐긴다.
- 스스로 자격이 있다고 느끼지만, 과도한 특권 의식에 젖어 있지는 않다.

이 그룹의 특성을 가장 잘 보여주는 진술 두 가지는 '큰 꿈을 갖는 것을 좋아하지만, 꿈을 위해 관계를 희생시키지는 않는다'와 '사람들이 내게 잘난 체한다고 말할 때 자제할 수 있다'이다.

흥미롭게도 HN 점수가 높은 사람들은 자신을 특별하게 생각할 뿐 아니라(이를테면, 대다수 사람보다 자신이 더 매력적이고 더 똑똑하고 덜 이기적이고 덜 조급해한다고 생각한다), 자신의 연인도 다른 사람들보다 낫다고 생각할 가능성이 크다. 이들은 자기 자신과 자신이 사랑하는 사람들을 낙관적으로 바라본다. 그러지 않다면, 뒤에 나오는 EN 점수에서도 높은 점수를 받았을 것이다.

극단적 나르시시즘: 특별함에 집착하다

극단적 나르시시즘을 의미하는 EN의 평균 점수는 27이다. 대부분의 사람은 이 요인과 관련된 대다수 항목에 '아니다' 또는 '보통이다'라고 답한다.

EN 점수가 27점이거나 그보다 낮다면, 스펙트럼에서 여러분의 위치는 이전과 같다고 볼 수 있다. 그러나 EN 점수가 평균보다 높으면 문제가 많아진다.

EN 점수가 35~41이라면 스펙트럼에서 여러분의 위치는 7이라고 생각하면 된다.

EN 점수가 42점이거나 그 이상이라면, 스펙트럼에서 여러분의 위치를 8에 두면 된다.

9는 병리 영역에 속한다. 물론 이 평가만으로 인격 장애를 진단할 수는 없다. 자가 진단은 그 정도로 정확하지 않기 때문에 공식적인 진단을 내려줄 정신 건강 전문의가 필요하다. 그러나 EN 점수가 42점 이상이라면, 9에 위치한 사람들의 성향이 어떤지 아래 설명을 읽어볼 필요가 있다. 여러분이 지금 이 지점을 향해 가는 중이니 말이다.

EN 점수가 높은 사람들은 다음과 같은 경향을 보인다.

- 자존감이 오르락내리락한다.
- 정서적 지지를 주고받는 데 애를 먹는다.

- 특별 대우를 받을 자격이 있다고 생각하고, 사람들을 조종하는 데 능하고, 사람들에게 인정받고 싶어 한다.
- 거의 모든 사람보다 자기가 낫다고 생각한다.
- 따지기 좋아하고 비협조적이고 이기적인 것처럼 보인다.
- (화를 내거나 전율을 추구할 때를 제외하면) 감정을 잘 드러내지 않는 것처럼 보인다.
- 직장에서 심각한 갈등을 겪는다.

이 그룹의 특성을 가장 잘 보여주는 진술 두 가지는 '내심 내가 대부분의 사람보다 낫다고 생각한다'와 '내가 마땅히 받아야 할 것을 받지 못하면, 결코 만족하지 못할 것이다'이다.

나르시시즘이 결핍된 사람들보다는 극단적 나르시시즘 점수가 높은 사람들이 조금 더 건강하다. 예를 들어, 이들은 더 낙천적이고 자기 인생과 자기 자신을 좋아하는 것처럼 보인다. (이들은 '내 인생을 돌아보면 마음에 든다'와 같은 진술에 '그렇다'라고 답한다.) 이들은 또한 스펙트럼의 왼쪽에 있는 사람들보다 덜 불안하고 덜 우울한 편이다.

그러나 스펙트럼의 중앙에 위치한 사람들이 발휘하는 타고난 재능과 견주면 이들의 강점은 무색해지고 만다. 이들의 자아는 쉽게 상처 입고 쉽게 망가진다. 이들은 자아상이 위협받을 때면 재능을 자랑하거나 다른 사람을 탓하거나 심지어 다른 사람을 공격하는 방식으로 자신을 보호한다. 또한 따지기를 좋아하고 부주의한 태도로 사람들에게 다가서는 탓에 인간관계에서 눈에 띄게 어려움을 겪는다.

양극단이
모두 높은 사람들

드물지만 ND 점수와 EN 점수가 모두 높은 사람들이 있다. 여러분의 점수가 이 유형에 속한다면, 여러분은 아무짝에도 쓸모없는 것 같은 느낌과 우월감 사이에서 갈피를 잡지 못할 가능성이 크다. 말은 안 해도 어처구니없을 정도로 거창한 꿈을 가슴에 품고 있을 수도 있다. 대개는 어떤 직책을 맡거나 사람들에게 자신이 그들보다 낫다는 걸 증명하는 순간을 꿈꾼다.

EN 점수가 높은 대부분의 사람은 '보통 다른 사람들의 의견에 따른다'라는 진술에 절대 동의하지 않는다. 마찬가지로 ND 점수가 높은 대다수 사람은 자신은 아무런 자격이 없다고 생각한다. 자신은 특별 대우를 받아야 마땅하다고 생각하는 사람들과 정반대다.

그러나 자기를 불신하고 세상을 등지는 방식이 격노, 시기심, 지나친 특권 의식과 결합되면 양쪽 점수가 동시에 올라간다. 이것이 내현적 나르시시즘의 특징이다. 이런 양상이 나타난다면, 여러분은 나르시시즘이 아주 강하지만 선천적으로 내향적이거나 일련의 실패를 경험하면서 좌절했을 가능성이 크다.

이 경우 스펙트럼에서 여러분의 위치는 최소 7 근방이다. EN 점수가 42점이거나 그보다 높다면 7 이상이다. 여러분은 내심 세상 모든 사람보다 자신이 우월하다고 생각하는데, 이 세상이 여러분의 의견에 긍정도 부정도 하지 않을 경우 이런 양상이 드물지 않게 나타난다.

얼핏 보면 나르시시즘이 결여된 사람처럼 보이지만, 십중팔구 자신은 특별하다는 생각에 집착하고, 이런 성향에 충분히 주의를 기울이지 않아 습관으로 굳어졌을 것이다. 가까운 사람들은 여러분을 특권 의식에 젖어 있고 오만한 사람으로 생각하겠지만, 직장 동료들은 여러분을 불안과 자기 회의로 가득 찬 사람으로 생각할 것이다.

이제 스펙트럼에서 여러분이 어디쯤에 있는지, 또는 여러분이 사랑하는 사람들이 어디쯤에 있는지 확실히 알았을 것이다. 이 책을 읽는 내내 그 지식을 십분 활용하라. 주변 사람들이 왜 그런 행동을 하는지 좀 더 잘 이해하는 것은 물론, 1킬로미터 밖에 있는 위험한 나르시시스트도 찾아낼 수 있을 것이다.

PART 2

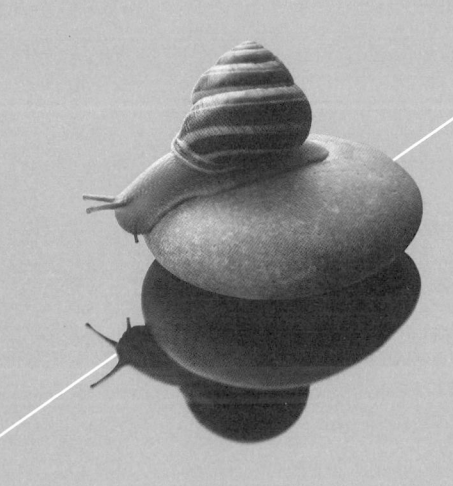

건강한 나르시시즘
vs.
위험한 나르시시즘

CHAPTER 5

에코이스트와 나르시시스트는 어떻게 만들어지나

천성과 환경 탐색하기

예전에 요양원에서 심리학자로 일할 때 성격이 전혀 다른 두 환자를 만났다. 제이는 금발에 건장한 환경미화원으로, 임대료 문제로 다툼을 벌이다 자살하겠다고 집주인을 협박한 일로 시설에 입원했다. 난폭하고 까다로운 제이는 요양원 직원과 다른 환자들에게 호통을 치듯 이런저런 요구 사항을 늘어놓으며 휴게실로 성큼성큼 걸어 들어왔다. 몹시 기분 나쁜 사람이었다. 온화하고 차분해서 평소 사람들에게 성자라 불리던 젊은 여자 간호사마저 그가 시설에 들어온 지 며칠 만에 치미는 화를 참느라 김을 푹푹 뿜어낼 정도였다. "윽, 저렇게 짜증나는 나르시시스트는 난생 처음이에요!"

또 다른 환자는 사진작가인데 수면제 과다 복용으로 자살을 시도했다가 실패하고 더 이상 일을 할 수 없게 된 캐럴이라는 여자였다. 몸집이 자그마한 백인 여성으로 눈이 소심해 보였다. 캐럴은 규칙을 꼼꼼히 지

컸고 어떠한 요구도 하지 않았으며, 사람들과 어울리지 않고 대개 혼자 지냈다. 식사나 운동, 영화 관람을 위해 사람들과 한곳에 모일 때조차 거의 한마디도 하지 않았다. 제이가 무대 중앙을 휘어잡으면서 방 안 공기를 무겁게 만들 때, 캐럴은 어떠한 대화나 접촉도 피하려는 듯 구석으로 물러났다.

특이한 점은 두 사람이 남매라는 것이다.

나르시시즘 스펙트럼에서 캐럴은 왼쪽 끝에, 제이는 오른쪽 끝에 자리한 이유를 어떻게 설명해야 할까? 천성과 양육은 우리가 어떤 사람으로 성장하는지를 결정하는 가장 중요한 요인이다. 그런데 이 두 요인이 각각 얼마만큼의 영향을 끼치는가 하는 문제에 관해서는 아직도 열띤 논쟁이 이어지고 있다.

그렇지만 나르시시즘에 관한 한, 주도권을 쥔 쪽은 '양육'이다. 우리는 누구나 자신이 특별하다고 생각하고 싶은 충동을 가지고 태어난다. 이런 충동은 인간의 타고난 기질 가운데 하나다. 그러나 우리가 스펙트럼의 왼쪽으로 기울어 좀체 존재감을 드러내지 않는 '벽의 꽃'이 될지, 오른쪽으로 기울어 젠체하는 허풍선이가 될지는 주로 환경에 의해 결정된다.

천성이
기질을 정한다

우리는 백지상태로 세상에 나오지 않는다. 저마다 어떤 기질을 타고난다. 기질이란 생물학적 성향이 혼합된 것이다. 기질에 따라 신중한 사람이 있는가 하면 충동적인 사람도 있고, 감정에 쉽게 휘둘리는 사람이 있는가 하면 차분한 사람도 있으며, 공상을 좋아하는 사람이 있는가 하면 현실적인 사람도 있다.

신경 회로를 상하게 하는 심각한 뇌 손상을 입지 않는 한, 우리가 세상에 나올 때 타고난 유전자 구성은 그대로 유지된다. 예를 들어, 몹시 신경질적인 사람이 나이가 들면서 조금 더 차분해질 수는 있지만(연구에 따르면 누구나 나이가 들면 예전보다 차분해진다), 태어날 때부터 '순둥이'였던 사람만큼 차분해지지는 않는다.

생물학에 기반을 둔 이런 성격 특성 중에 가장 많은 연구가 이루어진 특성이 외향성과 내향성이다. 외향성은 사람들을 무대에 오르게 하고, 파티의 주인공이 되게 하고, 새로운 모험에 나서게 한다. 내향성은 보다 조용한 사람이 되게 하고, 구경꾼을 끌어모으기보다 사색에 잠기는 것을 좋아하게 하고, 말하기 전에 먼저 생각하는 시간을 갖게 만든다. 우리 안에 있는 나르시시즘이 어떤 형태든, 그것은 타고난 성향의 영향을 받기 마련이다. 앞서 살펴보았듯이, 모든 나르시시스트가 카리스마 있는 수완가는 아니다. 이는 우리가 가지고 있는 유전적 소인과 관련이 있다.

나르시시즘도 마찬가지다. 천성적으로 다른 사람들보다 나르시시즘이 강한 사람이 있다. 강한 나르시시즘을 타고난 사람은 세 살만 돼도 징후를 드러낸다. 집요하게 관심을 갈구하고, 규칙을 노골적으로 거부하는 모습을 보인다. 타인의 입장에 공감하거나 타인을 측은히 여기는 성향과 같이 일찌감치 모습을 드러내는 다른 선천적 성향이 부족한 경우에도 나르시시즘이 고조될 수 있다.

에코이스트의 기본 기질은 알려진 바가 별로 없지만, 스펙트럼의 맨 왼쪽에 위치한 사람들은 죄책감과 수치심, 두려움을 자주 느끼는 등 다른 이들보다 상처 입기 쉬운 천성을 타고났을 수도 있다는 사실이 NSS 개발을 위한 사전 조사에서 드러났다. 따라서 이들은 환경과 상관없이 저자세를 취할 가능성이 크다.

하지만 누구보다 난폭하고 누구보다 소심한 아이라도 사랑과 지지를 충분히 받으면 건강한 성인이 될 수 있다. 다시 말해, 왼쪽이나 오른쪽으로 기울 수밖에 없는 천성을 타고나더라도 누구나 스펙트럼의 중앙에 위치한 삶을 살 기회가 있다. 나르시시즘 스펙트럼의 양 끝, 즉 건강하지 못한 구역에 들어서게 하는 데 중요한 역할을 하는 것은 성장 환경과 문화다. 어떤 문화에서 어떤 방식으로 양육되었는지가 중요하다.

극단으로 몰고 가는 위험한 환경

아이들을 스펙트럼의 왼쪽이나 오른쪽 끝으로 떠미는 가장 중요한 원인은 언제나 똑같다. 바로 안정된 사랑을 받지 못하는 것이다. 불안정한 사랑은 아이들을 위태롭게 한다.

아이들이 스펙트럼의 중앙에 자리 잡으려면 '내가 어떤 행동을 하든, 또는 어떤 행동을 하지 않든 상관없이, 슬플 때나 외로울 때나 무서울 때나 나를 길러주는 어른들이 내 말을 들어주고 나를 위로해줄 거고, 나는 어른들에게 기댈 수 있어'라고 느껴야 한다. 이것이 안정된 사랑의 특징이다. 이런 사랑을 받지 못할 때 아이들은 사람들의 주목을 끌려고 애쓰거나 남의 눈에 띄지 않는 곳에 틀어박히는 등 건강하지 못한 방식으로 사랑을 얻으려고 애쓴다.

부모가 자녀를 나르시시스트로 키우는 방식은 여러 가지다. 아이가 졸업생 대표로 뽑히거나 학교 대표 선수가 되거나 예쁜 어린이 선발대회에서 상을 받아 다른 사람보다 돋보이는 순간에만 신경을 쓰고 칭찬하면, 아이는 사람들의 찬사와 인정을 구하느라 고군분투한다. 이렇게 성장한 아이들 중 외향적인 사람은 처음에는 매력적으로 보이지만 더 친해지면 성미가 고약한 나르시시스트가 될 가능성이 크다. 반면에 내향적인 사람은 자기가 하는 모든 말에 사람들이 귀를 쫑긋 세우고 집중하지 않으면 속을 끓이거나 한없이 움츠러드는, 상처 입기 쉬운 성인이 될 수 있다.

만약 부모가 자녀의 사생활과 혼자만의 공간을 원하는 욕구를 완전히 오해하고 무시하면서 자식 인생에 끊임없이 간섭하고 참견하면, 내향적이든 외향적이든 스펙트럼의 오른쪽 끝으로 미끄러질 수밖에 없다. 이런 식으로 양육하는 부모들 역시 자기애가 강한 사람들이다.

이들은 자율을 원하는 자녀의 욕구보다 통제하고 주목받고 싶은 자신의 열망을 늘 우선시한다. 이런 부모 밑에서 자란 아들딸은 다른 누군가에게 욕구를 충족시킬 여지를 주는 순간 자신의 정체성을 완전히 잃어버리는 것이라고 생각한다. 만약 자녀의 성격이 아주 외향적이라면, 자녀는 자기 부모가 그랬던 것처럼 다른 사람 말은 전혀 듣지 않고 자기 목소리만 키움으로써 자유를 쟁취하기 위해 싸울 것이다. 이것이 그들이 선택한 해법이다. "이길 수 없으면 한편이 되라."

이와 달리 불안해하거나 화가 나 있거나 우울해하는 등 고질적으로 감정에 휘둘리는 부모들은 자녀들이 스펙트럼의 왼쪽으로 미끄러지는 원인이 될 수 있다. 아이들은 이런 부모 밑에서 가능한 한 주변 사람들에게 영향을 끼치지 않는 것이 사랑을 얻는 유일한 길이라고 배운다.

"부모님에게 더 많은 걸 요구할 수가 없어요. 제가 그러면 부모님은 울거나 비명을 지를지도 몰라요. 제가 아주 조금만 요구하면 부모님이 저를 사랑하실 거예요."

이런 면에서 본다면 기질적으로 예민하고 선천적으로 다른 사람들에게 자신을 맞추는, 스펙트럼의 왼쪽으로 기운 아이들이 가장 위험할지도 모른다. 부모들이 자녀가 자신을 칭찬하거나 추켜세우거나 위로할 때만 행복하고 만족스러운 모습을 보일 때도 비슷한 결과가 나타난다. 한 예로 자신이 예쁜지, 좋은 엄마인지 아이들에게 확인받고 싶어 하는 엄마를 들 수 있다. 이렇게 '부모화된 자녀'는 자신의 욕구는 철저히 숨기고 부모의 모든 필요와 욕망을 거울처럼 비추고 공명하는 법을 배운다.

태어나는 것이 아니라 만들어진다

부모가 아이를 어떻게 양육하느냐에 따라 아이가 스펙트럼의 어느 지점에 자리를 잡을지 결정된다. 그런데 스펙트럼의 오른쪽에 있는 사람의 경우, 그가 어떤 유형의 나르시시스트가 될지 결정하는 요인이 또 하나 있다. 바로 문화다.

미국과 영국처럼 개인주의와 명성을 중시하는 사회는 한 가지에만 골몰하는 행위를 순수예술이라며 떠받드는, 극도로 외현적인 나르시시스트를 양산하기 쉽다. 이와는 반대로 일본과 같은 여러 아시아 국가처럼 이타심과 집단의 조화를 중시하는 사회는 자신이 지구상에서 가장 인내심이 많고 충성스럽고 예의 바른 사람이라고 자부하는 관계적 나르시시스트를 만들어내는 경향이 있다.

나르시시스트와 에코이스트는 태어나는 것이 아니라 만들어진다. 우리는 어떤 성향을 타고날 수 있지만 결국 스펙트럼에서 우리가 자리 잡는 위치는 살아가면서 우리가 만나는 사람들과 우리 주변 세상의 영향을 받는다.

다시 캐럴과 제이의 이야기로 돌아가자. 이 둘의 사례는 기질과 양육 방식과 문화의 영향력이 어떻게 결합되어 전혀 다른 결과로 이어질 수 있는지 효과적으로 보여준다.

태어날 때부터 제멋대로였던 제이와 태어날 때부터 소심했던 캐럴은 자기애가 아주 강한 아버지 밑에서 자랐다. 아버지는 매일 밤 신문을 읽고 위스키를 마셨는데 이런 일상이 방해를 받을 때마다 화를 냈다. 캐럴은 아버지가 마음의 평정을 유지하길 바라며 조심스럽게 눈치를 살폈다. 가장 쉽게 취할 수 있는 태도를 선택한 것이다. 반면에 잠시도 가만히 있지 못하던 제이는, 자기가 주목받는 유일한 길은 아버지처럼 소리를 지르고 사람들이 자기를 좌지우지하기 전에 자기가 먼저 사람들을 좌지우지하는 것뿐이라고 생각했다. 나르시시즘 지수만 보면 두 사람 모두 건강하지 못한 상태였다. 남매는 어린 시절에 전혀 다른 대처 방식을 습득했고, 그 결과 두 사람은 정서적으로 불안정한 성인이 되었다.

스펙트럼의 양 끝과 중앙으로 가는 길은 여러 갈래다. 건강한 나르시시즘과 건강하지 못한 나르시시즘을 부추기거나 방해하는 경험은 어떤 것이 있는지 제대로 알아보기 위해 스펙트럼의 다양한 위치에 있는 사람들을 좀 더 만나보자.

헛된 꿈을 경계하는
에코이스트

어느 가을 오후, 예순두 살의 진이 나를 찾아왔다. 막내아이가 대학에 진학하면서 집을 떠난 뒤였다. "막내 셰리가 대학에 진학하고부터 마음이 허전했어요. 아마 '빈 둥지 증후군'인가 봐요."

진은 그렇게 말하며 소리 내어 웃고는 방을 한 바퀴 둘러보았다. 벽난로 위에 놓인 가느다란 보라색 꽃병부터 탁자 위에 놓인 잡지, 나, 그리고 오른쪽에 있는 창문으로 시선을 옮겼다. 나는 잠시 그녀가 창문 밖으로 기어 나가 길을 내달리는 모습을 머릿속에 그려보았다.

"사람들이 많이 오나요? 와서 그냥 자기 이야기를 하는 건가요?" 연녹색 바지에 일어난 보풀을 뜯으며 진이 물었다.

"차츰 익숙해질 거예요." 나는 그녀의 마음이 편안해지길 바라며 살며시 미소 지었다. 진은 물을 한 모금 마시고 말을 이었다. "기분이 이상해요. 우리 가족을 아는 사람들은 내가 이런 고민을 한다는 걸 상상도 못 할 거예요." 진은 잠시 조용히 나를 보았다. 마치 계속해도 좋다는 허락이 떨어지길 기다리는 것처럼. 회색 앞머리가 밝게 반짝이는 녹색 눈을 가리고 있었다.

"부모님이 당신들의 생각과 감정을 잘 이야기하는 편이셨나요?" 내가 물었다.

"전혀요." 진이 대답했다. "아버지는 남의 머릿속에서 무슨 일이 일어나는지 아무도 신경 쓰지 않는다고 말씀하시곤 했어요. 그래서 그런 이야기를 하면 지루해하셨죠."

"남에게 자기 얘기를 거의 안 하는 분이셨나 봐요." 내가 말했다.

"그것뿐이 아니에요." 진이 다시 물을 한 모금 마시며 대답했다. "아버지는 자기 이야기를 하는 건 거만한 행동이라고 생각하셨어요."

실제로 진이 조금이라도 뭔가를 자랑하고 싶어 하는 낌새를 보이면 식구들 모두 입을 꾹 다물거나 미묘하게 못마땅한 기색을 보였다. 아일랜드계 미국인이자 독실한 가톨릭 신자였던 그녀의 아버지는 엄격한 판사였다. 그녀의 아버지는 대부분의 사람이 교만함 때문에 범죄를 저지른다고 딸에게 주의를 주곤 했다. 또한 밤이 되면 잠자리에 들기 전 자리에 앉아 파이프를 뻐끔거리며 '잘난 체하는 것은 고난으로 가는 길이다' 같은 속담을 읊어댔다. 진은 바로 그 규칙 때문에 자신을 드러내고픈 열망을 수치스러워하며 감정을 속으로 억눌렀다. 그녀는 자신이 이룬 성취를 마음 편하게 사람들에게 이야기했던 순간을 기억해낼 수 없다고 했다.

어머니 역시 비슷한 태도를 보였다. 어머니는 수줍음이 많았다. 파티에 참석할 때면 사람들이 자기를 주목하지 않기를 바라는 마음에 늘 남편 뒤에 서 있었다. 누구에게도, 심지어 딸에게도 말을 많이 하지 않았다. 대신 어머니는 이따금 조용하지만 분명하게 자신의 감정을 드러내어 진을 불안하게 했다.

한번은 진이 인형을 가지고 팔짝팔짝 뛰면서 놀고 있었다. 그러자 어머니가 금방이라도 울 것처럼 슬픈 표정으로 그녀를 힐끔 쳐다보았다. "어머니는 신나게 노는 저를 보고 뭐라고 중얼거리셨어요." 진은 머뭇거리며 회색 앞머리 사이로 바닥을 잠깐 내려다보고는 다시 나를 힐끔 쳐다보았다. "내가 훌륭한 댄서가 되고 싶다고 얘기할 때마다 어머니는 아무 말씀도 안 하셨어요."

"댄서가 되는 게 꿈이었군요?" 내가 물었다.

"네, 맞아요!" 그녀의 얼굴에 미소가 스쳤다. "하지만 그런 일은 절대 일어날 수 없다는 걸 알았죠. 부모님이 강습료를 주실 수 없다고 하셨거든요. 집을 나와 독립할 때쯤에는 꿈에 대해선 까맣게 잊었어요."

"지금은 어때요? 춤추는 것을 다시 생각해보셨어요?" 내가 물었다.

진이 다시 나를 쳐다보았다. 금방이라도 울 것 같았다.

"아뇨. 그저 감사해야 할 일들만 생각해야죠." 허리를 똑바로 펴면서 그녀가 말했다. "우리 아이들 모두 행복하고 건강해요." 꿈에 대해 다시 언급했다가는 또 입을 다물 것 같았다. 그래서 조금 다른 방식을 택했다.

"당신이 춤에 관심이 있다는 사실을 남편도 알고 있나요?"

"글쎄요. 그 사람은 늘 바빠서." 진이 말했다. 큰 투자회사에서 증권 중개인으로 일하는 남편은 지난 몇 달 동안 일주일씩 집에 못 들어올 때가 많았지만, 진은 그런 생활이 익숙했다. "아이들이 더 어렸을 때도 집에 있는 날이 많지 않았어요." 진이 설명했다. 결혼하고 10년쯤 되었을 때 남편이 집에 안 들어오기 시작했다. 남편 말로는 출장을 간다고 했다. 나중에야 바람이 난 걸 알았다.

"힘드셨겠어요."

"분통이 터졌지만 그냥 넘어갔어요." 진은 이렇게 말하며 나를 서둘러 안심시켰다. "아이들에게 집중했어요. 어쨌거나 아이들은 제 인생에서 가장 중요한 부분이니까요." 듣자 하니 남편이 바람을 피운 게 그때가 처음이 아님을 알 수 있었다. "그런데 이제 아이들도 모두 떠났어요. 너무 허전해요. 솔직히 어찌할 바를 모르겠어요."

"당연해요. 당신은 자기 자신에게 집중하는 법을 배운 적이 없는데,

이제는 집중할 대상이 당신밖에 없으니까요." 내가 말했다.

우리는 모두 꿈이 필요하다. 삶이 힘겨워질 때 꿈은 우리를 기운 나게 해준다. 꿈은 우리가 실패했을 때 잠재력을 상기시키고, 어딘가에 갇힌 것처럼 답답해질 때면 해방감을 안겨준다.

진의 이야기는 꿈을 꾸고 자부심을 느끼는 것을 허용하지 않을 때 어떤 일이 생기는지를 보여주는 훌륭한 예다. 진이 작은 성공을 거두거나 대단한 일을 해내는 자신의 모습을 상상할 때마다 아버지와 어머니는 미묘하게 그녀를 외면했다. 결국 그녀는 더 이상 꿈을 꾸지 않았다. 특권 의식은커녕 손에 쥔 것을 감사하게 생각했다. 더 많은 것을 기대하거나 요구하는 건 생각만 해도 부끄럽고 창피했다. 부모님은 "어떤 식으로든 자신이 특별하다고 믿는 것은 부끄러운 일"이라며 그녀에게 공포심을 심어주었다. 이런 공포심은 나르시시즘 스펙트럼상 3의 지점에서 사는 사람들에게서 흔히 볼 수 있다.

진의 부모는 감정을 억누르는 쪽이었지만, 부모들 중에는 노골적으로 자식을 공격하거나 비하하는 이들도 있다. 나르시시즘 스펙트럼상 2의 지점에서 살았던 빌이 바로 그런 부모 밑에서 자랐다.

욕구를 갖는 데 죄책감을 느낀다

빌은 우울증으로 수년간 고생하다가 나를 찾아왔다. 겨우 서른밖에 안 되었는데 벌써 회계사라는 직업에 진저리를 쳤다. 먼저, 하고 싶었던 일이 전혀 아니었다고 털어놓았다. 그는 어쩌다 그렇게 경멸하는 직업을 갖게 되었을까? 빌은 미술을 사랑했다. 그러나 안타깝게도 어머니는 그렇지 않았다.

"낙서하고 그림 그리는 데 왜 그렇게 많은 시간을 쓰는지 도무지 모르겠구나!" 어린 시절 내내 어머니는 아들을 꾸짖었다. 십 대 때는 아들이 화가로 성공할 가능성을 보이자 억지로 방과 후에 수학 수업을 받게 했다. "네 아버지처럼 되고 싶지 않으면, 뭔가 쓸모 있는 일을 해야 한다." 어머니는 아들에게 그렇게 말했다. 빌의 아버지는 프리랜서 화가였는데, 프로젝트 단위로 일을 했고 근근이 돈을 벌었다. 그리고 빌이 두 살 때 집을 나갔다. 어머니는 아들에게 그 이야기를 하고 또 했다.

그때 빌은 교훈을 얻었다. 화가가 되는 것은 단순히 바보 같은 짓이 아니라 아주 해로운 짓이라고 말이다. 빌은 화가의 길을 걸은 아버지를 잃었다. 만약 내가 아버지와 같은 길을 선택한다면, 어머니도 잃을 것이다. 어머니나 다른 사람들에게 사랑과 인정을 받는 길은 훌륭한 화가가 되려는 꿈을 접는 것뿐이라고 빌은 속으로 생각했다. 그래서 어머니의 권유대로 회계사가 되었다.

빌과 같은 사람들은 어떤 욕구를 갖는 데 죄책감을 느낀다. 이들은 자신의 욕구를 증오하고, 욕구를 사람들의 삶을 파괴할 가능성이 농후한 위험 세력으로 간주한다.

빌의 부모와 진의 부모 같은 이들은 자만하지 않으려 억누르고 남의 눈에 띄지 않게 행동하는 태도를 모범으로 삼으며 자기 부모가 자기를 양육한 방식을 그대로 모방한다. 그러나 이따금 자기 자식의 재능과 성취를 내심 부러워한다. 어쩔 수 없이 포기했거나 이루지 못한 꿈을 떠올리며 애석해하기도 한다.

이들은 스스로를 특별하게 생각하고 싶어 하는 자녀의 욕망을 용납하지 못한다. 자기에게도 그런 충동이 있었지만 단념해야 했기 때문이다. 그래서 이들은 감히 나르키소스의 연못에 몸을 담그려 하는 자녀들을 공격한다. 성공이 곧 우리가 사랑하는 사람들에게 거절당하는 것을 의미할 때, 위대한 일을 꿈꾸는 것은 위험한 충동처럼 느껴진다. 마찬가지로 자기애가 강한 부모 밑에서 자란 자식들은 부모에게 관심, 사랑, 공감을 요구하면 부모가 힘없이 무너져버리거나 격노할지도 모른다는 두려움을 갖는다. 자신을 특별하게 생각하고 싶은 충동을 따랐다가 좌절을 경험했기 때문이다.

아이에게 공포심을 심어주는 이는 비단 부모만이 아니다. 형제자매도 동일한 역할을 할 수 있다. 형제자매의 성공에 위협감을 느낀 아이들은 '특별한 아이'를 괴짜 취급하면서 멸시하고 잔인하게 대한다. 그렇게 형제자매에게 시샘을 받던 아이들이 성인이 되면, 자부심을 갖거나 눈에 띄는 성과를 내는 것을 두려워한다. 그러한 행위가 사람들이 자신을 공격하는 빌미가 될 수도 있기 때문이다.

그래서 이들은 무슨 수를 써서든 그런 상황을 피하려 하고, 이를 위해 일부러 게으름을 피우기도 한다. 과제를 늦게 내거나 시험공부를 미루는 식이다. 전형적인 사례가 이른바 '성공 공포'다. 더 많은 것을 성취하고자 노력할 때마다 주변으로부터 비난을 받거나 꾸지람을 받은 아이들은 스펙트럼의 왼쪽에서 사는, 건강하지 못한 성인이 될 가능성이 크다.

평범함을 거부하는
나르키소스

채드는 스물일곱 살이고 동성애자이며 식품점에서 출납원으로 일한다. 그는 두 번째 연인과 헤어진 뒤에 나를 찾아왔다. 이번에도 그가 바람을 피운 것 같았다.

"어쩌다 이렇게 됐는지 모르겠어요. 많은 게이가 여러 사람과 관계를 갖는데." 그가 얼떨떨한 표정으로 말했다.

"상대방도 당신이 여러 사람과 관계를 갖기를 원한다는 사실을 알고 있었나요?" 내가 물었다.

"아니오. 하지만 당연히 짐작했을 거예요. 저는 한 사람에게 정착하는 걸 좋아하지 않는다고 얘기했거든요."

적절치 않은 설명이었다. 채드도 자신의 논리에 구멍이 있다는 걸 눈치 챈 것 같았다. "그에게 좀 더 분명하게 이야기했어야 했나 봐요. 하지만 제 친구들 대부분은 여러 사람과 관계를 가져요. 아무래도 제가 망친 것 같아요." 그는 심호흡을 하고 허리를 곧게 폈다. "여기 온 데는 또 다른 이유가 있어요. 이제 제게 남은 건 직장뿐이에요. 이것만은 지켜야 해요." 채드는 지난 몇 달간 고객들에게 짜증을 부렸고, 또 이런 일이 벌어지면 해고하겠다는 경고를 받았다.

"자주 화를 내는 편인가요?" 내가 물었다.

채드가 시계를 흘긋 보았다. 검은색 긴소매 티셔츠에 아직도 눈송이가 붙어 있었다. 채드는 얼굴을 찌푸리며 어깻죽지에 쌓인 눈을 털어냈다. 오른손에 커다란 루비가 박힌 은반지를 끼고 있었다.

"제가 워낙 시끌벅적한 집안에서 자랐거든요." 능글맞게 웃으며 채드가 말했다. "다른 사람들이 시끄럽다고 생각하는 정도로는 꿈쩍도 안 하죠."

"식구들이 소리를 많이 지르나요?"

"아버지가 그러셨죠." 채드는 심드렁하게 말했다. 변호사였던 채드의 아버지는 모든 식구에게 성질을 부렸다. 식구들 중에서도 아버지가 가장 많이 공격한 대상은 채드였다. 그런데 아이러니하게도 아버지가 가장 아끼는 자식 역시 채드였다. "어렸을 때는 정말 좋은 분이었어요." 채드가 말을 이었다. "일이 힘들어서 스트레스가 많으셨을 거예요. 하지만 제게 가장 힘이 되어주신 분도 아버지셨어요. 대부분은 저의 가장 든든한 지원군이셨죠."

채드의 아버지는 매일 저녁 식구 한 사람 한 사람의 결점을 잡아내려고 쿵쿵거리며 집 안을 돌아다녔다. 어머니에게는 돈을 너무 많이 쓴다고, 누나에게는 옷을 너무 야하게 입는다고, 채드에게는 책을 많이 안 읽는다고 화를 냈다. 어떻게 들어도 행복한 유년시절 같지는 않았다.

그러나 채드는 자기 말이 모순된다는 걸 알아채지 못했다. 실제로 채드는 아버지의 타깃이 되었을 때를 가장 좋았던 순간으로 기억하고 있었다. 채드가 아홉 살이었을 때, 아버지는 채드를 무릎 위에 앉히고 이렇게 말했다. "아들아, 넌 아주 멋진 일을 해야 한다. 넌 정말 머리가 좋아. 집중만 하면 돼."

"아버지가 당신을 믿으셨나 봐요." 내가 말했다.

"학교생활에 어려움을 겪을 때도 아버지는 항상 제 안에 놀라운 잠재력이 있다고 말씀하셨어요." 채드는 내 책상 위에 있던 볼펜을 집어 들고 메모장에 뭔가를 끼적거리기 시작했다. "직장에서 잘리면 로스쿨에 가면 돼요."

분명 그는 로스쿨에 가는 데 필요한 돈을 모으기 위해 직장을 다니고 있었다. 아버지는 자신의 법률 사무소를 운영할 후계자로 채드를 선택했지만, 로스쿨에 필요한 학비 일부는 아들이 마련하기를 원했다. "인생에 공짜는 없으니까요." 아버지 말을 똑같이 흉내 내며 채드는 그렇게 설명했다. 채드는 성질을 참지 못해 벌써 두 군데서 해고당했지만, 자기는 할 만큼 했다고 생각했다. 학업 성적이 별로여서 지난 학기에는 대학에서 잘릴 뻔했지만, 로스쿨에 들어갈 수 있을 거라 자신했다. 채드는 한결같이 낙관적인 시각으로 앞날을 전망했다. "저라면 아버지의 자리를 채울 수 있다고 봐요."

"직장에서 생긴 문제에 관해 아버지에게 얘기한 적 있나요?" 내가 물었다.

"아니오!" 채드는 놀란 듯 소리를 질렀다. "미쳤어요? 저를 죽이려고 하실 거예요."

"부모님이든 형제든 고민이 있을 때 거리낌 없이 털어놓을 수 있는 분위기인가요?"

"아니오. 어머니는 늘 제게 '넌 걱정이 너무 많아서 탈이야'라고 말씀하세요. 아버지는 '훌륭한 사람은 불평하지 않는단다. 그저 행동할 뿐이지' 하시고요."

"그러니까 자라는 동안 친구 관계나 시험 걱정 같은 이런저런 고충을 터놓고 얘기할 사람이 아무도 없었던 거군요?"

"그렇죠." 조금 슬픈 표정으로 그가 말했다. "약해 보이고 싶지 않았거든요."

"힘들지 않아요?" 내가 물었다.

"그럴 때도 있죠." 내 말에 수긍하는가 싶더니, 그가 대답했다. "하지만 그런 생각은 하지 않으려고 해요."

"그래서 화가 치미는 건 아닐까요?"

그들의 공통된 어린 시절

건강하지 못한 나르시시즘은 어린 시절에 부모가 아이를 과도하게 칭찬하고 애지중지 키운 결과라는 아주 오래된 이론이 있다. "나르시시즘이 유행병처럼 번져나간 것은 '자존감 증진 운동' 때문이다"라는 주장은 이런 오래된 관념을 반영한다. 지나치게 응석받이로 자란 아이들은 나르키소스처럼 자신을 고귀한 존재로 생각하기 쉽다는 생각이다.

그런 아이들은 '나는 잘못을 저지를 수 없고, 다른 아이들보다 더 똑똑하고 더 재능 있고 더 아름답다'고 생각한다. 특별히 어떤 일을 하지 않아도 "너는 특별하단다"라고 아이들에게 지속적으로 이야기하면, 이성은 없어지고 아이들은 자기밖에 모르는 어리석은 인간이 될 것이다. 계속해서 아이들을 왕자나 공주 대하듯 떠받들면, 아이들은 마치 자기가 진짜 왕족이라도 되는 것처럼 행동하기 시작한다. 어쩌면 주변 사람들을 하인 대하듯 할지도 모른다.

채드는 나르시시즘 스펙트럼상 7이나 8 부근에서 자란 아이의 전형적 사례다. 채드의 아버지는 칭찬을 통해 아들의 기를 살려주었다. 어머니 역시 자기만의 방식으로 아들의 기를 살려주었다. 채드의 사례를 듣고 여러분은 자존감 증진 운동을 비판하는 사람들이 옳았다고 결론을 내릴지도 모르겠다. 부모와 교육자가 판단을 잘못해 아이 머릿속에 '나는 특별하다'라는 생각을 주입하는 바람에 아이가 궤도에서 이탈한 채 인생을 허비하게 되었다고 말이다.

그러나 채드의 경험을 좀 더 면밀히 살펴보면, 건강하지 못한 나르시시스트들의 이력에서 아주 흔한 뭔가가 드러난다. 채드가 들었던 칭찬은 부모님이 그에게 준 유일한 재능에 관한 것이었다.

타고난 재능과 소질에 자신감을 갖게 해주었던 부모님의 응원 가운데 채드가 좀처럼 듣기 어려웠던 칭찬은 공감 능력과 이해심에 관한 것이었다. 채드는 자신의 기분과 욕구를 안심하고 털어놓아도 된다는 걸 배운 적이 없었다. 오히려 그의 가족은 그에게 사랑과 보살핌에 대한 갈망을 숨기라고 가르쳤다.

가족이 그에게 남긴 교훈은 아무도 믿을 수 없다는 것이었다. 인생을 헤쳐 나가는 가장 안전한 방법은 자신의 문제를 묻어두는 것이었다. 그리고 채드는 그 교훈을 충실히 따랐다. 실제로 채드는 평범한 인간의 약점과 결점을 아주 부끄럽게 여겼다. 이런 태도는 건강하지 못한 나르시시즘으로 나아가는 지름길이다.

채드는 평범한 걱정이나 두려움, 슬픔을 터놓는 것을 매우 거북해했다. 몇 번 시도하다 포기했고, 대신 자신이 특별하다는 생각, 즉 다른 이들보다 자신이 더 똑똑하고 더 재능 있고 더 섹시하다는 생각에 도취되기 일쑤였다. 채드는 자신이 인간관계에서 실수를 저질렀고, 성질을 못 참는 바람에 문제를 일으켰다는 사실을 어렴풋이 깨달았다. 하지만 다른 사람에게 위로나 도움을 구하는 대신, 훌륭한 변호사나 멋진 연인이 되는 공상에 빠지는 것으로 자신을 달랬다.

    채드는 자기 모습을 과장하지 않고는 스스로 만족하지 못했다. 채드 입장에서는 도움을 청하는 것이 한없이 어렵기만 했다. 누군가에게 의존하려는 충동이 느껴지면 마음이 불편했기 때문이다. 든든한 버팀목이 되어줄 사람을 찾아보기도 했지만, 그때마다 결국 혼자라는 생각이 들었고 자신이 마치 투명인간처럼 느껴졌다. 아버지는 아들을 있는 그대로 봐주지 않았다. 아버지에게 채드는 멋진 아들이었다. 그래서 채드 역시 자신을 그렇게 인식할 수밖에 없었다.

    이것은 건강하지 못한 나르시시스트들의 공통된 어린 시절이다. 스펙트럼의 왼쪽에 있는 부모들은 자녀가 자부심이나 꿈이나 성취감을 갖지 못하게 방해하는 반면, 스펙트럼의 오른쪽에 있는 부모들은 자녀의 성취를 부풀리곤 한다. 그들에게는 완벽하고 특별하고 재능 있는 아들딸이 필요하다. 그러나 그것은 아들딸의 행복을 위해서라기보다는 부모 자신의 만족을 위해서인 경우가 많다.

    나르시시즘에 중독된 부모들은 자기 자녀에게 어떤 면에서든 특출해야 한다고(또는 그렇게 보여야 한다고) 강요한다. 그들은 자신을 과대 포장하기 위해서 자기 아이들을 과대 포장한다. 그 과정에서 아이들은 부모가 그려놓은 이미지에 자신이 부합하지 않으면 자신은 아무것도 아니라고 생각한다. 잘난 체하기 좋아하는 부모의 눈에 그들은 그저 섬광(閃

光)에 지나지 않는다. 언젠가 내게 상담을 받은 내담자가 말한 대로다. "부모님이 어쩌다 한번은 제 생각을 하셨던 것 같아요."

채드는 습관의 범위에 속하는 스펙트럼 7이나 8의 상태로 살고 있다. 그는 자신의 문제가 무엇인지, 자신이 무슨 실수를 했는지도 알고 있다. 자신은 특별하다는 생각에 의존하게 된 사람들의 전형적인 특징이다. 반대로 특별 대우를 거북해하지 않을 뿐더러 특별 대우가 없을 때 위기를 느끼는 나르시시스트들은 주변 사람들에게 반사적으로 이런저런 요구를 하고, 그런 태도가 자기 인생에 어떤 해를 끼치는지조차 감지하지 못한다. 이 경우는 중독에 속한다. 테럴이 그랬다.

테럴은 쉰다섯 살이고 스펙트럼상 9에 위치한 내현적 나르시시스트다. 친구들 대부분이 테럴 때문에 힘들어했다. 테럴은 사람들에게 칭찬을 요구하지 않았다. 대신 자기가 무슨 말을 할 때마다 사람들이 한결같이 자신을 주목해야 한다고 강조했다. 대다수 사람이 기대하거나 즐기는 평범한 수준의 경청을 요구하는 게 아니었다.

주변 사람들은 테럴에게 완벽하게 집중해야 했다. 자기가 어떤 이야기를 하는 동안 아내가 한숨을 쉬거나 한눈을 팔면 테럴은 불같이 화를 냈다. "나는 당신이 당신 친구들에 관해 이야기할 때 하나도 빠짐없이 귀 담아들었어! 그런데 당신은 왜 내 말에 집중을 안 하는 거야!" 아내는 그런 그에게 진저리를 내고 집을 나가겠다고 위협했다.

테럴은 아무도 자기를 이해해주지 않는다고 크게 한탄했다. "저는 다른 사람들과 달라요. 저는 누구보다 세상을 잘 안단 말이에요!" 그의 말은 이 세상이, 존중받아 마땅한 자신을 결코 존중하지 않는 적대적인 곳이라는 뜻이다. 채드의 부모님과 마찬가지로 테럴의 부모님은 실제적이고 믿을 만한 방법으로 그가 중요한 존재라는 확신을 심어주지 못했다. 나르시시스트였던 테럴의 아버지는 "어른들이 말씀하시는데" 하면서 아들에게 거의 말을 하지 못하게 했다. 괴이한 침묵에 빠져 있던 어머니는 '감성적인 아이'라며 그를 칭찬했다. 테럴은 어머니가 자신을 지지해주는 것인지 아닌지 도무지 종잡을 수 없었다.

스펙트럼상 9에 위치한 많은 이와 마찬가지로 테럴은 성인이 되어서도 자신은 특별하다는 생각에 집착했다. 그래야만 자신이 중요한 존재 같은 기분이 들었기 때문이다. 테럴은 사람들에게 관심을 갖고 상대방을 이해할 때 그와 동일한 행복감을 느낄 수 있다는 사실을 결코 알지 못했다. 자라면서 그런 행복을 느껴본 적이 없기 때문이다.

테럴은 자기 곁에 누군가가 있다는 사실을 믿지 않았다. 그래서 어른이 된 지금도 다른 사람들에게 자신을 지지하고 인정해달라고 끊임없이 요구했다. 모든 사람의 관심이 자신에게 집중되지 않으면, 마치 자신이 존재하지 않는 사람인 것처럼 느껴졌기 때문이다.

건강한 나르시시즘, 마음껏 꿈꾸되 실패해도 된다

크게 성공한 자기 모습을 상상하며 공상에 빠지길 좋아하는 이들이 있다. 이러한 공상에 중독되지 않으려면 자기 모습에 만족할 줄 알아야 한다. 자긍심과 자존감이 충만하고 관심과 칭찬을 즐길 줄 알되, 자신을 증명하려는 집요한 욕구가 없어야 한다. 이것이 가능한 사람들은 자신이 비범한 일을 해낼 수 있다고 믿지만, 이따금 일이 잘못된다고 해서 비탄에 빠지지 않는다. 세간의 주목을 받고픈 욕망이 있지만, 치러야 할 비용이 너무 클 때는 그런 욕망을 포기할 줄도 안다.

지나는 지방 대학에서 미술을 공부하는 스물세 살의 학생이다. 전문가에게 지도를 받아보라는 부모님의 권유를 받고 내게 진로 상담을 하러 왔다.

"제가 정말 좋아할 만한 일을 하고 싶어요. 저는 많은 사람이 함께 참여하는 작업이 좋아요. 이를테면, 각자가 생각나는 대로 의견을 말하고 이를 통해 최선책을 찾아가는 작업이요. 그런 일이라면 잘할 수 있을 것 같아요. 누군가의 멘토가 되고도 싶고요. 그런데 어떻게 하면 이런 일을 할 수 있는지 모르겠어요. 그걸 알고 싶은 게 제가 여기 온 이유예요."

"자신에게 필요한 게 뭔지 확실히 아는 것 같네요."

"글쎄요." 지나는 웃으면서 말했다. "살면서 제가 원하는 건 언제든 거리낌 없이 말해왔어요." 마주앉은 지 얼마 되지 않았지만, 그녀의 말이 충분히 납득되었다.

지나는 뛰어난 이야기꾼처럼 미사여구를 동원해가며 자신의 이야기를 재잘거렸다. 인생의 한 단계 한 단계를 잘 밟아 나가도록 부모가 그녀를 얼마나 잘 준비시켰는지 바로 알 수 있었다. 아주 어렸을 때는 기운이 넘쳤고, 가끔은 제멋대로인 구석도 있었고, 호기심이 끝이 없었다. 초등학생 때는 넘치는 탐구심으로 돌과 물을 이용해 다양한 과학 실험을 했다. "수년간 제 서랍장에 조약돌로 가득 찬 항아리들이 있었어요." 지나가 설명을 이어갔다.

"부모님은 어떻게 생각하셨어요?" 내가 물었다.

"아주 재미있어하셨어요. 부모님은 제가 이런저런 설계를 하는 걸 아주 좋아하셨어요. 부모님께 이다음에 커서 퀴리 부인이 될 거라고 말했죠. 그러자 아버지께서 그러셨어요. '멋지구나. 정말 좋겠다!'" 훌륭한 과학자가 되려 했던 꿈을 이야기할 때 지나의 눈이 반짝였다. 지금 그 꿈은 저 멀리 달아났지만, 대신 그녀는 훌륭한 화가가 되기를 꿈꾸고 있었다.

"충분히 예상할 수 있는 일이었어요. 저는 제 서랍장을 가지고 작은 쇼를 여는 걸 좋아했어요. 자연스럽게 제 첫 번째 소재는 돌멩이였고요."

"부모님께서 정말 든든하게 뒷받침을 해주신 것 같네요. 학교에서 속상한 일이 생겼을 때, 그러니까 슬프거나 화나거나 걱정되는 일이 생겼을 때 부모님께 맘 편히 털어놓을 수 있는 분위기였나요?"

"물론이죠." 지나에게서 바로 반응이 튀어나왔다. "제가 넘어지면 언제든 엄마가 일으켜 세워주실 거란 걸 알고 있었죠. 엄마에겐 뭐든 이야기할 수 있었어요. 실제로도 자주 이야기했고요. 여자 형제가 셋인데, 우리가 함께 있을 때 엄마는 제가 이 세상에서 가장 중요한 사람인 것 같은 기분이 들게 해주셨어요. 다른 형제들도 엄마랑 있을 때면 저랑 똑같이 느꼈대요."

그것이 어린 시절 그녀에게 가장 중요한 주제였다. 지나는 마음 깊숙이 자신이 중요한 존재라고 느꼈다. 장래에 관한 다양한 계획을 세웠지만, 성공 여부와 상관없이 자신은 늘 특별하다고 생각했다. 힘들고 어려울 때면 자신이 특별하다는 생각을 다시 떠올리곤 했다.

"열일곱 살 때 공모전에 나갔어요. 1등 할 거라고 자신했는데, 3등을 했죠." 그녀는 잠시 말을 멈추고 희미하게 웃었다. "제게 재능이 있다는 걸 알고 있었어요. 중요한 뭔가를 가지고 있단 걸요. 부모님은 제게 사람들에게 그걸 어떻게 이해시키느냐의 문제일 뿐이라고 가르치셨어요."

"부모님은 당신이 위대한 일을 할 수 있다고 믿게 하셨어요. 그렇지만 당신이 반드시 그래야 한다고 생각하지는 않은 거죠. 맞나요?" 내가 물었다.

"그렇게 말할 수 있죠." 그녀가 고개를 끄덕였다. 그 후 지나는 미술계를 정복하려는 계획에 관해 이야기했다.

지나는 자신의 강렬한 야망과 자신감 넘치는 자세가 목적을 위한 수단이라는 점을 제대로 알고 있었다. 그녀는 완벽주의와 과대 성향의 가장자리에 있었지만, 절대 절벽 아래로 떨어지지 않았다. 살면서 겪은 여러 번의 부침과 상관없이 부모가 자신을 사랑한다는 사실을 그녀는 잘 알고 있었다.

지나는 부모가 늘 자기 곁에 있는 이유는 일이 잘못되었을 때 딸을 구제하거나 딸의 인생을 고쳐주기 위해서가 아니라 딸의 기분을 이해하기 위해서라고 믿었다. 필요할 때는 언제든 자신의 감정을 부모에게 털어놓을 수 있었다. 부모가 지나에게 먼저 본을 보였기 때문이다. 자신이 특별하다고 내세우지 않고도 그렇게 느끼는 법을 부모가 그녀에게 가르쳤다. 지나가 반복해서 배운 여러 교훈 중 하나는 우아하게 실패하는 법이었다.

열세 살이 되었을 때 지나는 처음으로 가슴앓이를 했다. 반에서 인기가 많았던 남자아이가 돌연 그녀에게 무관심해졌다. 지나는 엄청난 충격을 받았다. 어머니는 그날 밤 딸과 마주 앉아서 이별에 관해 함께 이야기하기로 약속했지만, 직장 일에 지나치게 몰두한 나머지 딸과의 약속을 까맣게 잊어버렸다.

"상처받았어요." 지나가 그때 일을 설명했다. "하지만 오래가지는 않았어요. 엄마 얼굴이 얼마나 슬퍼 보였는지 몰라요. 제게 진심으로 사과하셨어요. 중요한 건 사과하면서 우셨다는 거예요."

잠시 딸의 말에 귀를 기울인 뒤에, 어머니는 자신의 마음을 어지럽힌 직장 문제를 털어놓았다. "변명 같지 않았어요. 엄마도 가끔은 나를 실망시킬 수 있다는 걸 알고 나니까, 그리고 그렇다고 세상이 끝나지 않는다는 걸 알고 나니까 기분이 나아졌어요."

지나의 이야기는 스펙트럼의 중앙에 위치한 사람의 전형적인 사례다. 지나는 사랑에 대한 믿음을 버리지 않고 실망을 받아들이는 법을 배웠다. 지나의 부모도 실수를 했다. 하지만 절대로 딸로 하여금 자신이 중요하지 않다는 기분이 들게 내버려두지 않았다. 상황이 좋지 않게 흘러가면 다시 시작하면 되었다. 가시 돋친 말이 나왔다면, 그 말을 철회하고 좀 더 상냥한 표현을 쓰면 되었다. 처음부터 제대로 하는 사람은 아무도 없었다. 자신이 누군가의 마음을 상하게 하면, 그 사람 마음이 어떨지 헤아리려고 노력하면 언제든 화해할 수 있다는 사실을 식구들 모두 알고 있었다. 그 결과, 스펙트럼의 왼쪽이나 오른쪽에 있는 사람들과 달리, 지나는 자신에게 도움과 보살핌과 이해가 필요할 때 도와주고 보살펴주고 이해해줄 사람이 늘 곁에 있다는 사실을 알고 안심했다.

안정된 사랑은 이 세상에 도사리고 있는 여러 심리적 위험으로부터 우리를 보호해준다. 안정된 사랑을 받으면 자신의 실수를 인정하고 사과하기가 훨씬 쉬워지고, 있는 그대로의 자기 모습을 좀 더 자유롭게 나눌 수 있다. 지나가 그랬듯이, 그들은 자기를 사랑하는 사람들이 자신과 자신의 결점과 있는 그대로의 모습을 받아줄 만큼 믿을 만한 사람들이라고 배웠다. 다른 사람들에게 안심하고 기댈 수 있다는 믿음, 이것이 바로 안정된 사랑이다.

지나의 부모와 같은 부모들은 어릴 때부터 자녀의 정서적 경험을 이해하려고 노력한다. 자녀들이 느끼는 감정을 뭐라고 부르는지 알려주고, 슬픔이나 불안, 두려움과 같은 감정에 관해 이야기하도록 자녀들을 돕는다. 또한 그들은 지나의 어머니가 그랬던 것처럼 자신이 느끼는 감정도 자녀에게 이야기해준다. 자신의 실수를 인정하고 실수가 야기한 고통에 귀 기울임으로써 상한 마음을 치유하는 법을 가르친다. 이런 여러 정서적 교훈의 결과로 아이들은 도움과 사랑을 주고받는 법을 배운다.

원대한 꿈을 갖도록 권장하되 강요하지 않고, 사랑과 친밀함의 건강한 모델을 장려하는 가정. 이것이 바로 건강한 나르시시즘을 만드는 방법이다. 이 재료들을 조합하면 스펙트럼의 중앙에서 살아가는 사람이 될 수 있다.

지나는 배려와 이해를 통해 다른 사람들에게 중요한 사람이 되는 법을 배웠다. 스펙트럼의 왼쪽 끝이나 오른쪽 끝에 있는 사람들은 거의 배우지 않는 교훈이다.

천성이 질병이 될 때
변화하지 않는 이유가 있다

이런 경우를 상상해보자. 당신은 카일이라는 매력적이고 멋진 남자를 만난다. 카일은 밝고, 당신이 하는 이야기에 눈을 반짝이고 당신에게 적극적으로 구애한다. 당신은 1년 남짓 그와 연애를 한다. 모든 게 순조롭다. 그런데 어느 날부터 카일이 직장 동료에게 집착하기 시작한다. "그 머저리." 카일은 그를 이렇게 부른다. 카일은 승진 경쟁에서 상대를 보기 좋게 때려눕히기로 결심한다. 당신은 긴장을 풀어주려고 애쓰지만, 카일은 최근에 있었던 경쟁 외에는 어떤 것에도 집중하지 못한다. 당신은 어느새 그와 함께 있을 때조차 혼자인 것 같은 기분을 느낀다.

이번에는 이런 경우를 상상해보자. 당신은 제시라는 여성을 소개받는다. 이제껏 만나본 사람들 중에 가장 상냥하고 배려심이 많은 사람 같지만 그렇다고 숨이 막힐 정도는 아니다. 제시는 혼자 있는 것도 좋아하고 당신과 함께 있는 것도 좋아한다. 당신은 그녀와 함께 살기 위해 이사를 했고, 3년째 동거 중이다. 3년 내내 그녀는 당신이 원하는 것을 정확히 알고 있었다.

하지만 당신은 그녀가 무엇을 원하는지 전혀 모른다. 더 난처한 일은 이따금 그녀가 실의에 빠져 우울해 보일 때 도무지 어떻게 위로해야 할지 모른다는 점이다. 그녀를 돕고 싶고 행복하게 해주고 싶은데, 어떻게 해야 할지 암담하기만 하다. 그녀 때문에 당혹감이 들 때가 많다.

이런 관계는 밖에서는 괜찮아 보일 수 있다. 하지만 여러분이 카일이나 제시와 관계를 맺고 있다면 마음이 편치 않을 것이다. 뭔가 이상한 것 같긴 한데 그게 뭔지 딱 꼬집어낼 수가 없다. 여러분은 이렇게 혼잣말을 할지도 모른다. "그는 지금 힘든 시기를 지나고 있는 거야." 또는 이렇게 생각할지도 모르겠다. '그저 그녀의 성격일 뿐이야.'

많은 경우에 그것이 사실일 수도 있다. 그러나 여러분이 나르시시즘 스펙트럼에서 좀 덜 극단적인 지점에 사는 사람과 사랑에 빠진 것일 수도 있다. 미묘한 나르시시스트 또는 미묘한 에코이스트 말이다.

스펙트럼의 양극단에 위치한 사람들과 달리 미묘한 나르시시스트와 에코이스트는 알아채기가 훨씬 더 어렵다. 스펙트럼의 양극단에 위치한 사람들은 행동에서 확연히 드러나지만, 이들의 경우에는 그러지 않기 때문이다. 그런데 여러분은 이들과 마주칠 확률이 훨씬 더 높다. 심각한 습관보다는 가벼운 습관이 더 흔하기 마련이다.

따라서 여러분은 뭔가 잘못되었다는 사실을 전혀 알아채지 못한 채 그들과 쉽게 가까워질 수 있다. 극단적인 경우와 비교하면, 그들이 안고 있는 문제는 그리 심각하거나 완고하지 않다. 오히려 그들은 오만한 무신경함이나 음울한 과묵함에서 주기적으로 잘 빠져나오는 것처럼 보인다. 그들은 한동안 여러분과 '함께' 있다가, 사라졌다가, 아무 일도 없었던 것처럼 돌아온다. 이런 행동을 야기하는 심리를 알면, 그들의 행동을 이해하는 데 도움이 될 것이다.

미묘한 에코이스트
: 뒷바라지는 나의 힘

내 환자 중에 메리라는 서른다섯 살 여성이 있다. 그녀는 커피숍에서 바리스타로 일한다. 메리는 스펙트럼상 3의 지점에서 인생의 대부분을 살았다. 친구들은 그녀를 '들어주는 사람'이라고 부른다. 사람들이 자신의 문제를 이야기하고 싶어 할 때, 메리는 늘 곁에 있었다. 이를테면, 새로운 지역으로 이사를 할 때처럼 어떤 사람에게 도움이 필요할 때도 메리는 기꺼이 시간을 낸다. 절대로 답례를 요구하지 않고 자신이 한 수고에 대해 불평하는 법도 없다.

"상담 치료사가 됐어도 괜찮았을 거예요." 처음 만났을 때 메리가 자랑스럽게 말했다.

"무슨 뜻인가요?" 내가 물었다.

"저는 다른 사람들의 문제에 더 집중하는 편이거든요. 그런데 지금은 제 문제로 마음이 뒤숭숭해요." 메리는 자신이 겪는 어려움을 생각하니 지루해진 것처럼 하품을 했다.

"최근에 힘든 일이 있었나요?"

"말도 못 해요." 메리가 일하는 커피숍에 위기가 왔다. 빌딩을 팔고 싶어 하던 건물주가 가게를 빼라고 커피숍 주인을 압박했다. 메리는 지금껏 직장이든 자기 인생이든 뭔가를 바꿔볼 생각은 전혀 해본 적이 없었다. 그런데 지금은 선택의 여지가 없었다.

"내가 뭘 하고 싶은지 모르겠어요." 메리는 자신의 문제를 시인하며 그렇게 말했다. "보통 이 정도로 불확실한 상황은 잘 대처할 수 있어요. 그런데 최근에는 아주 많이 불안해요. 덫에 걸린 것처럼 초조하고요."

아무도, 심지어 남자 친구조차도 그녀가 느끼는 혼란의 깊이를 제대로 이해하지 못했다. 메리는 사람들에게 자신의 문제를 털어놓지 않았다. 대신 그녀의 표현을 빌리자면, 한동안 '자취를 감췄다.' 메리는 침대에 누워서 우울해했다. 남자 친구가 무슨 일이냐고 물어도 대답하지 않았다. 친구들이 전화를 걸면 음성 사서함으로 돌렸다.

남자 친구는 속상해하다가 낙담했고 이제는 그녀 곁을 떠나겠다고 위협했다. 메리는 망연자실해서 떠나지 말라고 남자 친구에게 간청했고, 결국 상담을 받기로 결심했다. "이건 평소의 내가 아니에요." 흐느껴 울며 메리는 내게 말했다. "내가 남자 친구에게 뭘 원하는 건지도 모르겠어요. 그저 누군가 곁에 있어줬으면 좋겠어요."

"남자 친구나 주변 친구들에게 이런 문제에 대해 말하기 힘든 이유가 뭔가요?" 내가 물었다.

"모르겠어요. 사람들에게 이런 이야기를 하면 내 곁을 떠나고 싶어 할까 봐 겁이 나요. 사람들이 나를 두고 자기 자신 하나 감당하지 못하는 사람이라고 생각하는 게 싫어요. 나를 도움이 필요한 사람으로 여기는 게 싫어요."

"그 사람들이 당신을 필요로 하는 건 괜찮고요?"

"그건 달라요. 원칙상 달라요." 메리는 웃으며 말했다. "이유를 설명할 순 없지만요."

"아무것도 필요 없도록 애쓴다. 이게 당신의 원칙이라면 조금 특이하네요." 내가 말했다.

"마치 자신의 기대와 욕망을 포기함으로써, 바꿔 말하면 너무 많은 것을 요구하지 않는 사람이 됨으로써 사람들의 신뢰와 사랑을 얻는다고 생각하는군요. 그런데 지금은 더 많은 게 필요하고, 그래서 관계가 깨질까 두려운 거죠. 당신이 지금 이토록 혼란스러워하는 건 바로 그 때문이에요. 지금은 당신에게 특별한 관심이 필요한 순간이에요. 그런데 당신은 사람들에게 그런 관심을 부탁하는 걸 힘들어하고 있어요."

메리처럼 미묘한 에코이스트는 반사적으로 타인의 욕구에 집중한다. 자신의 요구 사항과 걱정거리가 마음의 자리를 덜 차지할수록, 자신이 더 호감 가고 더 사랑스러운 사람이 된다고 생각하기 때문이다. 이들은 사람들에게 거절당하는 일이 벌어지지 않도록 하는데, 이것은 이들이 무의식적으로 취하는 전략이라 할 수 있다.

스펙트럼에서 이 지점에 속한 사람들은 자기에게 쏟아지는 모든 관심에 거부반응을 보이지는 않는다. 사람들이 주목하는 대상이 자신이 타인을 위해 하는 일이라면 주목을 받아도 괜찮다고 생각한다. 말하자면, 힘이 되는 배우자나 생산적인 근로자 또는 세심한 경청가로서 받는 관심에는 거부반응을 보이지 않는다. 또한, 메리와 같은 사람들은 타인과 사랑이 깃든 멋진 관계를 형성할 수 있다.

이들이 미묘한 에코이스트임을 암시하는 유일한 징후는 일방적으로 뒷바라지하려는 성향에 있다. 미묘한 에코이스트들 곁에 있으면, 그들이 우리를 필요로 하는 것보다 우리가 그들을 더 필요로 하는 것 같은 기분이 든다. 이들은 상담 치료사의 입장이 되는 쪽을 훨씬 좋아한다. 그래야 우월감이 들기 때문이 아니라(관계적 나르시시스트처럼), 그래야 자신의 욕망과 기대에 집중하지 않을 수 있기 때문이다. 이들은 생일이나 기념일 선물같이 작은 것을 요구할 수도 있고, 연인이나 배우자에게 조금만 더 관심을 기울여달라고 부탁할 수도 있다. 그러나 혹시라도 선을 넘어 이기적인 사람처럼 보이지는 않을까 항상 두려워하기 때문에 상대에게 어디까지 요구할지 아주 예민하게 신경 쓴다.

일정 기간 동안 이들은 친구와 연인에게 만족해하고 행복해할 수 있다. 여기서 일정 기간 동안이란, 자신의 욕구를 억누르기 힘들어지기 전까지를 의미한다. 실제로 더 많은 것을 원하게 되는 인생의 어떤 지점에 이르면 이들의 문제는 더 심각해진다. 다른 이의 말을 잘 들어주고 힘이 되어주는 것만으로는 충분하지 않다. 이때 그들은 욕구 패닉에 빠진다.

욕구 패닉
: 욕구를 느끼는 게 무섭다

자신의 욕구와 욕망을 끊임없이 억압하는 극단적 에코이스트들과 달리 미묘한 에코이스트들은 자신의 요구를 최소한으로 유지하려고 노력한다. 기억하라. 그들이 가장 두려워하는 상황은 자신이 너무 많은 것을 요구해서 사랑하는 사람들이 자기 곁을 떠나버리는 것이다. 그들은 욕구가 강할수록 욕구를 표출하는 것을 불안해하면서 더 깊숙한 곳으로 숨어든다. 그 결과, 스펙트럼상 1이나 0의 지점까지 미끄러져버릴 수도 있다.

주변에 이런 사람이 있는지 생각해보라. 자주 연락하며 지내던 친구가 직장을 잃었다는 소식을 듣고 걱정이 되어 전화를 걸었는데, 받지 않고 답신 전화도 없다. 늘 힘을 주는 따뜻한 연인이 부모님에 대한 그리움이 커지는 명절만 되면 갑자기 말수가 줄어들면서 당신과 거리를 둔다. 프로젝트를 같이 진행하는 직장 동료가 실수를 해서 "생각만큼 심각한 문제는 아니야"라고 그를 안심시켜도 입을 꾹 다문다. 이런 경우 그들이 외면하는 것은 여러분이 아니라, 여러분에게 기대고 싶은, 갑작스레 올라오는 자신의 욕구인지도 모른다.

이와 반대로 갑자기 질척거리고 슬픔을 가누지 못하는 상태가 될 수도 있다. 결국 욕구를 제거하는 가장 쉬운 방법은 지체 없이 즉각적으로 욕구를 충족시키는 것이다. 누군가에게 무언가를 요구하기를 꺼리는 사람들은 지지나 이해나 심지어 위로를 받고 싶은 욕망이 갑자기 치밀어 오르면 겁이 날 수 있다. 그래서 기분이 나아지게 하려고 혼란스러운 행동을 할 수도 있다. 밤늦게 전화를 하거나, 계속해서 문자메시지를 보내고, 모이자는 연락을 평소보다 훨씬 자주 하는 식이다.

이런 갑작스런 요구에 그들이 얼마나 죄책감을 느끼고 혼란스러워할지는 불을 보듯 뻔하다. 그들은 관심을 가져달라고 부탁할 때조차도 온몸에서 자기에게 필요한 것을 짜내려고 애쓰듯 자기를 쥐어짠다. 이러한 양상은 에코이스트들이 사람들을 밀어내기도 잘하지만 졸졸 따라다니기도 잘하는 이유가 무엇인지 설명해준다. 욕구 패닉에 빠진 에코이스트들은 어떻게 하면 자신의 기분이 나아질지 솔직하게 말하는 경우가 드물다. 그들은 자기 자신의 욕구와 기대를 회피하기 위해 열심히 애써왔기 때문에 무엇을 요구해야 할지 확실히 모를 수도 있다.

일단 위기가 지나가면, 이들은 보통 스펙트럼에서 통상의 위치로 다시 돌아간다. 하지만 욕구는 갈수록 커지는데 특별한 관심을 받는 것에 관한 두려움을 계속 극복하지 못하면, 시간이 흐를수록 에코가 사는 숲속으로 점점 더 깊숙이 들어갈 수 있다.

미묘한 나르시시스트
: 저 사람을 이겨야 내가 산다

셰리는 스물다섯 살이고 일류 회사에서 웹디자이너로 일한다. 케빈이라는 스물세 살 된 남자 친구와 함께 사는데, 어느 날부터 남자 친구와 심하게 싸우기 시작하면서 나를 찾아왔다. 여러분은 셰리가 처음 상담을 예약할 때 자신이 느끼는 기분 때문에 얼마나 괴로워했는지 모를 것이다.

셰리는 사무실에 들어서면서 의자와 그림 스타일이 멋지다고 칭찬하면서 환하게 웃었다. "지금까지 제가 가본 사무실 중에 가장 멋진데요!"(그녀는 쇼핑하듯 상담 치료사를 바꾸고 다녔다.) "드디어 적임자를 찾은 것 같아요!" 후다닥 의자에 앉으며 그녀가 이야기를 시작했다. 누가 채가기라도 할 것처럼 무릎에 올려놓은 지갑을 꽉 쥐었다. 쾌활한 태도 뒤에 걱정거리를 감추고 있다는 걸 암시하는 첫 번째 징후였다.

"케빈은 제가 직장에서 얼마나 스트레스를 많이 받는지 이해를 못해요. 저는 드라마 볼 시간도 없다고요." 마치 자기가 한 말에 스스로 동의하는 것처럼 고개를 끄덕이며 셰리가 말했다. "그게 제가 여기 온 이유예요." 셰리는 초조한 듯 두 손가락으로 윤이 나는 검은 머리카락 끝을 세게 잡아당겼다.

둘의 관계는 한동안 아주 이상적이었다. 두 사람은 대학에서 만났고 졸업 후에는 2년 동안 떨어져 지냈다. "케빈이 학교를 마쳐야 했어요." 셰리가 둘 사이를 설명했다. "남자 친구 입장에서는 기숙사에서 살면서 돈을 절약하는 게 더 합리적이었죠."

"언제부터 문제가 생겼나요?" 내가 물었다.

"넉 달 전, 제가 지금 직장에 들어가자마자요." 셰리가 툴툴거리며 말했다. "나를 두고 가버렸어요."

케빈은 1년 전 어머니를 여의었다. 케빈은 어머니가 암 말기라는 걸 알고 나서 주말마다 집에 갔다. 자연스럽게 셰리나 다른 친구들과 시간을 보내기가 어려워졌다. 셰리는 케빈이 집에 갈 때 가능하면 동행했지만, 일정이 여의치 않을 때가 많았다. 더 안 좋은 것은 어머니가 돌아가신 뒤, 케빈은 어머니를 간호하느라 한동안 미뤄두었던 대학원 입학 준비에 매진했다는 점이다. 이 때문에 케빈은 더 시간이 없었다.

결국 셰리는 종종 혼자서 외출했다. 게다가 이른 아침까지 일할 때가 많았다. 케빈은 갈수록 외롭고 슬퍼 보였다. 두 사람 모두 변화를 받아들이기가 힘들었다. 케빈은 어떤 것도 요구할 준비가 되어 있지 않은 것 같았다. "케빈은 자립심이 강한 사람이에요." 셰리가 말을 이었다. "그런데 최근에는 얼굴만 보면 싸워요. 제가 집에 전혀 있질 않아서요."

두 사람 모두 대학에 다닐 때는 생활이 훨씬 더 단순했다. 그 시기에 셰리는 케빈의 모든 면을 열렬히 사랑했다. 친구들과 가족에게도 케빈의 매력과 따스함을 자랑하곤 했다. "그를 보고 있으면 실로 놀라웠어요. 모든 사람과 아주 잘 지냈어요. 서류상으로 완벽한 남자 친구 같았죠. 반듯한 집안에 교양 있고 아는 것도 많았어요. 인맥도 아주 잘 만들어나갔고요." 셰리는 얼굴을 찡그리며 말을 멈췄다. "어쨌거나 예전엔 그랬어요."

"지금 걱정되는 게 있나요?" 내가 물었다.

"겁이 나요." 처음으로 정말 겁에 질린 표정을 내비치며 셰리가 말했다. "처음에 케빈은 아주 안정되어 보였어요. 든든한 반석처럼요."

이야기를 듣다 보니 점점 더 확실해졌다. 케빈은 셰리의 회사 일 말고 다른 이야기를 하고 싶어 했고, 주로 그 때문에 싸움이 시작되었다. 셰리의 말에 따르면, 그녀는 퇴근하고 집에 들어서자마자 그날 회사에서 있었던 일을 줄줄 읊어댔다. 직장 상사가 그녀를 미워한다(또는 좋아한다)는 사실과 동료들이 속으로 그녀를 시기한다는 사실을 보여주는 사건들을 아주 자세히 풀어놓았다. 그리고 케빈을 포함해 그 누구도 자기가 회사에서 하는 일이 얼마나 힘든지 이해하지 못할 거라면서 몇 시간에 걸쳐 신세 한탄을 했다.

"든든한 반석 같았던 케빈이 몹시 우울해 보이면, 당신 기분은 어땠어요?" 내가 궁금해서 물었다.

그러자 셰리의 눈에서 눈물이 흘러내렸다. "어떻게 해야 할지 모르겠어요. 지금 맡고 있는 디자인을 잘해내지 못하면, 직장에서 중요한 사람으로 인정받지 못할 거예요." 셰리는 이쯤에서 그만해야 할지 말이 나온 김에 다 얘기해야 할지 확신이 서지 않는 듯 잠시 말을 멈췄다. "이 일을 망친다고 생각하면….." 그녀는 손으로 머리를 감싸고 고개를 떨구었다. "이 일은, 제게, 기회예요." 셰리는 울면서 고개를 들었다. "케빈이 이해해줘야 해요."

"어쩌면 케빈은 지금 너무 외로워서 당신에게 든든한 반석이 돼줄 수 없는지도 몰라요." 내가 말했다.

"알아요." 마지못해 시인하며 셰리는 말을 이었다. "하지만 제겐 이 일이 필요해요. 저는 상사를 비롯해서 회사에 있는 어떤 직원과 비교해도 뒤지지 않아요. 누구보다 똑똑하다고요. 저는 그곳에서 일할 자격이 있어요." 셰리는 단호하게 입을 앙다물었다. "그 사실을 증명하기 위해 제가 케빈에게 조금 의지할 수는 없는 건가요?"

스펙트럼의 오른쪽에 위치한 건강하지 못한 나르시시스트가 늘 불쾌할 정도로 오만하거나 대놓고 거들먹거리는 것은 아니다. 미묘한 나르시시스트는 종종 남의 말을 들어주는 데 서툴고, 모든 사람과 견주어도 뒤처지지 않을 방법이 무엇인지에 한없이 집착한다. 이기는 것은 자신이 특별하다는 생각에 이르는 지름길이다. 이 때문에 그들은 직장에서 숫자에 집착하고, 외모나 재능이나 성과 면에서 자신을 앞지르는 모든 사람과 자신을 비교한다. 그들 머릿속에는 가상의 득점판이 있고, 그들은 끊임없이 그 득점판을 확인한다.

가끔은 우리 모두 이런 행동을 한다. 주변 환경이 이런 행동을 부추길 때도 있다. 예를 들어, 학교는 순위 경쟁을 부추기고 등수에 연연하기가 쉽다. 그러나 외모든 재능이든 유용성이든, 어떤 기준에 따라 매긴 점수에 끊임없이 관심을 쏟다가는 건강하지 못한 나르시시즘에 빠지고 만다.

스펙트럼상 7과 8에 위치한 나르시시스트 가운데 외현적 나르시시스트는 돋보이는 것에 강하게 집착하는 반면, 내현적 나르시시스트는 위대함을 추구하는 경주에서 자신의 순위가 몇 위쯤인지 조용히 기록한다. 그러나 외현적이든 내현적이든 미묘한 나르시시스트와 이야기를 나눌 때면 그가 여러분이 하는 말을 듣는 것이 아니라 자신의 논리를 다시 펼치기 위해 여러분이 말을 멈추기만을 기다리는 듯한 기분이 든다. 그들은 자신이 특별하다고 생각하고 싶은 충동에 사로잡혀 나르시시즘이 자기 자신에게 만족하는 유일한 길도, 심지어 최상의 길도 아니라는 사실을 잊어버린다.

셰리의 몸부림은 나르시시즘에 의존해 불안한 시기를 견뎌내는 사람들의 전형이다. 불안한 시기에는 자신을 특별하게 생각하고 싶은 욕구가 강하게 솟구친다. 그들은 거짓말이나 도둑질을 하지 않는다. 사람들을 속이거나 모욕하지도 않는다. 그러나 이 세상에서 자신의 위치가 어디쯤 되는지 순위에 집착하느라 자기 옆에 서 있는 사람들을 보지 못한다.

그들은 적당히 매력적이고 배려할 줄 알고 카리스마 있고 세심한 사람일 수도 있다. 그들과 가까운 사람들 눈에는 아무 이상이 없어 보인다. 그러다 갑자기 자신이 특별하다고 생각하고 싶은 충동이 더 커진다. 스펙트럼에서 7과 8에 해당하는 이곳이 셰리를 비롯한 미묘한 나르시시스트들이 사는 곳이다. 스펙트럼의 9나 10에서 발견되는 극단적 나르시시스트보다 이런 미묘한 나르시시스트들이 훨씬 더 흔하다. 이들이 너무나 쉽게 우리 곁에 슬며시 다가오는 이유도 바로 여기에 있다.

셰리는 단순히 회사에서 출세만 하고 싶었던 것이 아니다. 동료들이나 케빈에게는 말하지 않았지만, 실은 사업 전체를 인수하고 싶었다. 셰리는 가슴 깊숙이 야망을 품고 있었다. 인생이 자신의 바람대로 흘러가지 않을 수도 있어 걱정될 때마다 가슴에 품은 야망을 남몰래 꺼내보곤 했다. 그런데 최근에 다시 걱정이 시작되었고 이번에는 꽤 심했다.

셰리는 동료들과 견주어 자신의 위치가 어떤지 생각하고 이야기하느라 너무 많은 시간을 허비했다. 그래서 연인의 곁을 떠난 것은 케빈이 아니라 바로 자기라는 사실조차 깨닫지 못했다. 두 사람 사이에 문제를 일으킨 근본 원인은 셰리의 늦은 귀가 시간이 아니라 케빈과 함께 있어도 마음은 그곳에 없는 셰리의 정서적 부재였다. 셰리는 웹디자이너로서 자신의 능력을 증명하기 위해 사력을 다하는 데에만 과도하게 집착했다. 자신이 특별하다는 생각에 종속된 사람들의 특징이다. 셰리같이 스펙트럼상 7 근방에서 대부분의 시간을 보내는 사람들이 곤경에 처하면 더 오른쪽으로 미끄러지곤 한다.

변화를 감지하기는 어렵지 않다. 특권 의식, 모든 것은 바로 여기에서 시작된다. 특권 의식이야말로 미묘한 나르시시스트의 가장 뚜렷한 특징이다.

특권 의식, 모두 나를 따라야 해

이따금 자신이 특별하다고 생각할 필요가 있듯이, 누구에게나 이따금 특권 의식이 필요하다. 생일에는 누구나 자신이 배려나 관심을 조금 더 받을 자격이 있다고 생각한다. 마찬가지로 몸이 아플 때도 자신이 다른 사람에게 도움을 받을 자격이 있다고 생각한다. 건강한 특권 의식은 부당한 요구를 받을 때 "안 돼요"라고 말하게 도와주고, 처우가 부당하다고 생각할 때 자신의 권리를 주장할 수 있게 도와준다. 그러나 극단적 특권 의식은 이 세상과 주변에 있는 모든 사람이 고귀한 지위에 있는 나를 떠받들어야 마땅하다는 태도를 가리킨다. 미묘한 나르시시스트가 은연중에 드러내는 특권 의식이 바로 이런 유형이다.

특권 의식은 미묘한 나르시시스트들이 안고 있는 독특한 문제를 해결해준다. 자신이 다른 사람들보다 낫다고 스스로를 납득시키려면 일단 다른 사람들이 있어야 한다. 그리고 그 사람들에게는 저마다 자유의지가 있다. 뭇사람들 사이에서 자신이 주목받고 싶은 강한 욕구를 유지하는 유일한 길은 왕이 신하들을 자신 앞에 무릎 꿇리듯 사람들이 내게 복종하도록 만드는 것이다. 그러려면 사람들이 나를 인정하고 내 뜻에 따르도록 요구해야 한다.

또한 극단적 특권 의식은 일상적인 상호작용을 흥분제로, 강한 자아도취에 빠질 또 하나의 기회로 바꿔놓는다. 자신이 특별하다는 생각에 의존하는 사람일수록 특권 의식이 강하다. 그것이 자신의 욕구를 충족시키는 데 도움이 되기 때문이다. 나중에서야, 그러니까 셰리가 예전보다 더 많은 지지를 받고 싶어 했을 때에야 비로소 그녀가 안고 있는 문제가 분명해졌다. 케빈은 그녀가 기댈 수 있는 든든한 반석이어야 했다. 필요는 기대가 되었고, 셰리는 자기에게 그럴 자격이 있다고 생각했다.

미묘한 나르시시즘의 특징은 특권 의식에 휩싸이는 것이다. 보통의 분별력을 갖춘 친구나 연인이나 동료가 느닷없이 화를 내며 세상이 자신에게 빚이라도 진 것처럼 행동할 때가 있는데, 그때가 바로 특권 의식에 휩싸일 때다. 보통 이런 일은 어떤 이유에서건 갑자기 자신의 특별한 지위가 위협받고 있다는 공포가 엄습할 때 촉발된다. 이 시점까지는 대체로 세상이 자기를 중심으로 돌아가길 바라는 욕구를 감춘다. 그때까지는 그 사실에 의문을 제기하는 사건이 일어나지 않았기 때문이다. 셰리는 자기에게 힘이 되어달라고 케빈에게 부탁하지도 않았고, 한 해 동안 케빈이 얼마나 힘들었을지 이해하려고 애쓰지도 않았다. 이제 곧 파격 승진의 꿈이 이루어질 참이라고 생각했기에 케빈이 자신을 오롯이 이해해주길 바랐고, 자신은 그런 대접을 받을 자격이 있다고 속으로 생각했다.

미묘한 나르시시스트들이 특권 의식에 휩싸이는 것은 노상 기분이 좋던 술꾼이 갑자기 뚱해 있다가 술을 진탕 마시고, 어느 날은 찬장에 있는 술을 죄다 치우더니 더 많은 술을 사러 가는 것과 비슷하다. 늘 서글서글하던 상사가 최근에 자신이 기획한 프로젝트가 실패할까 봐 걱정된다며 갑자기 여러분 앞에서 눈물을 보인다. 여러분은 몰랐지만, 회사에서 어느 정도 입지를 다진 후부터 줄곧 그는 최고 경영자가 되려는 계획을 마음에 품고 있었다.

임신하고 힘들어서 예전만큼 집을 깔끔하게 치우지 못하는 여러분에게 남편이 집이 지저분하다며 불평을 하기 시작한다. 자신은 회사에서 열심히 일했으니 퇴근하고 깨끗한 집에서 쉴 자격이 있다고 생각해서다. 지칠 줄 모르고 늘 힘이 되어주던 친구가 있다. 그는 자기만큼 사람들을 잘 돕는 사람은 아무도 없다고 속으로 생각했다. 그러다 여러분이 연인과 불화를 겪고 다른 사람에게 고민을 털어놓았다는 사실을 알고 무척 불쾌해하며 싸늘하게 대한다. 미묘한 나르시시스트들과 있으면 여러분은 언제나 그들의 자존심을 세워줘야 할 것 같은 느낌을 받는다. 그런데 그들이 극단적 특권 의식에 휩싸이면 여러분이 하는 모든 행동이 그들을 추어올리는 것 같은 기분이 든다.

많은 경우, 일단 위기가 지나가면 미묘한 나르시시스트들은 스펙트럼에서 자신에게만 몰두하는 성향이 조금 약한 영역으로 다시 돌아간다. 그러나 다른 사람에게 의존하는 것에 대한 두려움이 더 강해지면, 이를테면 상대방과 불화가 반복되면 이 세상에서 자신이 진심으로 의지할 수 있는 것은 자신의 특별한 지위뿐이라고 확신하고, 습관에서 중독으로 옮겨가기 시작한다.

특권 의식과 착취의 상관관계

자신은 특별 대우를 받을 자격이 있다는 생각이 강하게 솟구치는데 그에 상응하는 정서적 보상을 받지 못하면, 자주 감정이 격해지고 특권 의식은 착취로 기울어진다. 의존에서 중독으로 넘어가는 전형적인 특징이다. 건강한 나르시시즘과 극단적 나르시시즘을 구분하는 주요 지표 중 하나는 특권 의식이 심해지는 것이다. 사실, 특권 의식이 최고조에 이르고 점점 더 완고해지면 스펙트럼상 9에 가까운 병리 영역으로 접어든다.

로저는 마흔여덟 살의 남성으로 얼마 전에 이혼했다. 아내 수전에게 접근하지 말라는 법원의 금지 명령을 어기고 아내의 사무실로 찾아가 '자초지종을 설명하는 편지'를 들이밀었다. 이에 판사는 로저에게 치료 명령을 내렸다. 상담 치료를 받겠다고 나와 약속은 했지만, 뭔가를 고치거나 개선할 마음이 전혀 없었다.

"이게 양육권 소송에 도움이 될까요?" 미심쩍은 듯 눈을 가늘게 뜨며 그가 물었다. 머리는 희끗희끗했고 며칠간 빗지 않은 것 같았다.

"자신을 들여다볼 생각이 있다면 상담이 소송에 방해가 되지는 않을 거예요. 그건 확실해요. 하지만 그건 전적으로 당신에게 달렸어요." 나는 상담 내용을 기록하려고 클립보드를 흘긋 보았다.

"그 판때기나 들여다보면서 긁적일 셈입니까?" 그가 화난 목소리로 딱딱거렸다.

"죄송합니다." 나는 불쑥 화를 내는 그에게 조금 놀라서 말했다. 로저는 딱딱하게 굳은 얼굴로 바지에 붙은 먼지를 털었다. 흐트러진 모양새가 부스스한 머리 못지않았다. 베르사체에서 나온 얇은 검은 테 안경을 썼는데 한쪽 안경알 오른쪽 귀퉁이에 살짝 금이 가 있었다. 한때 증권 중개인으로 일했던 로저는 실직 상태였다.

"당신에게 많은 일이 일어나고 있는 것 같네요." 내가 조심스럽게 말했다.

"내 인생이 물거품이 되고 있습니다." 로저는 팔짱을 끼고 나를 쏘아보며 으르렁거리듯 말했다. "직장도 없고 돈도 떨어지고." 로저는 주머니에서 담배를 꺼내다가 '금연' 표시를 보고는 다시 집어넣었다. 로저는 매일 공황 발작을 일으켰고, 그때마다 온몸이 땀으로 흥건해졌다. 심할 때는 장도 볼 수 없었다. 아파트를 나온 지 몇 분 만에 도로변에서 가슴을 움켜쥐곤 했다. 운전대를 잡는 게 겁이 났다.

"직장에서 무슨 일이 있었나요?" 내가 물었다.

"투자를 잘못했어요." 로저가 의자에 몸을 파묻으며 자신 없는 목소리로 중얼거렸다. "누구에게나 일어날 수 있는 일이에요." 이혼하기 1년 전부터 로저와 아내는 심하게 다퉜다. 로저의 씀씀이가 화근이었다. 로저는 메르세데스 SUV를 두 대나 샀고 아내가 반대하는데도 주식을 매입하고 싶어 했다. 로저는 그 주식이 곧 반등할 것이라 확신했다.

"아내는 내가 투자에 재능이 있다는 걸 결코 인정하지 않았습니다. 그래서 아내에게 말하지 않고 퇴직금을 융통했죠. 결국 그 일로 아내와 끝장이 난 겁니다." 결혼 초기에 아내는 어렸을 때 아버지가 도박으로 전 재산을 날리는 바람에 살던 집에서 쫓겨날 수밖에 없었다며, 그때가 자기 인생에서 가장 괴로웠던 순간 중 하나였다고 로저에게 말했다. 그러면서 만약 돈 문제로 거짓말을 하면, 그날로 결혼 생활은 끝이라고 경고했었다.

"아내는 내가 자기를 몹시 실망시켰다고 하더군요. 만약 내가 다른 일로 속을 썩였다면 회복하기가 더 쉬웠을 수도 있었을 거라고요." 순간 로저는 공황 상태에 빠진 듯했다. "아내는 자초지종을 설명한 내 편지조차 읽어주지 않았습니다. 난 우리 두 사람을 위해 대박을 터트려보려고 한 거였는데."

"모두 잘될 거라는 자신이 있었군요." 내가 말했다.

"나는 내게 온 기회를 잡은 거예요. 난 그럴 자격이 있었으니까요." 얼굴을 찡그리며 그가 말했다. "누구도 내게서 그 기회를 빼앗을 순 없어요."

착취란 타인에게 상처가 되더라도 자신이 출세하거나 돋보이기 위해 필요하다면 무슨 일이든 하는 행동을 말한다. 믿기 어렵겠지만 분노나 슬픔, 공포, 수치심에 사로잡힌 시기에는 극단적 나르시스트들도 다음 기회에 다시 주목을 촉구하거나 관심을 구걸하거나 시선을 빼앗을 수 있을 때까지 자기 안으로 침잠할 수 있다. 누군가의 성과를 가로채서 자신이 특별하다는 생각이 든다면 그렇게 한다. 다른 사람을 무자비하게 비판해야 우월감을 느낄 수 있다면, 설령 배우자를 배신하고 배우자의 자존감을 깔아뭉개는 행위라 할지라도, 그들은 할 것이다.

착취와 특권 의식은 밀접하게 연관되어 있다. 극단적 나르시스트는 자신이 가장 똑똑하고, 가장 아름답고, 가장 배려심이 깊은 사람으로서 대접받을 자격이 있다고 생각하면, 정말로 그렇게 되게 만든다. 자신이 원하는 것을 얻기 위해 누군가 호의를 베풀 때까지 기다릴 생각이 없다. 로저는 아내의 허락을 기다리지 않았다. 그냥 가족의 돈을 가져다 썼다. 자기에게는 그럴 자격이 있다고 믿기 때문이다. "그 돈은 내 돈입니다." 왜 그런 행동을 했느냐고 묻자 로저는 말했다. "그 돈으로 주식을 하든 불쏘시개로 쓰든 내가 하고 싶으면 하는 거죠."

로저는 아내 몰래 투자했다가 가족에게 끼친 손해에 관해서는 조금도 개의치 않았다. 로저에게는 나름의 체계가 있었다. 자신이 투자에 소질이 있다는 걸 아내가 믿어만 주면 크게 성공할 수 있다고 자신했다. 아내에게 걱정 어린 잔소리를 듣지 않고 필요한 자본을 마련하기 위해 단기적으로 거짓말을 해야 한다면, 굳이 그 길을 마다할 생각이 전혀 없었다. 로저는 남편의 능력을 신뢰하지 않는 것이 아내의 문제라고 생각했다.

특권 의식이 착취로 발전하면, 타인의 욕구와 감정은 점점 덜 중요해진다. 로저는 돈 문제를 아는 순간 아내가 얼마나 큰 충격을 받을지에 관한 걱정 따위는 전혀 하지 않았다. 로저는 인정하고 싶어 하지 않았지만,

그의 자존감은 정리 해고로 산산조각 났다. 로저는 모든 사람이 자기 곁을 떠난 것만 같아서 우울해하고 불안해했다. 로저는 자신의 때가 오길 나름 오래 기다렸고, 부부 싸움에 신물이 났다. "나는 당신 아버지가 아니야. 제기랄." 자신이 받은 고통이 얼마나 큰지 아내가 설명하자 로저는 이렇게 내뱉었다.

스펙트럼상 9에 가까운 사람들은 이 세상이 주로 자신의 편의를 위해 존재한다고 생각한다. 평범한 사람들도 가끔 이런 생각을 한다. 그러나 이 수준에 이른 내현적 나르시시스트들은 다른 사람들을 한 인간으로 보기보다는 자기 자신의 연장선처럼 생각한다. 그들의 시각에서 볼 때 다른 사람들이 이 세상에 존재하는 이유는 하나뿐이다. 바로 자신의 자존감을 세워주고, 이해받고 싶은 자신의 완고한 요구를 만족시켜주는 것이다.

그런가 하면, 외현적 나르시시스트들은 마치 우리가 존엄한 인간이 아니라 천하고 한심한 피조물인 것 같은 기분이 들게 한다. 마치 자기 곁에 있어도 좋다고 마지못해 허락한 벌레를 대하듯 우리를 대한다. 한편, 관계적 나르시시스트는 자신이 얼마나 배려심이 많고 잘 베푸는 사람인지 알아주지 않으면, 여러분이 마치 세상에서 가장 이기적인 존재인 것 같은 기분이 들게 한다.

이 수준이라면
치료가 필요하다

어떠한 경우든, 특권 의식과 착취의 해로운 조합(이 책에서는 자격을 뜻하는 entitlement와 착취를 뜻하는 exploitation

의 앞 글자를 따서 EE라고 부른다, 이하 EE)은 스펙트럼상 9나 10에 위치한 사람들이 타인의 욕구와 기분을 헤아리지 못하게 만들어 타인에게 공감할 수 없게 한다. NPI 검사에서 나르시시스트로 확인된 이들 가운데 주변 사람들에게 가장 큰 피해를 입히는 부류는 EE가 높은 자들이다.

EE가 높아지면 가슴에 품은 원대한 계획이 좌절될 때마다 자존감이 흔들리기 시작한다. 우울증과 불안, 심지어 자살 생각도 증가한다. 치료를 받으러 상담 치료사를 찾아오는 경향이 있는 나르시시스트들이 바로 이들이다. 이들은 조금 전까지 자기가 뭔가 위대한 일을 하리라는 망상에 빠져 있다가 곧바로 애처롭기 짝이 없는 이야기를 늘어놓곤 한다. 종종 거드름을 피우며 우쭐해하기도 하지만, 그들이 얼마나 연약한지 금세 드러나고 만다. 그들의 허풍은 오즈의 마법사의 처절한 노력처럼 느껴진다. 연약하고 상처 입기 쉬운 인간이 속은 텅 비고 겉만 번드르르한 허세 뒤에 숨어서 스스로가 느끼는 무력감과 비참함을 타인이 알아채지 못하게 하려고 몸부림치는 꼴이다.

이 수준에 이른 사람들은 자기애성 인격 장애라는 진단을 받는다. 살면서 자기애성 인격 장애가 있는 사람을 만날 일은 많지 않을 것이다. 하지만 이 인격 장애가 어떤 것인지 아는 건 중요하다. 모든 인격 장애와 마찬가지로 자기애성 인격 장애는 치료하기가 매우 어렵다. 자기애성 인격 장애가 있는 사람들이 스펙트럼의 중앙 쪽으로 조금이라도 이동하려면 전문가의 도움이 필요하다. 전문가의 도움을 거절하면 변화될 가능성은 거의 없다. 자기애성 인격 장애는 병으로 진행된 중독과 똑같이 생각해야 한다. 회복으로 가는 길은 험난하고, 당사자가 문제를 부인하고 도움을 거절하면 치료가 불가능하다.

모든 정신장애와 마찬가지로, 여러분은 어느 누구에 대해서도 자기애성 인격 장애를 진단하려고 시도해서는 안 된다. 이 책을 참고해도 마찬가지다. 그런 평가를 내리려면 숙련된 정신 건강 전문의가 있어야 한다. 진단에 관한 자세한 설명은 《정신장애 진단 및 통계 편람》을 참조하라. 여기서는 간략하게만 설명하겠다.

앞서 말했듯이, 누구나 이따금 자신이 특별하다고 생각할 필요가 있다. 그러나 로저처럼 자기애성 인격 장애가 있는 사람들은 삶의 모든 영역에서 자신을 특별하게 대접해줄 것을 강하게 요구한다. 또한 이들은 실제로 자신이 특별한 사람인 것처럼 행동한다. 자기에게는 그럴 자격이 있는 것처럼 행동하면서 타인을 착취하고 타인에게 공감할 줄 모른다. 극도로 오만하고 잘난 체하는 경향이 있지만 부끄러워하고 수치심에 휩싸일 수도 있다. 어느 날은 자신이 특별한 사람이라고 생각하다가 다음 날은 아무 쓸모없는 사람인 것처럼 생각하는 식으로 마음이 자꾸 흔들린다.

어느 쪽이든 그들은 관심과 칭찬과 인정, 또는 특별한 배려를 요구한다. 다른 사람 눈에 자기가 어떻게 보이는지에 대한 감각이 거의 없기 때문이다. 또한 그들은 사람들에게 확실하게 좋은 인상을 남기고자 이를 악물고 싸운다. 자기애성 인격 장애가 있는 사람에게 타인은 한낱 거울에 불과하다. 그리고 그 거울은 그들이 아주 간절하게 보고 싶어 하는 자신의 특별한 모습을 비추는 동안에만 쓸모가 있다.

만약 그 쓸모가 자기와 비교해 다른 사람을 깎아내리는 것, 말하자면 직장 동료가 기획한 프로젝트를 망치는 것을 의미한다면 기꺼이 그렇게 한다. 그 사람보다 자신이 나아 보이게 만든다. 인생은 경쟁의 연속이기 때문에 그들은 다른 사람이 가진 것을 시기하고 질투하기 일쑤다. 그리고 상대방도 그 사실을 알게 한다.

옆 사람이 사이코패스라면

당연하게도 극단적 나르시시스트의 특권 의식은 공감뿐 아니라 결국 윤리와 도덕이 설 자리마저 잃게 만든다. 감정을 드러내지 않는 가장 냉담한 나르시시스트는 사이코패스일 가능성도 있다. (모든 사이코패스는 나르시시스트이지만, 모든 나르시시스트가 사이코패스는 아니다.) 사이코패스는 대부분의 사람보다 두려움이나 염려나 후회의 감정을 훨씬 덜 느낀다. 가장 극단적인 경우에는 슬픔이나 불안, 죄책감, 회한이 전혀 없어 보인다.

사이코패스는 사람들을 자신의 목적을 이루는 수단쯤으로 취급하는데, 사이코패스의 이런 능력은 나르시시스트들의 일반적인 특권 의식을 훨씬 뛰어넘는다. 허풍이 심한 나르시시스트는 실제로는 고등학교를 중퇴해놓고 하버드대 졸업생이라고 거짓말을 할 수도 있지만, 실제로 학력을 위조할 생각은 하지 않는다. 그러나 사이코패스 나르시시스트는 어떤 식으로든 자신의 출세에 도움이 된다면 두 번 생각하지 않고 자금을 횡령한다. 가장 심각한 사이코패스 나르시시스트는 케른베르크가 묘사한 '괴물'과 아주 유사하다. 다른 사람들 생각은 거의 하지 않고, 자기가 저지른 실수를 마주할 때 아주 무섭게 분노한다.

그들은 나르시시즘 스펙트럼상 정확히 10에 위치한 사람들이다. 그들에게 다른 사람들은 더 이상 중요하지 않다. 보통 사람의 기분과 규칙은 더 이상 적용되지 않는다. 이런 나르시시스트들에게 자신이 특별하다는 생각은 유일한 존재 이유다. 그들은 약을 구하기 위해 무심코 사람을 죽이는 마약 중독자와 같다. 이 정도 수준의 자기애 중독에서 회복되는 것은 거의 불가능하다. 만약 간신히 회복하는 사람이 있다면, 도움을 청하는 법을 배워서 수년 동안 꾸준히 실천해왔기 때문이다. 혹시라도 누군가 위험한 나르시시즘의 징후를 보이면, 솔직히 말해서 도망치는 것이 최선이다.

다행히 우리 중에 살면서 범죄자 나르시시스트와 마주치는 사람은 별로 없을 것이다. 해로운 나르시시스트 중 우리가 마주하는 사람들은 훨씬 더 평범하다. 이기적인 연인, 형편이 좋을 때는 곁에 있다가 곤경에 처하면 등을 돌리는 친구, 무자비한 직장 동료처럼.

그런데 앞서 살펴보았듯이, 이런 무리가 다가오는 것을 알아채는 것이 늘 쉽지만은 않다. 결국, 미묘한 나르시시스트는 말 그대로 미묘하다. 그 사람의 진짜 모습을 알기 전까지는 그가 얼마나 공격적인지, 얼마나 특권 의식이 강한지, 얼마나 능숙하게 사람들을 조종하는지 확인할 기회가 없을 수도 있다. 그렇다면 어떻게 해야 피해를 입기 전에 문제를 알아챌 수 있을까?

PART
3

위험한
나르시시스트
상대하기

CHAPTER 7

이럴 때
피해야 한다

그들이 보내는 위험 신호

이제 에코이즘의 역학 관계에 익숙해졌으니 여러분 자신에게나 주위 사람들에게서 에코이즘을 발견하면 이에 대비할 수 있을 것이다. 그러나 에코이스트보다는 나르시시스트가 문제를 일으키는 경우가 많고, 이들에 관한 이야기가 훨씬 많이 알려져 있기 때문에 이 장에서는 나르시시스트를 찾아내고 그에게 대처하는 방법을 살펴볼 생각이다.

다행스럽게도, 지금 내가 제시하는 방법들은 스펙트럼의 양 끝에서 생기는 문제를 처리할 때 똑같이 사용할 수 있다. 그렇지만 여러분이 나르시시스트를 알아가는 데 조금 더 많은 시간을 써야 하는 이유는 또 있다. 나르시시스트를 알아보는 것이 말처럼 쉬운 일은 아니기 때문이다. 심지어 스펙트럼의 오른쪽 끝에 위치한 극단적 나르시시스트마저도 알아보지 못할 수 있다.

특히 외현적 나르시시스트는 사람들을 철저히 매혹하는 데 아주 능숙해서 우리 마음을 쉽게 사로잡을 수 있다. 일단 처음에는 그렇다. 그들은 회사에서 승진하거나 파티의 스타가 될 수도 있다. 그들과 연애를 한다면, 그들은 여러분에게 선물과 관심을 아끼지 않을 것이다. 심지어 자기애성 인격 장애가 있는 사람들도 자신에게 만족하고 기분이 좋을 때는 훌륭한 벗이 될 수 있다.

그러나 연구 결과가 보여주듯이, 결국 그들의 매력은 약해지고 때로는 몇 주, 때로는 수개월에서 수년 내에 특권 의식과 속임수가 드러나기 시작한다.

감정을 회피하는
다섯 가지 조기 징후

그러면 여러분이 나르시시스트와 같이 있다는 사실을 조기에 알려주는 징후가 있진 않을까?

있다. 나르시시스트는 슬픔, 두려움, 외로움, 걱정을 포함해 사람들이 일반적으로 느끼는 취약한 감정을 회피한다. 어떤 관계에서든, 우리는 실수를 하고 타인에게 상처를 줄 수밖에 없다. 일진이 사나운 날, 이를테면 직장에서 생긴 문제나 자녀들과의 입씨름으로 인내심이 바닥난 날에는 "우유 사왔어?" 같이 배우자가 아무 악의 없이 한 질문에 버럭 성질을 부리기 쉽다.

머릿속에 걱정이 한가득인 날에는 사랑하는 사람과 입을 맞추거나 인사를 건네는 것마저 잊어버리기도 한다. 미안하다고 사과하고 의도했든 안 했든 자신이 상처 준 것을 인정하면, 이런 가벼운 상처는 쉽게 회복된다. 그리고 대부분의 사람은 마음이 가라앉으면 자신의 잘못을 인정하고 상대방에게 사과한다. 사랑하는 사람들과 교류하다 보면 상처 입기 쉬운 인간의 연약함과 더불어 건강하지 못한 나르시시즘이 감추려고 하는 모든 감정을 공유할 수밖에 없다.

그런데 나르시시스트들은 뉘우치거나 후회하는 감정을 드러내는 것이 불가능한 사람처럼 보인다. 나르시시스트는 정상적인 인간의 연약함을 감추기 위해 예측 가능한 몇몇 심리 전략에 의존한다. 바로 이것이 그가 나르시시스트임을 폭로하는 징후다.

이번 장에서는 건강하지 못한 나르시시즘의 다섯 가지 조기 징후를 자세히 살펴볼 텐데, 이런 징후는 연인뿐 아니라 가족과 친구, 직장 동료에게서도 나타날 수 있다. 사실, 어떤 관계에서나 가끔 이런 징후들이 드러날 수 있다. 자기 능력이나 지위나 관계에 불안감이 생기면 누구나 이런 행동을 하기 쉽다.

그런데 자신은 특별하다는 생각에 집착하는 사람들은 항상 이런 책략을 사용한다. 이것이 나르시시스트와 보통 사람들의 차이다. 혼란스러운 시기에 이런 행동 가운데 한두 가지를 하는 우리와 달리, 나르시시스트는 대개 이 모든 책략을 한꺼번에 쓴다. 심지어 특권 의식에 휩싸이기까지 수년이 걸리는 미묘한 나르시시스트마저도 이런 책략에 과도하게 의존한다.

그들은 더 해로운 행동을 하기 한참 전에, 문제가 생길 것이라는 암시를 직접 주기도 한다. 그들을 면밀하게 조사하라. 그러면 삶의 모든 영역에서 나르시시즘 징후를 알아챌 수 있다.

마크는 이십 대 초반의 은행원으로 대학원 진학을 준비 중이다. 여자친구 미아와 사이가 틀어져서 나를 찾아왔다.

"이유를 딱 꼬집어서 말할 수는 없어요. 그런데 갈수록 불안해져요." 마크는 혼란스러워하며 고개를 저었다. "처음에는 모든 게 좋았어요. 미아는 가능하면 많은 시간을 저랑 함께 보내고 싶어 했어요. 주말에는 밴드 공연을 보러 다녔는데 너무 많아서 밴드 이름을 다 기억하기 어려울 정도였죠. 미아는 공연 몇 시간 전에 입장권을 보여주거나 전화로 얘기했어요. '같이 볼 새 밴드가 생겼어.'" 이야기를 하다 보니 그때의 추억이 떠오르는지 마크가 활짝 웃었다. "매주가 새로운 모험이었어요."

마크가 미아에게 끌린 건 활기찬 성격 때문만은 아니었다. "미아는 정말 아름다워요!" 마크는 나를 처음 만났을 때 그렇게 소리치며 내게 휴대전화에 저장해둔 사진을 보여주었다. 두 사람이 해변에 함께 있는 사진이었다. 미아의 풍성한 검은 머리가 등을 지나 허리까지 출렁이듯 흘러내렸다. "머리를 손질하는 데만 몇 시간씩 써요." 마크는 휴대전화를 무릎에 올려놓았다. "솔직히 말할게요. 처음엔 미아의 외모에 끌렸어요. 하지만 꼭 예뻐서 사귄 건 아니에요. 미아는 내가 꽤 괜찮은 사람이라는 기분이 들게 해줘요."

"어떻게요?"

"예를 들면, 미아는 저를 '미스터 라이트(Mr. Right, 이상적인 남자)'라고 불러요. 같이 침대에 누워 있을 때면, 세상에서 가장 똑똑하고 잘생긴 남자를 만났으니 자기는 아주 운이 좋은 사람이라고 말하곤 했어요. 만난 지 한 달밖에 안 됐을 때였어요!" 마크는 방금 한 말을 곰곰이 생각하는 것처럼 천장을 바라보며 의자를 뒤로 젖혔다.

"뭔가 문제가 생겼나요?" 내가 물었다.

"그런데 가끔은 조금 이상한 기분이 들어요." 마크가 속마음을 털어놓았다. "그런 말을 할 만큼 저에 대해 잘 아는 건 아니거든요. 우린 이제 막 사귀기 시작했으니까요."

돌이켜보니 다른 행동들도 조금 이상하게 느껴졌다. 미아는 마크를 요모조모 칭찬했다. 그런데 자신이 좋아하는 밴드나 영화를 마크 역시 마음에 들어 하는 기색을 조금이라도 보이면, 유난히 더 과장해서 그를 칭찬했다. "이래서 나는 너랑 있는 게 정말 좋아." 미아는 달콤하게 속삭였다. "우린 취향이 비슷해서 정말 행복해!" 마크는 미아가 좋아하는 밴드와 자기가 좋아하는 밴드가 그다지 일치하지 않는다는 사실을 말하지 않고 비밀로 간직했다.

"왜 말하지 않기로 했나요?" 내가 물었다.

"중요하지 않은 것 같아서요. 미아가 좋아하는 밴드 음악을 나도 어느 정도는 좋아한다고 생각해요. 그리고 여자 친구가 신나서 한 말인데 구태여 찬물을 끼얹을 필요는 없잖아요."

그런데 최근에는 미아가 그리 신나 하는 것 같지가 않았다. 미아는 갈수록 약속 시간에 늦기 시작했다. 변명도 다양했다. 머리를 손질하느라, 피곤해서, 배고프지 않아서 등. 마크가 그녀를 기다리는 날이 점점 더 많아졌다. 한번은 약속 시간보다 두 시간이나 늦게 나타나서 무덤덤하게 말했다. "영화를 마저 보고 오느라고." 마크가 당황해서 실망감을 표현하려 하자 그녀는 불쑥 이렇게 말했다. "다시는 나한테 집착하지도 말고 불안해하지도 마." 미아는 미소를 지으며 마크에게 입을 맞췄다. 하지만 마크는 미아의 애정 표현에도 안심이 되지 않았다.

마크의 불안감은 계속되었다. "미아를 보고 싶어서 내가 무슨 말을 하거나, 우리 두 사람에게 무슨 일이 일어나고 있는지 궁금해하면 그녀는 이렇게 말해요. '걱정 좀 그만해. 매 순간 같이 있을 순 없잖아.'" 마크는 머리를 긁적였다. "처음에 매 순간 같이 있고 싶어 했던 사람은 미아였는데."

"언제부터 달라졌어요?"

"제가 대학원 진학을 준비할 때부터요." 마크가 서글픈 목소리로 말을 이었다. "계속 제게 다른 학교들도 알아보라고 채근했어요. 그것도 위치나 연구 실적이 안 좋아서 제가 이미 제외시킨 곳들로요." 마크는 얼굴을 찡그렸다. "미아가 그 말을 했을 때 마치 세찬 파도처럼 극심한 공포가 저를 휘감았던 게 기억나요. 저는 미아의 의견을 존중해요. 내가 분수도 모르고 너무 깐깐하게 학교를 고른다는 소린가 싶어서 걱정이 되더라고요." 마크는 조금 불안한 느낌이 들어서 미래에 관한 대화를 뒤로 미뤄두었다.

"미아는 어떤가요?" 내가 물었다. "미아에게도 자기만의 계획이 있나요?"

마크에 따르면, 미아는 앞날에 관한 한 꽉 막혀 있었다. 미아는 고급 레스토랑에서 종업원으로 일하는데, 자기 일을 싫어했고 자신의 재능을 낭비하고 있다고 생각했다. "나 정도면 더 나은 일을 할 수 있는데 말이야." 미아는 화가 나서 씩씩댔다. "거기 사람들 모두 너무 지루해서 머리를 쥐어뜯고 싶을 정도야!"

미아는 대학원에서 영문학이나 문예창작학을 공부해볼까 하고 잠깐 생각만 해볼 뿐, 실제로 지원할 계획은 없어 보였다. 마크는 영문학 교수인 미아의 아버지에게 상의해보라고 다독였지만, 미아는 "신경도 안 쓰실 거야"라며 투덜거리기만 했다. 몇 번의 말다툼 끝에 마크는 집에 전화하라고 미아를 설득하는 걸 그만두었고, 미아는 마크가 입학 지원서를 작성하기 전까지는 대학원에 관해 다른 말을 하지 않았다. 그러다 마크가 지원서를 작성하기 시작하자 다시 관심을 보였다.

"네가 할 수 있으면, 나도 할 수 있을 거야!" 미아는 밝게 말했다. 그러나 어떤 서류도 제출하지 않았다. 마크가 계획을 묻자 짜증을 냈다. "넌 항상 뭔가를 걱정하는구나. 마음 좀 편하게 먹으면 안 돼?"

"이해가 안 돼요." 의자에 몸을 파묻으며 마크가 말했다. "미아는 제가 애정 결핍에 정신적으로 문제가 있는 사람처럼 생각하는 것 같아요. 미아 말도 맞아요. 지금은 그녀 곁에서 늘 긴장하고 있으니까요. 어떻게 해야 이런 불안감이 사라질까요?"

"사실, 핵심적인 질문은 미아가 덜 불안해하도록 도우려면 어떻게 해야 하느냐 아닌가요?" 내가 말했다. "미아는 자신이 초라한 것 같아 어쩔 줄 몰라 하는 거예요. 당신에게 자기 의견을 강요하는 건 그래야 우쭐한 기분이 들기 때문이지요."

위험 신호 1, 화를 내거나 화제를 돌린다

나르시시스트들은 사실 극도로 불안정한 사람들인데, 사람과 사람 사이의 상호작용은 그들에게 아주 두려운 문제를 제기한다. 이들이 자신감을 강화하기 위해 즐겨 사용하는 방법이 하나 있다. 자신은 완벽하게 자립할 수 있고 타인의 행동과 기분에 휘둘리지 않는다고 상상하는 것이다. 그래서 그들은 여러분이 한 행동이나 말 때문에 기분이 상하거나 상처를 입어도 내색하지 않는다. 대신에 화가 나서 길길이 날뛴다. 이는 정말로 화가 났을 때 우리 모두 하는 행동이다.

그런데 나르시시스트는 이때 우월감을 함께 드러낸다. 그들은 거들먹거리며 잘난 체한다. 어쩌면 여러분의 부족한 점을 전부 지적할지도 모른다. 그들이 허세를 부리면서도 길길이 날뛰고 고함치는 가장 큰 목적은 여러분이 한 행동 때문에 자기 기분이 상했다는 사실을 감추는 데 있다. 일부 나르시시스트는 무섭게 비난을 퍼부으면서도 "나는 지금 소리를 지르는 게 아니야"라고 한다.

감정 공포증은 이보다 훨씬 더 조용하게 표출될 수도 있다. 건강하지 못한 나르시시즘은 슬픔이나 두려움과 같이 연약한 감정을 회피하려는 시도이기 때문이다. 나르시시스트는 대개 자신의 감정뿐 아니라 모든 사람의 감정을 멀리하려 한다. 마크가 대학원 진학에 관한 두려움을 털어놓으려고 할 때마다 미아는 입을 다물거나 화제를 돌렸다. 부분적인 이유는 마크가 꺼낸 화제가 그녀 안에 있는 불안을 건드렸기 때문이다. 미아는 자신의 불안감을 누구와도 공유할 생각이 없었다. 그의 슬픔이 그녀의 슬픔을 건드렸다. 그의 두려움이 그녀의 두려움을 자극했다. 마크가 앞날에 관한 이야기를 꺼내자마자 미아는 아무 계획이 없는 자신의 처지가 생각났다.

많은 미묘한 나르시시스트가 그렇듯, 미아는 그런 이야기가 불편하다고 말하는 대신 두 사람이 함께 보러 갈 새 밴드에 관해 신나게 이야기하면서 화제를 돌렸다.

위험 신호 2, 자신의 감정을
상대에게 떠넘긴다

감정 공포증이 감정을 몹시 불편해하는 심리를 의미한다면, 뜨거운 감자를 떠넘기듯 감정을 떠넘기는 행동은 일종의 감정 제거 전략이다. 이 전략은 지금 불편한 감정에 휩싸여 있는 장본인은 내가 아니라 바로 너라고 우기면서 자신의 감정을 부인하는 더 교활한 투사(投射)에 해당한다.

아무리 전화를 해도 받지 않고 며칠이 지나도 회신조차 하지 않더니 대뜸 "나한테 뭐 화난 거 있어?"라고 묻는 친구가 있다. 여러분이 남긴 메시지에 친구가 아무런 답을 하지 않았다는 점을 감안하면, 화난 사람은 여러분이 아니라 친구일 가능성이 크다. 그러나 친구는 자신의 감정을 인정하는 대신 도리어 여러분이 자기에게 꽁해 있다고 비난한다.

이 경우, 자신의 감정과 타인의 감정을 단순히 혼동하는 것이 아니다. 그들은 실제로 자신이 처음에 무시하려 한 감정을 여러분더러 경험하라고 강요한다. 부부 중 한 사람이 이런 성향인 경우, 그는 "당신은 왜 항상 화가 나 있어?"라는 말로 배우자를 맹렬히 비난하기도 한다. 처음에는 화가 안 났더라도, 상대방이 그렇게 퍼부으면 아마 여러분도 화가 날 것이다. 이것을 바로 '뜨거운 감자 떠넘기기'라고 한다. 배우자의 마음속에서는 분노가 빠져나가고 여러분 마음은 분노로 차오른다. 마치 이렇게 말하는 것과 같다. "나는 이런 기분 싫어. 자, 네가 가져가."

미래가 불안했던 미아는 마크의 내면에 있던 걱정을 부추겼다. 미아는 마크에게 왜 그렇게 들어가기 힘든 학교를 골랐냐고 다그쳤다. 그 말은 마크가 그 학교에 들어갈 수 없을 거라는 의미였다. 이런 전술을 써서 미아는 자기가 마크보다 인생 관리를 더 잘한다고 확신했다. 미아는 그런 식으로 우월감을 느꼈다.

여러분이 하는 일을 즉각적으로 평가하는 친구가 있다. 그런데 칭찬하는 동시에 헐뜯기 일쑤다. "나쁘지는 않네. 그런데 기대는 하지 마". 여러분 스스로 무언가를 결정하려고 할 때마다 간섭하는 부모도 있다. "왜 그렇게 했니?" 여러분이 아이디어를 내려고 할 때마다 말없이 노려보면서 말문을 막아버리는 상사도 있다. '자기 집 현관을 밝히겠다고 이웃집 현관 불을 끄지 마라'라는 속담을 들어본 적 있는가? 스펙트럼의 오른쪽 끝에 위치한 사람들은 이웃집 현관 불을 끄기를 좋아한다.

아마 미아는 자기가 마크의 자신감을 떨어뜨렸다는 생각은 하지 못했을 것이다. 스펙트럼상 8~10에 위치한 사람들은 친구들과 연인에게서 부족한 점을 보면 즉시 집어낸다. 더러는 일부러 화를 돋우려고 저러나 싶을 때도 있다.

위험 신호 3, 상대가 먼저 포기하게 만든다

또 하나의 위험 신호는 책임자의 자리에 있으려고 끊임없이 뭔가를 요구하는 것이다. 나르시시스트는 일반적으로 도움을 청하거나 자신의 욕구를 직접적으로 알리는 것을 거북해한다. 그런 행동은 사람들에게 의존하는 자신의 현실에 직면하게 만들기 때문이다. 이런 이유로 그들은 자기가 원하는 것을 손에 넣기 위해 대개 행사를 주선한다. 직접 뭔가를 부탁할 필요가 전혀 없는 아주 편리한 방법이다.

마크가 새로운 밴드의 공연을 보러 가고 싶어 할 때면 미아는 콘서트에 갈 수 없는 이유를 나열하곤 했다. 거리가 너무 멀다거나, 입장료가 너무 비싸다거나, 시간이 너무 늦다는 식이었다. 그런데 그녀가 새로운 공연을 보러 가고 싶을 때는 거리나 입장료가 전혀 문제 되지 않았다. 대개는 입장권을 미리 구입했다. 미아는 마크와의 관계에서 어떤 부탁도 하지 않고 자기가 원하는 경험을 손에 넣는 방법을 찾았다.

몇 가지 예를 더 살펴보자. 여러분이 평상시와 다른 계획을 세울 때마다 마지막 순간에 전화를 걸어 취소하는 친구가 있다. 이런 사람들은 절대로 '나는 이것보다 저걸 더 하고 싶다'고 말하지 않는다. 그저 여러분이 세운 계획을 무효로 만들 뿐이다. 여러분이 하고 싶은 일을 제안할 때마다 질겁하거나 입을 다물고, 자기가 염두에 둔 일 쪽으로 대화를 몰고 가는 사람들도 있다. 내가 아는 사람 중에는 아무 연락도 없이 불쑥 나타나 모두 하던 일을 멈추고 한밤의 오디세이에 동참하자고 신이 나서 친구들을 조종하려던 사람도 있었다. 아주 재미난 방법으로 사람들을 교묘히 조종하지 않는가! 자기가 선택한 모험에 사람들을 끌어다 놓으니 말이다.

미묘한 나르시시스트는 사람들을 서서히 조종한다. 천천히, 깨닫지 못한 사이에 누군가의 기호와 바람에 따라 움직인다면 이미 그 사람의 영향권 안에 들어갔을 수도 있다. 그러면 어느 날 여러분은 자신이 무엇을 원했는지 하나도 기억하지 못한다.

이것은 여러분의 자유에 대한 노골적인 공격이라기보다는 오랜 시간에 걸쳐 여러분의 의지를 약화시키는 소모전과 같다. 결국 나르시시스트들은 누구에게 어떤 부탁도 하지 않고 자기가 원하는 것을 손에 넣는다.

위험 신호 4, 상대가
우쭐해지도록 떠받든다

미아는 건강하지 못한 나르시시스트의 공통된 습관을 또 하나 드러냈다. 그녀는 마크를 떠받들었다. 사실 마크는 그녀에게 칭찬을 들은 첫 번째 사람도 아니었고, 아마 마지막 사람도 아닐 것이다. 두 달에 걸쳐 나와 상담을 하는 동안 마크는 미아가 다른 남자를 만나고 있다는 걸 알았다. 그리고 그 남자 역시 미아가 요구하는 조건을 모두 갖춘 완벽한 남자였다.

사람들을 떠받드는 것이 왜 나르시시즘의 위험 신호일까? 그들이 친구나 연인, 상사를 강박적으로 떠받들 때, 그것은 자신이 특별하다고 생각하려는 또 하나의 방식일 뿐이기 때문이다. 이를테면 이런 논리다. '이렇게 특별한 사람이 나를 원한다면, 나 역시 아주 특별한 사람임이 분명해.'

이런 기분을 조금 즐기는 것은 아무 문제가 없다. 자기 친구와 연인을 실제보다 더 좋게 보려는 기꺼운 마음은 건강한 나르시시즘의 특성 중 하나다. 우리가 사랑하는 사람들의 기분을 북돋으면 우리 기분도 덩달아 좋아진다. 낙관적인 눈으로 연인을 바라보는 것이 행복한 관계를 암시하는 가장 강력한 예측 변수 중 하나인 이유가 여기에 있다.

그러나 사람들의 결점을 눈감아주는 것과 결점을 모조리 없애려고 하는 것은 다르다. 미아 같은 나르시시스트는 상대방의 결점을 없애려고 애쓴다. 그들은 여러분이 평범한 인간이라는 생각은 아예 하지 않는다. 불완전한 인간은 늘 실망을 안겨주기 때문이다. 처음에 미아는 마크가 늘 옳다고 생각했고, 그렇게 생각하는 동안에는 그와 같이 있으면 안심이 되었다. 그런 상태는 마크에게 의존하는 데서 생기는 위험을 모두 제거해주었다. 어떤 식으로든 상처받는 것이 너무 두려울 때 여러분 곁에 신이 있다고 생각하면 위안이 된다.

그러나 우상숭배에는 언제나 대가가 따른다. 가장 확실한 대가는 깊이 있는 관계의 부재라 할 수 있다. 관계를 지키기 위해 상대방을 우러러보고 미심쩍은 점이 있더라도 일단 믿어주면, 실망스러운 일이 생기더라도 이를 쉽게 뛰어넘고 친밀함을 유지할 수 있다. 그러나 상대방을 높은 단 위에 앉혀두고 그곳에 가만히 있으라고 고집하면 친밀감이 사라지고 만다. 둘은 수직 관계가 되고 거리감이 좁혀지지 않는다.

두 사람이 처음 만난 지 2주가 채 안 됐을 때 미아는 그를 볼 때마다 감탄을 연발했는데, 마크에게는 그런 말들이 거짓으로 들렸다. 미아가 아주 멋진 남자를 만난 것처럼 호들갑을 떨 때 마크는 뿌듯한 것이 아니라, 미아가 자기를 제대로 본 건가 싶은 생각이 들었다. 미아는 자기가 보고 싶은 모습만 보았다. 마크는 미아가 자기를 더 이상 완벽한 남자라고 생각하지 않으면 어떻게 될지 걱정했다. 떠받드는 행동이 야기하는 또 다른 문제. 거기에서 빠져나오는 길은 한 가지뿐이다. 높은 단에서 내려오는 것.

위험 신호 5, 영혼의 단짝을
찾아 헤맨다

스펙트럼의 오른쪽 끝에 위치하는 많은 사람이 그렇듯이, 미아는 마크와의 관계가 시작될 때 둘 사이에 다른 점보다 비슷한 점이 더 많다는 증거를 끊임없이 찾고 있는 것처럼 보였다. 실제로 미아는 두 사람이 많이 닮았다는 증거를 마음속에 차곡차곡 모았고, 마크에게도 그런 생각을 주입하려고 애썼다.

똑같은 열정과 두려움, 똑같은 생각과 관심사를 가진 영혼의 단짝을 찾은 것 같아 기분이 좋다. 마치 거울을 들여다보는 것 같다. 쌍둥이가 생기면 끊임없이 확인을 받을 수 있다. 옆에 쌍둥이가 있으면, 내 생각이 일리가 있고 내 소망이 중요하고 내 욕구가 중요하다고 스스로에게 말할 수 있다. 돋보이기 위해 독특한 재능이나 미모를 갖출 필요도 없다. 아주 독특하고 멋진 관계로 다른 사람들과 나를 구분할 수 있다.

쌍둥이 판타지는 완벽하다는 착각에 빠질 것을 요구하지 않는다. 우리가 가진 결점과 약점 속에서 뒹굴어도 서로 칭찬하며 자신의 모습에 만족할 수 있다.

나르시시스트는 사람을 도취하게 하는 쌍둥이 관계라는 불빛 아래서 짝을 이루어 막대한 피해를 입히곤 한다. 짝을 이루면 서로에게 유익하다. 빛이 가장 희미한 별들도 서로 뭉치면 하늘을 환히 밝힌다. 이 세상에서 내가 중요한 존재일까 고민하고 방황하는 청소년들이 종종 자기와 엇비슷한 친구와 짝을 이루거나 그룹을 이루는 이유도 아마 여기에 있을 것이다. 비슷한 친구들과 짝을 이루면, 초라한 기분만 들게 하는 어른들의 세상에서 나도 중요한 사람이라는 느낌이 든다. 비슷한 방식으로 젊은 연인들은 자기와 똑같은 시선으로 세상을 보는 사람을 찾았다는 사실에 놀라워하며 서로의 눈을 응시한다. "우린 항상 잘 통한다니까." 그들은 맞은편에 앉은 연인에게 그렇게 속삭인다. 아무도 관심을 기울이지 않을 때도 두 사람은 언제나 서로에게 관심을 기울인다.

짝짓기는 두 가지 방식으로 상처 입기 쉬운 감정을 회피한다. 첫째, 너와 내가 완벽하게 똑같다면, 다시 말해 우리가 한마음이라면 두려움은 모두 사라진다. 다른 점이 없으면 실망할 일도 없다. 우리는 똑같은 것을 원한다. 우리는 정확히 똑같은 방식으로 사랑하고 사랑받고 싶어 한다. 둘째, 쌍둥이 판타지는 누군가에게 의존하는 것과 관련된 모든 위험을 효과적으로 회피한다. 즉 너와 나는 모든 부분에 의견을 같이하기 때문에 네가 내 욕구를 만족시켜주지 않으려고 할까 봐 걱정할 필요가 전혀 없다. 너는 그냥 그렇게 해줄 테고, 나는 부탁조차 할 필요가 없다.

바로 이것이 미아가 마크에게 친밀감을 갖고 접근했던 방식이다. 미아는 자기가 중요한 사람이라는 사실을 조금도 의심하지 않았다. 공연장에 같이 가자고 입장권을 들고 불쑥 찾아오거나 시간이 임박해서 전화를 해도 아무 문제가 없다고 생각했다.

황홀하긴 하지만, 쌍둥이 효과는 영원할 수 없다. 두 사람이 완전히 똑같을 수는 없는 노릇이다. 일란성 쌍둥이도 그건 불가능하다. 시간이 지나고 너와 내가 다르다는 사실이 분명해지면 현실이 시작된다. 이런 변화에 어떻게 대처하는지를 보면 그가 건강하지 못한 나르시시즘에서 벗어날 수 있는지 없는지 알 수 있다.

예를 들어, 미아는 마크가 더 이상 자기와 같은 방식으로 애쓰고 고

심하지 않는다는 사실을 참을 수 없었다. 마크는 좀 더 자신감이 생겼고 자신이 무엇을 바라는지 좀 더 분명하게 알았다. 그가 바라는 것이 미아가 바라는 것과 늘 일치하지는 않았다. 미아는 독립된 개인으로서 마크와 친해지고 서로의 차이점을 인정하고 받아들이려 하지 않았다. 미아는 처음에 쌍둥이 판타지에 집착했고 그 판타지를 더 이상 지속할 수 없게 되자 마크를 떠났다.

회피하는 사람들에게
다가가지 마라

어떤 관계는 본질적으로 다른 관계들보다 더 친밀하다. 일반적으로 우리는 직장 상사보다는 친구들과 더 많은 것을 공유한다. 직장 동료나 이웃보다는 가족에게 더 많은 모습을 보여준다. 어떤 위험 신호는 관계 초기에 나타날 수 있지만, 어떤 모습은 일정 수준까지 친밀감이 형성되어야만 확실하게 나타난다.

예를 들어, 가성에서는 선상하지 못한 나르시시즘이 어느 한 가지 위험 신호를 통해 쉽게 드러날 수 있다. 쌍둥이 판타지는 조용한 나르시시스트 부모들이 흔히 쓰는 책략이다. 예를 들어, 한때 예술가를 꿈꿨던 어머니는 일곱 살 된 딸아이가 축구에 재능을 보여도 무시하고 묵살하면서, 낙서하듯 대충 뭔가를 그리기만 해도 칭찬한다. 자기애가 강한 언니는 동생이 합리적인 결정을 내려도 매번 이의를 제기하면서("그게 정말 네가 하고 싶은 일이야?") 감정적 뜨거운 감자를 떠넘김으로써 동생보다 자기가 더 현명하다는 생각을 계속 굳혀나갈 수 있다.

자기애가 강한 친구들도 이러한 전술을 사용한다. 여러분이 밤에 외출하려 할 때마다 친한 친구가 옆에서 아주 능숙하고 은밀하게 여러분을 조종할 수 있다. 또한 그 친구는 여러분이 감정에 관한 화제를 꺼낼 때마다 회피할지 모른다. 그러나 어떤 관계보다 교우 관계에서 자주 나타나는 전술이 바로 쌍둥이 판타지다. 이는 십 대들과 이십 대 초반의 성인에게 흔한 현상이다.

　그러나 삼십 대에 접어들수록 신중해져서 친구와 똑같이 행동하는 것에 부담을 느낀다. 쌍둥이 관계는 낭만적인 사랑에 빠지기 직전까지 강한 정서적 유대감을 형성하고, 미묘한 나르시시스트는 대개 이렇게 유대감이 강한 관계를 잘 이어나간다. 이런 관계는 남성들보다 여성들 사이에서 더 흔하지만, 남성 나르시시스트들도 이따금 '쌍둥이 관계'를 형성한다.

　직장에서는 쌍둥이 관계가 훨씬 드물지만 전혀 없는 것은 아니다. 이따금 관리자들은 자기처럼 옷을 입고 자기처럼 행동하면서 옆에서 알랑거려줄 조수를 찾는다. 어쩌면 여러분은 직장에서 상사를 떠받들며 아부하는 동료를 발견할 수도 있다. 그래도 직장에서 가장 흔하게 쓰이는 전술은 단연 뜨거운 감자 떠넘기기다.

　우리의 직장 상사와 동료들은 어떻게 하면 자신이 더 유능한 사람이 된 것 같은 기분이 들지 그 방법을 모색한다. 여러분의 일거수일투족에 이의를 제기하는 것보다 더 좋은 방법이 있을까? 업무 능력은 성과로 평가된다. 일을 하면서 사람들의 아이디어와 유능감을 폄하할 기회는 많다. 여러분의 상사나 동료는 여러분이 내놓는 모든 결과물에 쉴 새 없이 질문을 던질 수도 있다.

또는, 변변치 않은 지침을 제안했다가 실패하면 기다렸다는 듯이 여러분을 비난할 수도 있다. 이런 일을 벌이기 위해 구태여 여러분을 알아갈 필요는 없다. 오히려 여러분과 친하지 않을수록 성공할 가능성이 크다. 극단적 나르시시스트는 마치 저격수처럼 표적과 거리를 유지하는 쪽을 더 좋아한다. 여러분은 그들이 감정에 거부반응을 보이거나 완벽했던 자신의 어린 시절에 관해 이야기하는 모습을 옆에서 목격할 만큼 그들과 가까워질 일이 거의 없을 것이다. 여러분은 종종 그들에게 무차별 공격을 받는 듯한 기분이 들 것이다. 그런데 그런 기분 역시 그들의 상태를 예측하는 단서가 된다.

어떤 위험 신호가 나타나는지와 관계없이, 감정을 인정하지 않고 회피하는 것이 버릇이 된 사람들과 더 친해지고 진정한 관계로 발전하길 바라는 일은 한마디로 가망 없는 짓이다. 그들은 자기 내면의 두려움이나 자신의 판단력에 지나치게 집착하는 탓에 누군가와 진실하게 마음을 나눌 줄 모른다.

건강하지 못한 나르시시즘이 감정 불구를 만드는 이유가 여기에 있다. 건강하지 못한 나르시시즘에 빠진 사람들은 자기가 중요한 사람이라는 생각에만 근시안적으로 집중하느라 타인이 아닌 자기 자신과 밀회를 나눈다. 그들에게 다가가는 유일한 방법은 여러분이 그들에게 어떤 정서적 영향을 받았는지 매번 확실하고 명쾌하게 설명하는 것이다. 많은 사람이 나르시시스트를 훈계하거나 그가 저지른 잘못을 줄줄 읊는 방식으로 효과를 보았다고 오해한다. 그런데 그들에게 다가가 변화를 이끌어내는 더 효과적인 방법이 있다.

CHAPTER 8

가족, 친구, 연인 상대하기

외면할 수 없는 사람을 변화시키는 법

애비는 삼십 대 중반의 간호학과 학생이다. 6개월가량 네드라는 남자를 만나왔는데, 몇 가지 문제 징후를 발견하면서 나를 찾아왔다.

"처음에는 저를 공주 대하듯 했어요." 애비는 혼란스러운 듯 미간을 찌푸리며 이야기했다. "데이트 후에는 네드가 항상 먼저 전화를 걸어 수다를 떨었고, 제 말 한마디 한마디에 귀를 기울여줬어요. 그런데 최근에는 대화를 나눌 때 따분해하는 표정이더라고요. 우리 엄마가 항암 치료 중이라고 이야기했는데, 제 말이 끝나자마자 자기가 직장에서 칭찬받았다고 자랑하는 거예요. 마치 내가 옆에 없는 것처럼 혼잣말을 늘어놓더라고요." 이 말을 하고 애비는 팔짱을 꼈다. 화가 나서 얼굴이 붉어져 있었다. "어제는 더 이상 참을 수가 없었어요. 그래서 말했죠. '내 말 안 들은 거야? 우리 엄마가 아프다고!'"

"그랬더니 뭐래요?" 내가 물었다.

"제가 너무 예민하대요. 자긴 듣고 있었다고!" 애비는 다시 화가 치미는 듯했다. "그 사람이 그렇게 나오면 어떻게 해야 할지 모르겠어요! 선생님이 얘기하셨던 위험 신호가 보여요. 그에게 내가 할 수 있는 건 입을 꾹 다물든가, 내 입장을 고수하기 위해 싸우든가 둘 중 하나라고 말했어요. 가망이 없는 건가요? 그냥 헤어져야 할까요?"

바뀌지 않는다는 건 고정관념이다

애비는 나르시시스트를 상대하는 많은 이가 고민하는 어려운 상황에 직면해 있었다. '지금이 헤어져야 할 때인가, 아니면 더 노력해야 하나? 아마도 더 중요한 질문은 이게 아닐까? 이런 관계를 이어가는 것이 과연 가치 있는가? 상황이 나아질 가망이 있는지 그렇지 않은지에 따라 대답은 달라진다.

문제는 '나르시시스트는 바뀔 수 없다'는 생각이 우리 머릿속에 주입되어 있다는 사실이다. 자기는 지금 이대로도 완벽하다고 생각하는 사람이 과연 변화를 위해 노력하겠는가? 그런데 이런 생각을 당연하게 받아들이면 궁지에 빠질 수밖에 없다. 모든 나르시시스트가 변화될 가망이 없다면, 그들 옆에 계속 있으려고 하는 건 미친 짓이다. 만약 여러분이 그 길을 선택한다면(아이고 맙소사), 아마도 이치에 맞는 일을 하려 할 것이다. 자신을 보호하는 일 말이다. 입을 다물어버리거나 울분을 쏟거나, 아니면 애비처럼 둘 다 조금씩 시도해볼 것이다. 그러나 이런 반응으로는 관계를 조금도 개선할 수 없다.

했던 말을 주워 담거나 살얼음판 위를 걷듯 눈치나 보면서 움츠러들면, 그들의 나르시시즘을 강화할 뿐이다. 실제로 에코이스트와 나르시시스트가 종종 짝을 이뤄 양쪽 모두에게 독이 되는 사랑을 만들어가곤 한다. 특히, 사람들을 아주 잘 돌보고 공감 능력이 뛰어난 에코이스트는 나르시시스트에게 끌린다. 에코이스트는 보통 자기 자신보다는 다른 사람에게 초점을 맞추기 때문이다. 그러나 이런 관계는 괴물을 만들어내고 만다. 사랑받는다는 것은 두 사람의 관계에서 한 사람만 목소리를 낸다는 뜻이라고 굳게 믿는 나르시시스트의 신념을 에코이스트들이 확인시켜주기 때문이다.

감정을 표출하는 길을 택하면, 다시 말해 자신이 느끼는 분노와 당혹감을 폭발시키면, 우리는 되든 안 되든 자신의 나르시시즘으로 타인의 나르시시즘에 맞서는 셈이다. 천성적으로 베풀고 돌보는 일을 좋아해도, 자신이 공격받는 상황에서 한층 더 이타적이 되는 사람은 거의 없다. 실제로 우리는 대개 자신을 방어할 때 동정심을 덜 보인다. 그런 의미에서 격렬한 분노는 우리 모두를 나르시시스트로 만든다. 자신의 특별함을 증명하는 싸움에 모든 시간을 할애하면, 변화는 불가능해진다.

보살핌, 너그러움, 상냥함
자비심, 따뜻함

그러나 조금 더 희망적인 새로운 견해가 있다. 최근 연구에 따르면, '한번 나르시시스트는 영원한 나르시시스트'라는 암울한 견해가 반드시 들어맞는 것은 아님을 알 수 있다. 좀 더 유순하게 접근하면, 많은 나르시시스트가 정서적으로 부드러워지는 것 같다. 안정된 사랑을 받고 있다고 느낄 때 그 보답으로 그들은 더 사랑스러워지고 더 헌신적이 된다.

노스웨스턴 대학교 심리학자 엘리 핀켈(Eli Finkel)과 조지아 대학교 심리학자 키스 캠벨, 로라 버파디(Laura Buffardi)는 '나르키소스의 변신(The Metamorphoses of Narcissus)'이라는 영리한 제목의 연구에서 깜짝 놀랄 만큼 새로운 개념을 소개했다. 수십 년에 걸친 연구 결과, 나르시시스트는 사랑과 헌신의 가치를 낮춰 보는 경향이 있는 것으로 나타났다. 나르시시스트는 평범한 사람보다 자주 바람을 피웠고, 따뜻하고 배려심 있는 배우자를 얻는 데 거의 관심을 두지 않았다. (예를 들어, 그들은 대개 트로피 아내*나 트로피 남편**, 자신의 중요성과 매력을 인정해주는 연인을 더 선호했다.) 그런데 연구 팀에게는 궁금한 게 있었다. 올바른 '조언'을 들으면 나르시시스트도 사랑과 헌신을 조금 더 잘할 수 있을까?

연구진은 평균 연애 기간이 1년에서 1년 6개월 사이인 여자 대학생 39명과 남자 대학생 37명을 모집했다. 그리고 참가자들의 나르시시즘 수준을 측정한 다음 무작위로 두 그룹으로 나누고, 이미지가 휙 지나가는 컴퓨터 화면 앞에 앉게 했다. 한 그룹은 자동차, 나무, 축구 선수가 찍힌 이미지를 보았고, 다른 그룹은 학생의 숙제를 돕는 교사, 아기를 안은 젊은 여자, 휠체어에 탄 중년 여성을 돕는 나이 많은 남자 이미지를 보았

- * 성공한 중장년 남성이 수차례 결혼 끝에 얻은 젊고 아름다운 아내를 일컫는 용어.
- ** 성공한 아내 대신 가사와 육아를 책임지는 남편을 일컫는 용어.

다. 이들 이미지는 1,000분의 1초 동안 나타났다 사라졌다. 눈 깜짝할 사이다. 이렇게 순식간에 나타났다 사라지는 사진들은 의식적으로 기억하려 하지 않아도 뇌에 새겨져서 우리의 기분과 행동에 영향을 미친다.

이 식역하 점화(subliminal priming, 인간이 의식하지 못할 수준의 속도나 음량으로 영향을 미치는 자극)로 무엇이 드러났을까? 첫 번째 실험이 끝난 뒤 연구진은 참가자들에게 '헌신적인', '충실한', '신의 있는', '다정한', '충성스러운'이라는 단어가 컴퓨터 화면에 나타날 때 자기가 그런 사람이라고 생각하면 '네', 그러지 않으면 '아니오' 키를 누르게 했다. 그런 다음 '네'와 '아니오'의 수를 집계했다.

감정이 실리지 않은 중립적인 사진을 본 그룹에서 나르시시즘 점수가 높은 사람들은 '당신은 다정한가?', '당신은 배려심이 있는가?', '당신은 헌신적인가?', '당신은 충성스러운가?'라는 질문을 받았을 때, 대다수 나르시시스트와 똑같이 반응했다. 그들은 본래 그런 사람이 '아니기' 때문이다. 그러나 타인을 돌보는 사진을 본 그룹에서 나르시시즘 점수가 높은 사람들은 다섯 가지 특성 모두에서 깜짝 놀랄 정도로 빈번하게 '네'를 눌렀다. 실제로 이 연구에서, 돌보는 이미지의 효과는 아주 강력해서 나르시시스트가 연인에게 느끼는 헌신감이 일반 사람의 수준과 거의 비슷하게 나타났다. 단순히 돌보는 이미지를 보는 것만으로 나르시시스트가 사랑과 헌신을 더 많이 느꼈다고 연구진은 말했다.

연구진은 좀 더 장기적인 관계에서도 나르시시스트에게 이런 효과가 생기는지 궁금했다. 그래서 평균 혼인 기간이 6년차인 부부 78쌍을 조사했다. 연구진은 참가자들의 나르시시즘 점수를 매겼다. 그런 다음

각 참가자로 하여금 배우자가 본인에게서 다섯 가지 다정다감한 자질을 얼마나 잘 이끌어내는지 평가하게 했다. 다섯 가지 자질은 보살핌, 너그러움, 상냥함, 자비심, 따뜻함이었다.

모든 참가자는 자신이 배우자에게 얼마나 헌신적인지에 관해서도 스스로 평가했다. 4개월 뒤, 연구진은 추적 관찰을 했고 다음과 같은 사실을 알아냈다. 배우자가 자기에게서 다정다감한 자질을 잘 이끌어낸다고 생각하는 나르시시스트들은 4개월 전보다 지금 자신이 배우자에게 더 헌신적이라고 평가했다. 그러면서 '우리 결혼 생활이 영원하길 바랍니다'라는 진술에 상냥하게 '그렇다'라고 답했다. 실제로 '배우자에 대한 헌신' 항목에서 평범한 사람들보다 나르시시스트에게서 더 큰 변화가 나타났다. (내 배우자는 나의 다정다감한 자질을 잘 이끌어내지 못한다고 평가한 나르시시스트에게는 변화가 일어나지 않았다. 배우자에 대한 그들의 헌신은 여전히 낮았다.)

연구진은 세 번째 연구를 진행했다. 이번에는 막 동거를 시작했거나 최근에 약혼 또는 결혼을 한 커플 115쌍을 조사했다. 우선 개개인의 나르시시즘을 측정했다. 그리고 6개월 뒤, 연구진은 각 커플에게 6분간 인생의 중요한 목표에 관하여 의논하게 했다. 예를 들면 지출을 줄이고 저축을 늘린다든지, 살을 빼고 몸을 만든다든지, 좀 더 만족스러운 직업을 찾는다든지 말이다. 누구 못지않게 건강한 관계를 유지하는 커플이라도 감정이 동요할 수 있는 주제들이다. 그 후에 각 참가자는 파트너와 대화를 나누면서 그가 나를 '사랑하고 신경 쓴다'는 느낌을 얼마만큼 받았는지, 내가 '수완 있고 유능'하거나 '역량 있는 사람 같다'는 느낌이 얼마나 들었는지 평가했다. 또한 '대화를 나누는 동안 나는 우리가 매우 헌신적인 관계라는 느낌을 받았다'라는 진술에 얼마만큼 동의하는지도 점수를 매겼다.

고통스러운 감정을
숨기고 싶은 마음

파트너에게 사랑과 관심을 받고 있다고 느낀 나르시시스트는 자신이 수완 있고 능력 있다는 느낌만 받은 나르시시스트보다 자신이 관계에 더 헌신적이라고 느꼈다. 연구진은 나르시시스트들이 더 헌신적인 사람이 될 수 있다는 사실뿐 아니라, 단순히 그들의 자존심을 세워주는 것만으로는 그러한 변화를 이끌어낼 수 없다는 사실을 밝혀냈다.

앞으로 어떤 결과가 나올지 기대되는 연구이지만 한 가지 의문이 남는다. 실험에서 파트너가 자기에게 신경을 써준다고 말한 나르시시스트는 실제로 그렇게 느낀 걸까? 혹시 연구진에게 단순히 '올바른' 답을 준 건 아닐까? 이 질문에 답을 얻고자 서리 대학교 심리학자 에리카 헤퍼(Erica Hepper)와 사우스햄턴 대학교 심리학자 클레어 하트(Claire Hart)와 콘스턴틴 세디키데스(Constantine Sedikides)가 나르시시스트의 공감 능력 강화를 꾀하는 일련의 실험을 진행했다. 한 연구에서 연구진은 나르시시스트들에게 가정 폭력 피해자가 자신이 겪은 일에 대해 이야기하는 비디오를 보여주고 그녀의 기분이 어땠을지 말해보게 했다. ("그녀가 어떤 일을 겪었을지 상상해보세요. 자신이 비디오에 나오는 피해자의 입장이라고 생각해보세요.")

냉담하기로 소문이 자자한 것과 달리 이런 암시를 들은 나르시시스트들은 피해 여성의 곤경을 보고 생각이 바뀌었다. 연기가 아니었다. 그들은 거짓으로 꾸며낼 수 없는 공감의 징후를 보였다. 심장박동이 빨라진 것이다. (평소에 보는 짧은 뉴스 영상을 시청한 다른 그룹의 나르시시스트들은 심장박동이 빨라지지 않았다.)

나르시시스트가 바뀔 수 있는지 여부를 조사하는 연구가 지금까지 10여 건 이상 이루어졌다. 어떤 연구는 커플들을 지속적으로 추적 관찰했고, 또 어떤 연구는 실험실에서 사람들의 감정 반응을 녹화했다. 그리고 모든 연구가 같은 결론에 이르렀다. 좀 더 배려심과 동정심을 갖도록 나르시시스트를 격려하면 나르시시즘을 줄일 수 있다는 것이다. 참가자들을 6개월 이상 추적 관찰한 연구는 아직 없다. 그래서 이런 변화가 지속되는지는 확실히 알 수 없다.

그러나 연구자들은 이런 방식으로 나르시시스트들에게 끊임없이 다가가면, 시간이 흐르면서 스펙트럼상의 위치가 언젠가 변화할 것이라고 굳게 믿는다. 그러면 나르시시스트가 좀 더 다정다감한 마음을 갖도록 다독이려면 어떻게 해야 할까? 투명인간처럼 굴지 않고, 나 자신을 잃거나 맹렬한 비난을 퍼붓지 않고, 어떻게 나르시시스트들에게 대응할 수 있을까? 아직 희망이 있는지, 헤어지는 게 옳은지 어떻게 알 수 있을까?

여러분 주위에 숨어 있던 나르시시스트가 본모습을 드러내는지 한번 보자.

건강하지 못한 나르시시즘은 보통 사람의 취약점, 특히 불안, 슬픔, 두려움, 외로움, 수치심과 같은 고통스러운 감정을 숨기려는 시도다. 이 사실을 항상 기억하라. 만약 여러분의 연인이 이런 감정을 느끼고 공유하는 괴로움을 참아낼 수 있다면 아직 희망이 있다. 그러나 여러분이 먼저 자신의 연약한 감정을 기꺼이 공유하려고 해야만, 숨어 있는 나르시시스트를 밖으로 끌어낼 수 있다.

간단하게 들리지만, 쉽지 않은 일이다. 우리는 누구나 자신의 여린 면을 드러내는 것에 약간의 결벽증이 있다. 어떤 위협을 느꼈을 때는 특히 더하다.

먼저 여러분 자신을 깊이 파고들어야 한다. 가장 노골적인 감정, 즉 겉으로 드러나는 감정은 대개 가장 중요한 감정이 아니다. 나르시시스트의 오만함과 무신경함을 대면했을 때 우리가 느끼는 당혹감이나 분노(또는 무감각)는 우리를 보호해준다. 그러나 우리가 보통 공유하길 꺼려 하는 훨씬 더 내밀한 감정은 표면에 드러나는 감정 아래에 있다.

우리는 우리가 사랑하는 사람이 상처받는 걸 가슴 아파한다. 사랑하는 사람이 우리 곁을 떠나거나 배신할까 봐 두려워한다. 사랑하는 사람이 자기에게는 있고 내게는 없는 것을 찾아내면 창피해한다. 그러나 이럴 때 우리는 이런 감정을 드러내는 대신 보호용 갑옷을 입는다. 눈물이 뺨을 타고 흘러내리는데 목소리에는 분노가 가득하다. 또는 가슴에 깊은 상처를 입고도 "내 탓이야"라는 주문을 외며 고통을 몰래 숨기고 끊임없이 사과한다.

사람들에게 우리의 진짜 기분이 어떤지 이해하고 대응할 기회를 주려면 이 갑옷을 벗어야 한다. 그래야만, 정서적 은신처에서 나와 더 깊은 친밀감에 이르도록 나르시시스트를 도울 수 있다.

몇 가지 주의 사항이 있다. 앞으로 소개할 기술들을 사용하려면 신체적으로나 정서적으로나 일정 수준의 안정감이 필요하다. 명백한 조작 증거가 나왔다면, 이를테면 거짓말과 속임수가 갈수록 심해진다면, 어쩌면 여러분은 지금 사이코패스 나르시시스트를 상대하고 있는지도 모른다.

그 상황이 절망적이라는 뜻은 아니다. 여전히 여러분의 파트너가 어떤 사람인지 확실히 하는 것은 분명히 의미가 있다. 그러나 그 일은 정서적으로 상당한 위험이 따르는 일이므로 조심해야 한다. 변화하는 척만 하는 누군가에게 계속해서 마음을 열어봤자 아무 소용없다. 상대방을 자기 뜻대로 조종하려는 어떤 나르시시스트들은 연극과 속임수에 아주 능해서 진지하게 노력하는 건지, 아니면 거짓으로 그러는 척만 하는 건지 알아내기가 어렵다.

어떤 식으로든 분명한 결론에 도달하겠지만, 시도할 만한 가치는 있다. 여러분이 사랑하는 사람이 알코올의존자든, 상습적 도박꾼이든, 극단적인 나르시시스트든, 자신의 문제를 인정하려는 의지가 없으면 그들은 바뀌지 않는다. 그들이 예전처럼 자신의 문제를 부정하지 않고 "아무래도 나한테 문제가 있는 것 같아"라고 인정하면, 그때 비로소 앞으로 나아갈 수 있다. (여러분이 이런 경우라면, 190쪽에 있는 '자책이라는 정서적 장애물'로 바로 넘어가라.)

또한 이 책에서 소개하는 전략 중 어떤 것도 자신을 보호하는 데 중점을 두지 않는다는 점에 유의해야 한다. 적어도 보호 전략을 직접적으로 다루지는 않을 것이다. 여기서의 목적은 서로 가까워지고 지지하는 능력을 발견하는 데 있다. 그러려면 규칙을 이야기하는 대신 취약점을 공유해야 한다. 자기방어를 위한 전략은 188쪽에서 다룰 것이다.

공감을 유도하는 대화법

상대방을 설득하려면 두 가지 요소가 필요하다. 첫째는 여러분의 관계가 얼마나 중요한지 분명하게 말하는 것이고, 둘째는 여러분의 감정을 솔직하게 드러내는 것이다.

상대와의 관계가 얼마나 중요한지 말로 내보일 때는 일반적으로 힘이 되는 표현을 사용한다. 예를 들면 다음과 같다. "너는 내게 정말 중요한 의미가 있어", "너는 나한테 중요해", "내가 너한테 얼마나 신경을 많이 쓰는지 몰라."

이런 선언은 우리에게 그 사람이 얼마나 특별한지를 알려준다. 이는 상대를 안심시키는 말로, 많은 나르시시스트가 비록 자신은 깨닫지 못하지만 내심 듣고 싶어 하는 말이다. 이런 말은 사람들로 하여금 너와 나 대신 '우리'에 초점을 맞추도록 유도하여 관계에 관해 생각하게 한다. 더욱 중요한 사실은 이런 말이 안정된 사랑을 주겠다는 여러분의 의지를 보여준다는 점이다

만약 여러분의 여린 감정이 무엇인지 확실히 알 수 없다면, 종이에 생각나는 것을 하나씩 적어보라. 여유를 가져라. 그리고 기억하라. 우리는 괴롭지 않으면 결코 화를 내지도 않고 떠날 생각도 하지 않는다. 이 단계는 그 괴로움을 직접 설명하는 것이다. 아직도 화가 나거나 멍해서 감정적으로 무감각한 상태라면, 계속 파고들어라. 더 깊은 곳에는 외로움이 있을 수도, 자신이 아무 가치 없고 한없이 부족하고 무능한 것 같은 느낌이 있을 수도 있다.

다음은 마크가 미아에게 실제로 사용했던 몇 가지 표현이다.

미아야, 넌 내게 세상 전부나 마찬가지야. 네가 데이트에 몇 시간씩 늦게 나타나면, 나는 네게 중요한 사람이 아닌 것 같아서 슬퍼.

미아야, 네 의견은 내게 정말 큰 의미가 있어. 나더러 문턱이 낮은 학교에만 지원하라고 하면, 네가 나를 중요한 사람으로 생각하지 않는 것 같아서 겁이 나.

다음은 비슷한 상황에서 나르시시스트 친구에게 할 수 있는 말이다.

넌 내 가장 친한 친구야. 네가 나더러 이기적이라고 했을 때 나를 나쁜 사람으로 생각하는 것 같아서 창피했어.

나는 네가 중요한 친구라고 생각해. 그래서 네가 전화도 안 받고 몇 주 동안 회신도 안 해주면 정말 서글퍼.

다음은 부모님에게 할 수 있는 말이다. 이 말을 약간 바꿔서 형제자매에게 사용할 수도 있다.

엄마는 제 인생에서 가장 중요한 사람 중 하나예요. 그래서 엄마가 제 일거수일투족을 문제 삼으면, 엄마가 나를 패배자로 보는 것 같아서 비참한 기분이 들어요.

아빠는 제 인생에서 늘 중요한 사람이에요. 그래서 아빠가 제게 아무 말씀도 안 하시면 서글퍼요. 마치 아빠를 잃어버린 것 같아요.

유도하는 말을 할 때는 여린 감정을 실제로 확실히 전달해야 한다. 슬프다고 하면서 소리를 지르면 격렬한 분노만 전달할 뿐이다. 어떤 단어를 쓰는지는 중요하지 않다. 여러분이 지금 슬프지 않다면 슬프다고 말하지 마라. 감정이 확실하게 나와야 한다. 시간을 갖고 여러분 안에 있는 감정을 들여다보라.

유도하는 말은 달라질 수 있는 사람과 달라질 수 없는 사람을 구분하는 데 도움이 된다. 여러분이 지금 찾는 것은 진정한 공감이다. 즉, 여러분 자신이 분노하거나 침묵함으로써 이제껏 붙들고 씨름해온 더 여린 감정들을 공유하는 것이다. 여러분의 연인이나 친구나 친척은 고압적인 행동으로 자신이 특별하다는 생각을 만끽하기보다 여러분을 먼저 생각해줄 수 있는 사람인가? 괴로움을 토로하는 여러분의 말을 들어주고, 미안하다고 말하거나 위로하거나 자기도 이해한다는 표현을 할 수 있는 사람인가?

그럴 수 없는 사람이라면, 그들의 나르시시즘을 중독과 똑같이 생각해야 한다. 마약과도 같은 나르시시즘이 그들의 인생을 송두리째 빼앗았다. 포기할 마음을 먹기 전까지 그들에게 어떠한 여지도 주어서는 안 된다. 그들에게는 넘어야 할 산이 많고, 여러분은 그들과 함께 그 산을 넘을 최적임자가 아닐지도 모른다.

사실, 누군가의 치료사 노릇을 하는 건 여러분의 몫이 아니다. 그저 솔직하고 분명하게 여러분의 감정을 전달하기만 하면 된다. 일단 그렇게 하면, 여러분은 자신이 할 수 있는 모든 일을 한 것이다. 몇 주에 걸쳐 반복적으로 유도했는데도 나아질 기미가 전혀 없으면, 전문가의 도움 없이는 달라질 가망이 거의 없다.

사람들이 다음과 같은 반응을 보인다면, 긍정적으로 대응하는 데 실패한 것이다.

공격이나 비난을 받았다고 느낌: "나한테 왜 그런 말을 해?"
방어적인 태도를 취함: "그냥 바빴어, 그게 다야."
대화의 주도권을 가로챔: "내 기분은 어떨 것 같아?!"
상대를 탓함: "넌 너무 예민해."

사람들이 다음과 같이 반응하면 성공한 것이다.

찬동함: "나한테도 넌 가장 친한 친구야. 널 기분 나쁘게 하고 싶지 않아."
문제를 분명히 함: "내 옆에서 얼마나 오랫동안 슬펐던 거야?"
사과함: "미안해, 패배자인 것 같은 기분이 들게 하려던 건 아니었어."
인정함: "내가 빈정대서 상처받은 거 알아."

여러분이 사랑하는 사람이 극단적 나르시시스트가 아닌지 의심스럽다면, 헤어지기 전에 모든 수단을 동원해서 커플 치료를 받아보라. 이 책 맨 뒤에 있는 '추천도서'에서 치료에 필요한 훌륭한 선택지를 찾을 수 있을 것이다.

일부 나르시시스트는 전문가에게 제대로 된 도움을 받으면 나아질 수 있고 실제로 나아진다. 만약 그들이 자신이 문제를 인정할 만큼 회복력이 있다면, 열심히 노력하면 달라질 가망이 있다. 하지만 여러분이 이런저런 시도 끝에 지칠 대로 지친 상태라면, 하던 일을 마친답시고 그들 곁에 붙어 있을 필요가 없다. 감정을 느끼고 거기에 반응할 수 있는 사람이라면, 대부분은 공감을 유도하는 말을 듣고 마음이 녹아내렸을 것이다. 그러지 않다면, 이는 그들이 나르시시즘에 얼마나 심하게 중독되어 있는지를 단적으로 확인할 수 있는 증거다. 회복의 길은 멀고도 험하다.

어떤 이들은 내게 이렇게 말할 것이다. "하지만 저는 제가 얼마나 슬픈지, 또 얼마나 두려운지 그 사람에게 말하는 게 불안해요. 내가 나약해 보이지는 않을까, 그래서 그 사람이 내게 호통을 치지는 않을까 겁이 나요." 만약 불안한 마음이 든다면, 이런 식으로 관계에 접근할 필요는 없다. 현실이 그렇다면, 헤어지는 쪽도 생각해보아야 한다. (상대가 가족이라면, 연락을 제한할 필요가 있다.)

연구 결과는 아주 명확하다. 어떤 방법이든 우리에게 관계를 더 건강하게 만들어나갈 기회가 있다면, 이런 위험을 감수해야 한다는 것이다. 그러나 시도를 하는 것조차 겁이 난다면, 그것은 그 사람과의 관계가 정말로 안전하지 않다는 반증일 수 있다.

이런 기준을 제시하는 이유는 여러분이 결정을 확실하게 내리도록 하기 위해서다. 만약 여러분이 상처받기 쉬운 자신의 감정을 털어놓았을 때 그 사람이 여러분에게 비난을 퍼붓거나 여러분을 비하한다면, 그런 반응을 실패로 간주하라. 그 사람이 달라질 수 없다는, 또는 달라질 생각이 없다는 징조로 보고 그 사람을 놓아주어라. 그는 사랑이라는 위험을 감수할 준비가 안 되어 있다.

그러나 희망의 징조가 보이면, 여러분이 공감을 유도하는 말을 할 때 여러분이 아는 그 나르시시스트가 온화해지는 것 같으면, 계속 그런 말로 유도하라. 그런 말은 나르시시스트가 달라질 수 있을지를 단순히 시험만 하는 것이 아니라, 실제로 달라지도록 그들을 격려한다. 여러분이 사랑하는 사람이 스펙트럼의 중앙을 향해 조금씩이라도 이동할 수 있는 사람이라면, 곧 알게 될 것이다. 만약 그럴 수 있는 사람이 아니라면, 여러분은 그에게 여러분이 할 수 있는 최선을 다했다는 걸 알게 될 것이다.

모든 감정은
우리가 인간이라는 증거

여러분 자신이 나르시시스트라면 어떻게 해야 할까? 여러분이 나르시시즘 스펙트럼상 6 이상에 해당된다면, 이제 명확한 목표가 생겼다. 여러분이 어떻게 생각하든, 또는 사람들이 여러분에게 뭐라고 말했든, 가망이 없는 것은 아니다. 하지만 여러분 자신의 감정에 익숙해져야 한다. 그리고 여러분이 무엇에 중독되어 있는지 알아야 한다. 여러분은 관계에서 진실한 감정을 공유하는 위험을 감수하려 하지 않고 기분이 좋아지거나 황홀해지는 행동에만 몰두한다. 만약 여러분이 정말로 달라지길 원한다면, 내가 앞서 소개했던 단계를 똑같이 밟아나가야 한다. 그 후에 다음 단계로 나아가라.

자신이 특별하다는 도취감을 얻기 위해 여러분이 사용하는 전략의 목록을 만들어라. 오만하게 행동하거나 과시하거나, 다른 사람을 깔아뭉개지는 않나? 여러분을 이해해주지 않는 기분이 들 때 상대방이 했던 말을 곱씹거나 그 말에 격분하지는 않나? 미묘한 나르시시스트라면, 우상

숭배나 감정의 뜨거운 감자를 떠넘기는 방식에 의존하지 않나? 이런 전략은 여러분을 보호하는 방어기제다. 상처 입기 쉬운 감정을 회피하기 위한 전략인 것이다. 만약 자신이 이런 전략을 사용하고 있다면, 그것은 여러분이 어떤 이유에서든 정서적으로 불안하다는 증거다.

자신에게 스스로 물어보라. 이 불안감의 근원은 어디일까? 연인이 여러분에게 만족하지 않는 것만 같은 슬픔? 친구들이 여러분을 업신여길지 모른다는 두려움? 가장 유력한 용의자는 가치 없는 사람이 되는 것에 대한 두려움과 수치심, 거절당하는 데서 오는 슬픔과 외로움이다.

여러분이 알아채든 알아채지 못하든, 그런 감정은 여러분 안에 있다. 모든 증거가 그런 감정이 인간다움의 일부라고 말한다. (신경학적으로 심각한 결핍이 없다면, 누구나 가지고 있는 감정이다.) 여러분 자신이 오래된 자기애적 습관에 의지하고 있다는 사실을 깨달았다면 그런 습관 밑에 도사리고 있는 두려움, 슬픔, 수치심을 찾아라. 그런 다음 심호흡을 하고 이런 감정을 공유하라.

명심하라 분노와 당혹감은 위장에 불과하다. 여러분에게 마음을 쓰는 누군가와 이야기할 때 이런 분노나 당혹감이 조금이라도 느껴진다면, 여러분은 지금 감수해야 할 위험을 감수하지 않고 있는 것이다. 이때 여러분의 목표는 여러분이 그 사람에게 기댈 수 있는지, 그래서 일상에서 상호 지지와 상호 이해를 삶의 방식으로 활용할 수 있는지 여러분 자신의 능력을 시험하는 것이다. 자신이 특별하다고 생각하고 싶은 만성적 욕구를 진정한 돌봄과 친밀함으로 대체할 수 있는지 알아보는 것이다. 여러분은 큰 꿈이나 자신감 있는 태도를 유지할 수 있다. 그저 스펙트럼의 중앙에 있는 공감 능력과 삶에 대한 열망을 적당량 추가하면 된다. 그러면 여러분 자신에게 진심으로 만족해할뿐더러, 여러분이 다른 사람들을 대하는 태도에도 자부심이 묻어날 것이다.

그럼에도
참을 수 없다면

다시 본론으로 돌아가서, 여러분이 아무리 온화하게 접근해도, 화가 치밀거나 입을 꾹 다물고 싶은데도 그러지 않으려고 아무리 열심히 노력해도, 그런 노력과 상관없이 일부 나르시시스트는 달라지지 않을 것이다. 이런 경우 여러분은 관계를 끝내야 할 수도 있다. 그것이 지극히 합리적인 선택이고, 실제로도 곧 하게 될 선택이다.

그러나 경우에 따라서는 그런 선택을 할 여지가 없다. 나르시시스트 부모와 절연하는 것은 말처럼 쉽지 않을지 모른다. 나르시시스트 배우자와 이혼했더라도 둘 사이에 아이가 있으면, 관계가 완전히 끊어지지 않는다. 대가를 치르지 않고는 여러분의 아버지나 배우자를 모르는 체할 수 없다. 극도의 스트레스, 고통스러운 상실감, 심지어 법적 분쟁이라는 희생이 따른다. 그렇다고 무심한 누군가에게 계속해서 마음을 여는 것은 안전한 방법이 아니다. 그럼 어떻게 해야 할까?

이제부터 알아야 할 것은 변화의 영역이 아니라 관리의 영역이다. 자기보호를 최우선 목표로 삼아야 한다. 마치 유독성 물질을 대하듯, 가능한 한 접촉을 제한하라. 나르시시스트를 상대하는 몇 가지 간단한 전략과 규칙을 알면 도움이 될 수 있다. 이러한 전략은 9장에서 자세히 살펴볼 생각이다. 하지만 지금 우리의 목표는 나르시시즘을 관리하는 것이지 친밀감을 키우는 것이 아니라는 점을 명심하라. 그동안 '연결 약정'을 사용해볼 수도 있다.

연결 약정이란 여러분을 만나기 위해 상대방이 갖추어야 할 간단명료한 조건이다. 이 방식은 규칙과 기대하는 바를 제시함으로써 한계를 설정하는 것이다.

다음은 아들이 어머니에게 연결 약정을 설명하는 사례다.

> 전 고함과 비난에 익숙해지지가 않아요. 또 저한테 고함치거나 비난하시면 집을 나가겠어요. 어머니를 보고 싶지만, 제가 이 집에서 살지 나갈지는 어머니에게 달렸어요.

이혼 후 전 남편과 자녀 양육을 공동 분담하는 여성은 이렇게 설명할 수도 있다.

> 휴일에 아이를 어떻게 돌볼지 계획을 세워봐요. 내일 그 문제에 관해 의논하면 좋겠지만, 당신이 나를 비난하거나 탓하거나 다른 식으로 공격하면, 나는 당신과 대화가 더 이상 불가능하다는 뜻으로 받아들일 거예요. 그러면 다음에 다시 날을 잡아야 할 거예요.

동거하는 연인이나 친구에게 이렇게 설명할 수도 있다.

> 청소 규칙과 일정을 어떻게 정리할지 얘기 좀 해요. 이 이야기를 하다가 또

> 다른 문제가 불거지면, 아직 이 문제에 대해 얘기할 준비가 안 된 걸로 알게요. 그럼 우린 이 문제를 상의하지 못할 테고, 다음에 다시 시간을 내야 할 거예요.

연결 약정을 하는 목적은 상대방이 어떤 행동을 취하면 즉시 대화를 끝낼 것이라고 설명하는 데 있다. 따라서 어떻게 하면 여러분이 행복해질지가 아니라, 상대방의 얼굴을 보고 대화를 나누려면 어떤 조건이 충족되어야 하는지에 중점을 두어야 한다. 조건이 충족되면, 가능한 만큼 대화를 이어갈 수 있다.

또한, 날짜와 조건을 여러분이 선택할 수 있다. 계속 상대방의 곁에 있을 필요가 없다. 불행하게도, 관계 단절이 제일 나은 선택인데도 절대로 헤어지지 못할 것 같을 때도 있다. 이별을 말하지 못하게 방해하는 강력한 정서적 장애물이 있기 때문이다. 그러므로 여러분은 이런 장애물을 다루는 법도 알아야 한다.

자책이라는
정서적 장애물

애나는 서른두 살이고 한 번 이혼했다. 2년 사귄 남자 친구 닐을 계속 만나야 할지 헤어져야 할지 알아보기 위해 넉 달간 나를 찾아와 상담했다. 애나에 따르면, 닐은 '짜증날 정도로 자기중심적인' 남자였다. 애나는 닐이 자신을 무시하거나 거들먹거릴 때마다 아주 훌륭하게 대화를 유도했다.

"알아요. 닐에게 돌봄이 필요하다는 거." 애나는 훌쩍거리며 그렇게 말했다. 애나는 가방을 열고 휴대전화를 꺼내 무릎 위에 둔 다음 물기 어린 눈가를 가볍게 눌렀다. "닐을 정말 사랑하지만, 그가 목소리를 높이거나 나를 비난할 때면 내가 아무 쓸모없는 사람처럼 느껴진다고 말했어요." 휴대전화 화면을 두드리며 애나가 말했다. "이게 닐이 나중에 제게 보낸 메시지예요." 문자메시지에는 이렇게 쓰여 있었다. "애나, 나는 단지 우리가 다른 것뿐이라고 생각해. 넌 나보다 더 연약해. 그렇다고 널 탓하는 건 아냐. 원래 그런 건데 뭐."

애나는 숱 많은 갈색 머리를 손으로 몇 번 빗질하더니 펜던트를 내려다보았다. 금으로 만든 아주 작은 천사 모양으로, 닐이 그녀에게 처음 준 선물이었다. "더는 못 할 것 같아요."

나는 애나가 느끼는 절망감을 이해했다. 애나는 닐이 따지려 들거나 설교하듯 잔소리를 퍼부을 때마다 자기가 얼마나 서글프고 초조한지 닐에게 말하려고 지난 몇 달간 무던히 노력했다. 하지만 애나가 아무리 부드럽게 다가가도 닐은 자신의 불안을 애나에게 떠넘기거나 허세로 감추었다. 닐은 그 불안에 관해 터놓고 말할 수가 없거나 그럴 의지가 없는 것 같았다. 예를 들어, 애나는 닐이 경력 문제로 걱정이 많다는 걸 알고 있었다. 특히, 그가 몸담고 있는 금융업계에서 광범위한 정리 해고가 단행될까 봐 걱정이 많았다. 하지만 닐은 그런 걱정거리를 직접 털어놓지 않으려 했다.

"선생님이 말씀하신 대로 하려고 노력했어요. 직장에서 성공해야 한다는 생각에 걱정이 많겠지만, 무슨 일이 생기든 내가 늘 옆에 있을 거라고까지 이야기했어요."

"그랬더니 뭐래요?"

"손을 내저으며 이렇게 말했어요. '동정은 필요 없어. 내가 회사에 어떤 기여를 했는지 알아볼 수 있는 똑똑한 상사가 필요할 뿐이야.'" 애나는 목소리를 낮추고 다시 펜던트를 만지작거렸다. "뭘 해야 하는지 알아요. 그 사람과 끝내야죠. 노력하고 있어요. 그런데 계속 스스로 자문해요. 더 다정하게 대했어야 하지 않나 하고요. 화를 낼 때도 있었어요. 특히 그 사람이 고집 센 어린애처럼 말할 때는요." 애나는 몸서리를 쳤다. 생각하니 다시 화가 치미는 모양이었다.

"화나는 게 당연해요." 내가 말했다. "어떤 식으로든 자신을 보호해야 해요. 슬픔이나 두려움을 터놓고 이야기하려고 할 때 그가 멸시하거나 거들먹거리면, 당신에게 선택할 기회를 주지 않는 셈이에요."

"억울해하는 것도 이제 그만둬야 할 것 같아요."

"그래야죠." 내가 말했다. "그러지 않으면, 이제 희망을 버리지 않는 유일한 길은 자신을 탓하는 것밖에 없어요. 당신이 노력해도 닐이 달라지지 않으면, 정말로 끝난 거예요. 그 사실을 인정하는 게 쉽지는 않을 거예요. 닐이 달라질 가능성이 없다는 사실을 받아들이느니 나한테 문제가 있다고 자책하는 게 더 쉬우니까요."

실망할 권리, 상대를 탓할 권리

우리가 사람들과 많은 시간을 보낼수록 그들은 문자 그대로 우리의 일부가 된다. 우리는 우리 자신을 단순히 한 개인으로만이 아니라 인맥이라는 거대한 네트워크의 한 지점으로 생각한다. 나는 단순히 크레이그 또는 맬킨 박사일 뿐 아니라 애나의 상담 치료사이자 제니퍼의 남편이고 유진의 아들이다. 우리의 정체성은 우리가 사랑하는 사람들에게 묶여 있다. 이런 인맥의 가닥들이 분노와 고통 때문에 극도로 긴장되거나 날카로워지면, 우리는 그것을 견뎌내기 위해 싸운다. 부분적으로 이 싸움은 자기 자신의 일부를 지키기 위한 싸움이다. 유대감으로 시작된 관계는 곧 쇠사슬이 된다.

닐을 더 이상 만날 수 없다고 결정했을 때, 애나는 '닐의 여자 친구'이기를 그만둔 셈이다. 하나를 포기하면 많은 것을 잃는다. 이제 그들은 함께 살지 않을 것이고, 함께 밥을 먹지도 않을 것이다. 커플이라는 정체성을 확인해주는 증거들, 가구들과 집 안에 놓은 조그만 갖가지 장식품을 분류해서 누가 무엇을 가질지 정해야 할 것이다. '닐과 애나 커플'의 공동 소유물을 골라내어 헤어진 두 사람이 재분배하는 과정은 신경 치료만큼이나 고통스러울 수 있다. 우리가 관계를 끊는 대신 종종 현상을 유지할 이유를 찾는 것도 이 때문이다. 우리는 종종 모든 걸 자기 탓으로 돌리는데, 자책하는 마음은 우리도 모르는 사이에 서서히 퍼져나간다.

관계는 이미 망가졌고 관계를 끊는 것은 너무 고통스러울 때 자책은 유용하게 쓰인다. 내 잘못으로 누군가 상처를 입고 냉담해졌다고 믿으면, 아직 희망이 있는 것처럼 느껴진다. 내가 달라지면 되지 않겠나. 내가 문제라면, 관계의 행복은 전적으로 내 손에 달린 것 아닌가. 그러나 이것은 우리의 자존감을 훼손시키면서 희망에 매달리는 해결 방식이다.

이것은 애나가 어린 시절에 쓰던 방식이기도 했다. 술고래였던 애나의 아버지는 버럭 화를 내곤 했다. 애나는 그런 상황에서 아무것도 할 수 없는 자신의 무기력을 받아들이는 대신, 그 과정에서 아버지 말을 더 잘 듣고 좀 더 사려 깊게 행동하기로 마음먹었고 아버지는 좀 더 나아졌다. 닐과 함께 살면서도 애나는 그런 식으로 계속 희망에 매달렸다. 그리고 이제 그 희망이 그녀를 옭아매고 있었다. 애나는 관계를 끊으려고 정말 열심히 노력했지만, 자책하는 마음이 그녀를 주저앉혔다.

이런 식의 자기비판에서 벗어날 수 있는 한 가지 방법은 실망이라는 감정에 직면하는 것이다. 실망은 여러분이 생각하는 것보다 더 두려운 감정이다.

고질병처럼 자책을 일삼는 사람들은 실망을 묻어둔다. 과거에 실망을 내비쳤다가 상황만 악화시킨 경험이 있기 때문이다. "많은 사람 앞에서 그렇게 말씀하셔서 기분이 상했어요" 또는 "제 독주회에 오시길 간절히 바랐어요"라며 식구들에게 실망을 표현했을 때 감당해야 했던 후유증이 너무 컸을 것이다. 애나의 가정에서는 심지어 기분이 상하지 않았을 때도 소리 지르면서 화내고 묵묵부답으로 일관하는 것이 일반적이었다. 애나가 기분 나쁜 티를 조금이라도 내거나 소리를 지르거나 부루퉁하게 있으면, 아버지는 딸이 입을 꾹 다물 때까지 반복해서 말했다. "네가 문제야." "넌 바라는 게 너무 많아." 그럴 때마다 애나는 '나는 아빠에게 짐일 뿐이구나'라고 생각했다. 그래서 실망을 표현하기보다 아버지 말을 마음에 새기면서 속으로 삼키는 쪽이 훨씬 쉬웠다.

기억하라. 여러분은 실망할 권리가 있다. 여러분이 자신의 욕구와 감정을 터놓고 얘기했을 때 그 사람이 여러분 곁을 떠나고 싶어 한다면, 여러분은 그 관계에서 행복할 수 없다. 스펙트럼의 왼쪽으로 미끄러져서 에코가 되는 것은 해결책이 아니다. 자책의 실체를 인지하라. 자책은 여러분이 원하는 것을 요구하면 사랑을 잃을 것이라는 강렬한 두려움이다. 자책은 여러분의 욕구를 가슴속에 묻어두게 하는 사람과 잘못된 관계를 계속 이어가게 한다. 그들이 여러분을 더 배려하고 더 관심을 쏟고 여러분에게 더 공감할 수 있는지 알아보는 유일한 방법은 그들에게 그렇게 해달라고 요청하는 것이다. 무언가를 놓쳤다고 자책하면, 상대방에게 그런 요청을 할 수가 없다.

실망은 친밀감에 위협이 되기는커녕 친밀감이 더 깊어지게 한다. 지금의 관계가 언제 어떤 식으로 여러분에게 소외감과 외로움, 비참하고 초라한 기분을 안겨주는지 분명하게 말하고 원하는 것을 이야기하라. 그러면 연인이나 친구들과 오히려 더 가까워진다. 여러분이 분명하게 이야기해야 그들도 여러분을 사랑하는 법을 배운다. 건강한 실망을 드러내는 몇 가지 간단한 단계가 있다.

- **한계선을 그어라.** 상처받았으면 상처받았다고 말하라. 연인이나 친구가 잘못된 행동을 했을 때, 그들을 보호한답시고 그 사실을 알지 못하게 하는 것은 여러분이 할 일이 아니다. 어떤 식으로든 실망한 마음을 드러내라. 여러분 말에 귀를 기울이게 할 최고의 기회다. 여러분이 행복하지 않을 때 여러분이 행복한 줄로 착각하게 두지 마라. 그건 에코가 쓰는 속임수다. 만약 상대가 "당신한테 상처받았다"는 말을 참기 힘들어하는 부류라면, 그 사람은 계속해서 여러분에게 상처를 줄 가능성이 크다.

- **자책하지 마라.** 연인이나 친구 사이에 뭔가 언짢은 일이 생겼을

때 그들을 잃을까 봐 두려워하면, 다시 자책에 빠질 수밖에 없다는 사실을 명심하라. '내가 무슨 잘못을 한 거지?'라고 자문하는 대신, 자신에게 이렇게 물어라. '지금 실망한 거지?' '문제가 있다고 말하는 게 겁나?'

- **공감을 책임감과 혼동하지 마라.** 여러분이 어떤 사람에게 상처를 받은 상황에서도 그 사람이 화가 난 이유를 이해하려고 애쓰는 것은 괜찮다. 어쩌면 여러분의 마지막 몇 마디가 냉정한 느낌이나 비판적인 느낌을 풍겼을지도 모른다. 그렇더라도 여러분은 진실한 사과로 언제든 상황을 바로잡을 수 있다. 여러분을 무섭게 몰아세우는 방식으로 화난 마음을 푸는 것은 상대방의 선택이다. 자신의 행동이 아닌 다른 이의 행동에 대해 여러분이 책임감을 느낄 필요는 없다. 그건 실망하지 않으려고 자신을 탓하는 또 하나의 속임수에 불과하다.

자꾸 흥분한다면 덫에 걸렸다는 증거다

몇 달 후, 애나는 또 다른 문제에 부딪혔다. 나르시시스트와 관계를 끝냈을 때 사람들이 자주 부딪히는 문제였다. 바로 따분함이다.

"새 남자 친구를 만났어요." 위축된 목소리로 애나가 설명했다. "토드는 상냥하고 매력적이에요. 귀엽고요. 그런데 닐처럼 저를 사로잡진

못해요."

"무슨 뜻이에요?" 내가 물었다.

"닐은 자신감이 넘쳐 보였어요. 특히 잠자리에서요. 섹스는 항상 불꽃놀이 같았어요." 애나는 추억에 잠긴 표정으로 미소 지었다. "오해하지 마세요. 다신 돌아가지 않을 거예요. 하지만 우리 사이에 있었던 화학반응과 똑같은 반응을 느낄 수 있는 누군가를 찾았으면 좋겠어요. 나쁜 남자가 아니면 흥분이 안 되는 걸까요?"

물론 그렇지 않다. 그러나 우선 애나는 자기가 무엇 때문에 나쁜 남자에게 그렇게 흥분했는지 이해해야 한다.

애나 같은 상황에 직면한 많은 사람이 자기가 문제가 있는 사람에게 이상하게, 걷잡을 수 없이 끌렸다고 결론을 내린다. 한쪽에는 토드같이 안도감과 안정감, 영원한 사랑에 대한 희망을 주는 좋은 남자가 있다. 다른 한쪽에는 못된 성질을 참고 견딜 만한 값어치가 있을 만큼 흥분과 강렬함을 선사하는 나쁜 남자가 있다. 닐과 같은 나쁜 남자들은 대부분 스펙트럼의 오른쪽 끝에서 산다.

그리고 이 딜레마에 빠져 고생하는 사람이 여자들만은 아니다. 주목은 훨씬 덜 받지만, 남자들에게도 비슷한 고충이 있다. 바로 '나쁜 여자' 현상이다. 내담자 중에 제프라는 남자가 한번은 내게 이렇게 투덜거렸다. "왜 미친 여자들은 다들 그렇게 섹시한 걸까요?" 이 퍼즐을 어떻게 이해해야 할까? 사랑이 불확실할수록 매력이나 흥분의 감정이 강렬해진다고 보는 것이 더 이치에 맞다.

불확실한 연애 관계는 우리를 종종 흥분시킨다. 불확실함은 두려움,

분노, 질투와 같은 감정을 불러일으키고, 이런 감정들은 심리학자들이 말하는 이른바 각성을 통해 매력을 강화시킨다. 성적 흥분과는 다르다. 신경계를 통해 강력한 느낌과 흐름을 동반하는 에너지 충격 그 이상을 생각해보라. 엄청난 각성은 매력에 대한 우리의 느낌을 증폭시킨다. 불안은 우리를 흥분시킨다. 분노는 우리를 부추긴다. 두려움은 우리를 자극한다. 불행하게도 우리 몸에 관한 한, 불확실함은 다른 어떤 감정 못지않게 열정을 불러일으키는 훌륭한 원천이다. 그래서 우리는 '그 사람이 전화를 할까? 안 할까?' 고민하며 끝없는 롤러코스터를 타게 만드는 닐 같은 나르시시스트 앞에서 속수무책이다. 설상가상으로 좀 더 다정한 연인과 좀 더 안전하게 흥분을 만끽하는 연애에서 최악의 적은 대개 바로 우리 자신이다. 우리는 안정된 관계를 따분해한다.

프로이트는 사람들 사이에 이 문제가 만연하다는 점을 놓치지 않았다. 그는 여자에 대한 욕망을 가장 강렬하게 표출하는 남자 환자들이 연인에게 가장 덜 헌신적이었다고 설명하면서 "사랑이 있는 곳에는 욕망이 없고, 욕망이 있는 곳에서는 사랑을 할 수 없다"라고 했다. 매춘부나 정부(情婦)와의 관계처럼 공허한 관계일수록 그들이 꿈꾸는 성적 환상도 강렬했다. 만약 감추어두었던 방탕한 욕망을 드러내도 연인이나 배우자가 우리를 계속 받아줄까? 아니면, 이기적인 성욕을 억누르면서 사전 검열을 거쳐 상대가 받아줄 만한 안전한 욕망만 드러내야 할까?

이 갈등은 사람들로 하여금 사랑하는 관계가 아니라 불륜 관계와 포르노그래피에서 격렬한 열정을 느끼게 함으로써 애정 생활에 심각한 문제를 일으킨다. 따라서 나쁜 남자들과 나쁜 여자들이 쳐놓은 흥분이라는 덫에서 벗어나려면, 사랑하는 사람들과 위험을 무릅쓰고 더 많은 시도를 해야 한다. 그 시작은 자신의 흥분을 스스로 책임지는 것이다. 방법은 여러 가지가 있다.

- **속마음을 털어놓아라.** 자신의 욕구와 감정을 좀 더 직접적으로 표현하라. 공감을 유도하는 말을 사용하라. 공감을 유도하는 말은 안정된 친밀감을 키울 뿐 아니라 연애할 때 흥분을 높이는 데도 아주 중요하다. 상대방에게 나를 있는 그대로 보여주고 상대방이 나를 있는 그대로 받아들일 때보다 더 열정적인 순간은 없다. 내가 원하는 것과 내게 필요한 것을 솔직하게 말하는 데는 언제나 위험이 따른다. 불확실성은 본디 우리를 자극하는 성질이 있어서 흥분을 고조시키기 때문이다. 이것은 닐 같은 사람과 함께 있을 때 우리가 느끼는 소극적이고 전전긍긍하는 감정과는 다르다. 그보다 훨씬 더 강력한 감정, 바로 안전한 열정이다.

- **욕망을 가져라.** 섹스는 순결에 관한 문제가 아니다. 상상력과 자유에 관한 문제다. 흔히 나쁜 남자들과 나쁜 여자들이 그러듯이, 욕망이 생기면 욕망에 따라 행동하는 것이 섹스다. 그런데 많은 사람이 사랑하는 사람의 감정을 지나치게 신경 쓰느라 자신의 욕망을 꽁꽁 묶어둔다.

- **자극을 실험하라.** 강렬한 느낌은 매력을 강화할 수 있다는 사실을 기억하라. 처음 새로운 경험을 할 때 느끼는 참신함은 효과가 검증된 최음제다. 새로운 경험은 흥분과 보상에 관여하는 뇌 화학

물질인 도파민 분비를 촉진한다. 도파민은 사람이든 약물이든 우리를 흥분시키는 것을 계속 더 요구하게 만든다. 나르시시스트는 흔히 도파민을 분비시키는 모험에 사람들을 끌어들인다. 그러므로 자신 안에 있는 흥분을 끄집어내는 법을 배워라. 새로운 것에 도전하라. 데이트 상대와 새로운 레스토랑에 가보거나 그를 댄스 수업에 데려가보라. 좋은 남자 또는 좋은 여자와의 데이트에 약간의 모험을 가미해보라. 안전한 열정을 키우는 쉬운 방법이다.

닐을 만나기 전까지 애나의 성생활은 비교적 조심스러운 편이었다. 애나는 섹스를 좋아했지만, 섹스를 하면서 자유로움을 느낀 적은 한 번도 없었다. 이와 대조적으로, 닐은 외향적인 나르시시스트들이 대개 그렇듯 애나가 자기를 어떻게 생각할지 걱정하지 않았다. 자기를 흥분시키는 것이 있으면 뭐든 시도했다. 애나에게 강요한 적은 한 번도 없었다. 그러면서도 닐은 애나를 놀라운 성적 모험으로 이끌었다. 자신감 있는 몸짓으로 표현된 그의 나르시시즘 덕분에 애나는 결혼 생활 동안 한 번도 상상해본 적 없는 방식으로 행동할 수 있었다.

그러나 자유로운 성생활을 두려워하고 사랑하는 사람에게 무언가를 요구해본 적 없는 사람들이 다 그렇듯이, 애나는 오로지 닐에게 의존하여 욕망을 끄집어냈다. 나쁜 남자들과 나쁜 여자들의 매력은 부분적으로 상대가 자신이 여전히 순수하다고 믿으면서도 상대에게 더러워질 여지를 준다는 데 있다.

'이건 내가 아니야.' 우리는 속으로 그렇게 말할 수 있다. '나도 나를 어쩔 수가 없어. 그는 난잡해. 그녀는 문제가 많아. 나는 절대 이런 부류를 좋아하지 않아. 나는 절대 이런 짓을 하지 않아.' 그러면서도 우리는 여전히 그렇게 한다. 결국 우리는 자신이 단념했던 욕망을 되찾기 위해 나쁜 남자, 나쁜 여자들의 꽁무니를 따라다닌다.

    나는 애나에게 토드와 시도해보라고 권했다. 며칠 뒤, 애나는 도발적인 문자메시지를 보냈다(닐 말고는 누구와도 해본 적이 없는 일이었다). 또한 애나는 더 자주 성관계를 갖기 시작했다. 그리고 서서히, 위험과 모험에 대한 자신만의 감각을 창조하면서 이전에 포기했던 자신의 욕망을 되찾았다. 기쁘게도 토드 역시 속마음을 털어놓았고, 어느새 애나는 행복한 마음으로 토드와의 만남을 더욱더 고대하게 되었다.

    자신에게 물어보라. 전에 만나던 사람과는 했으나 지금은 하지 않는 행동이 있나? 이를테면, 유혹하거나 꼬리 치는 것과 같은, 누군가를 쫓아다닐 때는 했지만 쫓아다닐 필요가 별로 없는 지금은 하지 않는 행동이 있는가? 좋아하지만 실행에 옮기기는 꺼려지는 성적 환상이나 경험을, 전에 만났던 사람이 처음으로 경험하게 해주었는가? 그런 경험이 있으면 적어보라. 그리고 마음껏 즐겨라. 그런 경험을 자신의 욕망으로 인정하라.

친구에게도 예외는 없다

연인 관계를 정리하는 데 적용되는 기준들은 교우 관계를 정리하는 데도 대부분 적용된다. 자책은 우정의 한계를 보지 못하게 가로막는 거대한 장애물이 될 수 있다. 그 한계가 문제의 나르시시즘이든, 건강한 상호 의존을 가로막는 다른 것이든. '내가 너무 예민한 거야', '내가 너무 비판적이야'라고 자책하면, 친구의 행동을 해명하기가 훨씬 쉬워진다. 연인에 비해 친구에게는 기대감이 낮다는 사실은 상황을 더 혼란스럽게 만든다. 우리는 친구들에게는 평생에 걸쳐 헌신하지 않는다. 친구들이 나를 바람맞힌다고 해서 좌절해서 정신을 못 차리지는 않는다. 교우 관계에 더 이상 투자할 가치가 없을 만큼 나르시시즘이 문제가 되는 시점은 언제일까?

친구와 관련해 여러분에게는 두 가지 선택지가 있다. 우정의 한계까지 포함해 관계를 있는 그대로 받아들이든가, 아니면 관계를 끝내든가. 첫 번째 선택지는 기대치를 낮추는 것을 의미한다. 그가 진심으로 믿을 수 있는 친구는 아니라는 사실을 받아들이는 것이다. 이제 그는 같이 일을 하거나 술을 마시는 사람일 뿐이다.

이런 식의 교우 관계로 누릴 수 있는 즐거움은 제한될 수 있다. 그러면 여러분은 여러분 인생에 무엇을 더 보태야 할지 자문해보아야 한다. 그리고 솔직해져야 한다. 만약 유사시에 그 친구보다 더 믿을 만하거나 더 이해심이 있는 다른 사람을 찾아야 한다면, 여러분은 지금 누구를 위해 그 친구 옆에 있는 건가? 자신을 위해서인가, 아니면 친구를 위해서인가?

흥분도 교우 관계에 문제가 될 수 있다. 친구에 대한 갈망이 연인에 대한 갈망과 같은 종류는 아닐지라도, 어쩌면 지금 여러분은 친구와 누릴 수 있는 즐거운 때를 놓치고 있는지도 모른다. 외향적인 나르시시스트는 가장 좋은 상태에서는 정말로 재치가 넘치고 재미있을 수 있다. 그래서 그들을 그리워하기 쉽다.

그러나 각성의 결과는 교우 관계에도 똑같이 적용된다는 사실을 기억하라. 나르시시스트 친구와 어울리는 것이 즐거울 수도 있다. 우리는 멋진 클럽이나 파티에 가느라 드라마를 지나치곤 한다. 어떤 것도 포기할 필요는 없지만, 자신을 위해 더 자주 모험에 뛰어들 필요가 있다. 새로운 자극을 찾는 것도 오랜 친구와 시간을 보내고픈 열망을 없애는 데 도움이 된다. 즐거움을 잃지 않으면서 더 나은 친구들에게 에너지를 집중할 수 있다.

우리는 연인이나 친구의 건강하지 못한 나르시시즘이 우리에게 얼마나 큰 상처를 주는지 알지 못한다. 이 사실을 깨닫는 건 언제나 고통스러운 경험이다. 그러나 자책하지 않고, 다시 옛 습관으로 돌아가는 어리석은 짓만 하지 않으면 훨씬 쉽게 후유증을 관리할 수 있다. 최소한 관계를 유지해야 할 때가 언제이고 정리해야 할 때가 언제인지 훨씬 분명해질 것이다.

이제 여러분은 상대방의 나르시시즘이 사랑하고 사랑받기를 방해할 때 어떻게 해야 하는지 배웠다. 그러나 연인과 친구들이 우리 인생을 형성하는 유일한 사람은 아니다. 프로이트는 정신 건강이란 사랑하고 일하는 능력이라고 했다. 그렇다면 직장에서 나르시시즘에 맞닥뜨리면 어떤 일이 벌어질까?

CHAPTER

9

동료, 상사, 부하 직원 상대하기

함께 대처하고 함께 변화한다

제인은 마흔세 살이고 작은 소프트웨어 회사에서 디자이너로 일한다. 회사에 다닌 지 9년 되었는데, 지난 8년 동안 낸 병가보다 작년 한 해 동안 낸 병가가 더 많았다.

"이 사람이 새 프로젝트 관리자 드루예요." 제인이 내게 설명했다. "그 사람을 만나야 한다는 생각만 해도 두려워 죽겠어요. 더는 못 하겠어요. 병가로 겨우 버티고 있어요."

드루가 제인이 다니는 회사에 채용된 것은 신제품 출시 부문에서 뛰어난 경력을 쌓았기 때문이다. 회사 CEO는 영리한 디자인 혁신을 통해 문제가 생긴 프로젝트(새로운 네트워킹 어플리케이션)를 위기에서 구해낸 드루에게 특히 깊은 인상을 받았다. 드루는 디자인을 혁신하는 능력이 탁월했고, 동료들을 이간질하는 능력은 더 탁월했다.

"회사 간부들은 그를 그냥 놔둬요." 제인이 말을 이었다. "드루가 간부들을 왕처럼 떠받들거든요." 커피잔을 드는데 살짝 손이 떨렸다. "그 남자 때문에 저는 만신창이가 됐어요. 내가 팀에 아이디어를 낼 때마다 기계적으로 묵살해버려요. 그래서 대부분의 시간을 그냥 말없이 앉아 있어요."

나머지 팀원들도 드루 앞에서는 자신이 쓸모없는 것 같은 느낌을 받는다고 제인은 말했다. 드루는 대체로 팀원들이 아이디어를 내면 귀를 기울이는 대신 그런 아이디어로 어떻게 회사가 돈을 벌 수 있겠냐고 따져 물었다. "다른 사람들이 말할 때 그가 무슨 생각을 하는지 표정에 다 드러나요. 따분하거나 대단치 않은 이야기를 듣는 표정이에요. 그런 다음 공격하죠. '펑 터지는 게 있어야 하는데 그런 게 없네.' 아니면 이렇게 말해요. '다른 프로젝트에서 이미 시도해봤는데 효과가 없었어요.' 자기한테서 나온 게 아니면 어떤 아이디어도 좋은 게 아니에요."

"그와 이야기해봤어요?" 내가 물었다.

"그 사람과는 무슨 얘길 할 수가 없어요." 제인이 한숨을 쉬며 말했다. "누가 자기에게 불만을 제기할 때마다 자리를 피해버려요. 윗사람들은 아무것도 몰라요. 철저한 예스맨이거든요. 그래서 그분들은 무슨 일이 일어나고 있는지 아무것도 몰라요."

제인은 괴로워하고 있었다. 아침에 일어나 출근하려고 하면 속이 울렁거렸다. 밤에는 최악의 순간을 다시 떠올리느라 잠을 이루지 못했다. 특히 그녀를 괴롭히는 사건이 하나 있었다. 드루가 전체 팀원 앞에서 제인이 작업한 광고 레이아웃과 색채 배합을 두고 "단조롭고 상상력이 부족하다"고 창피를 주었다. 일주일 뒤, 드루는 제인이 작업한 광고 시안을 임원 회의에 들고 가서 자기가 했다고 말했다. 떨쳐버리려고 아무리 애를 써도 불현듯 그때 일이 다시 생각났고, 잠을 청할 때마다 온갖 공상이 꼬리에 꼬리를 물고 마음을 어지럽혔다. 한번은 무뚝뚝하고 냉소적인 말투로 받아치며 드루에게 용감하게 맞서는 모습을 상상했고, 한번은 팀의 사기를 짓밟는 그를 신랄하게 비판하며 드루의 코를 납작하게 만드는 모습을 상상했다.

"하지만 실제로는 아무것도 못 해요. 그냥 그를 피하려고 애쓸 뿐이에요."

"그렇게 하니 효과가 있었나요?"

"아니오. 내가 자기에게 말을 안 한다고 비난해요. 내가 보고를 안 한다고요." 제인은 다시 커피를 홀짝였고 아까보다 더 심하게 손을 떨었다. "희망이 점점 사라지고 있어요. 그만두는 것 말고 제가 할 수 있는 일이 있을까요?"

"물론이죠." 내가 말했다. "그가 직원들을 좀 더 잘 대할 수 있는지 알아보는 것부터 시작합시다. 그런데 직원들이 그에게 책임을 묻지 않으면 그는 달라지지 않을 거예요. 전체 팀원 앞에서 그를 질책하라는 말이 아니에요. 여러분을 더 잘 대우하도록 그를 다독이라는 뜻이에요."

무시하기, 맞서기, 편들기, 고발하기, 퇴사하기

제인이 작년 한 해 동안 네 번이나 의사를 찾아간 것은 우연이 아니다. 독감, 인후염, 요통, 경부통이 차례로 찾아왔다. 몸이 회복되는 데도 훨씬 오랜 시간이 걸렸는데, 어찌 보면 당연한 일이었다. 스트레스로 면역체계에 큰 타격을 입은 것이 분명했다. 아마도 고통받는 직원이 제인 한 사람은 아니었을 것이다. 드루 같은 관리자들은 말 그대로 사람들을 병들게 한다.

늘어난 병가는 즉각적이고 분명한 대가를 요구한다. 결근한 동료의 빈자리를 채우기 위해 모든 팀원이 일정을 뒤로 미루거나 두 배로 열심히 일해야 한다. 직원이 아프면 회사는 생산 차질로 손해를 입고, 결국 일하기 좋은 회사라는 평판마저 잃는다. 직장에서 벌어지는 무례와 괴롭힘을 무엇으로 설명하면 좋을까? 이런 일은 종종 극단적 나르시시즘 때문에 생긴다.

불행하게도 이런 악영향을 관리하는 법에 관한 연구는 없다. 나르시시스트인 직장 동료에게 대처하는 방법을 다룬 몇 안 되는 연구 중 하나는 사람들이 다섯 가지 전략을 가장 자주 사용한다고 보고했다. 무시하기, 맞서기, 편들기, 퇴사하기, 경영진에게 알리기. 경영진에게 알리거나 회사를 그만두는 전략을 택한 사람들은 이후 결과에 만족하는 듯했으나, 무시하거나 맞서거나 편드는 전략을 택한 사람들은 그렇지 못했다. 이런 전략은 아무 도움이 되지 않았다고 연구진은 말했다.

사실, 제인이 그랬던 것처럼 상대방의 행동을 무시하는 전략은 문제를 해결하기보다 오히려 키운다. 주변 사람들이 저자세를 취하는 것은 나르시시스트 동료나 상사가 자신의 실적을 더 걱정하게 만들 수 있다. 이는 모두에게 좋지 않다. 드루 같은 사람들은 일이 실패할지도 모른다는 불안감이 커질수록 더 오만해지고 모욕적인 말도 더 자주 하는 경향이 있다. 연인이나 친구와 함께 있을 때와 마찬가지로 직장에서도 에코가 되지 않도록 주의하라.

맞서기도 이런 상황을 개선하지 못하는 것 같다. 극단적 나르시시스트의 태도를 비판하거나("사람들이 말할 때 끼어들지 좀 마세요!"), 그들의 실수를 지적하는("그 슬라이드는 완전히 잘못됐어요") 것은 대개 상황을 악화시킨다. 그들은 솔직하고 정확한 피드백을 받아들이지 못한다. 오히려 더 화를 내고 공격적으로 변한다. 그러면 이미 홀대를 받아왔던 직원은 무시무시한 폭언에 직면할 수밖에 없다. 더욱이 제인과 드루의 관계처럼 힘의 차이가 존재하는 곳에서는 솔직한 피드백 자체가 불가능할 수도 있다. 오만한 관리자나 CEO는 말할 것도 없고 직속 상관의 잘못을 지적하면서 마음이 편할 사람은 거의 없다. 그렇다면 제인이든 누구든 이 상황을 악화시키지 않고 드루 같은 사람에게 맞서는 방법은 없을까?

협력과 배려의 장점을 강조한다

연구에 따르면, 이런 사람들은 자기가 맺고 있는 관계의 중요성을 상기할 때만 스펙트럼의 중앙을 향해 움직인다. 성공에 너무 집착한다고, 너무 저돌적이고 너무 무자비하고 속임수에 능하다고 호통을 치면 그들이 달라질까? 그들에게는 협동과 이해의 이점을 보여주어야 한다. 그래야 변화가 생긴다. 예를 들어, 미묘한 나르시시스트를 지지하고 배려하면서 다가가면 시간이 지날수록 연인이나 배우자에게 더 헌신하고, 누군가의 고통을 상상해보라고 권할 때 실제로 공감대가 올라간다는 사실을 우리는 이미 살펴보았다.

최근에는 친밀한 관계가 아니더라도 나르시시스트들이 배려와 연민의 마음을 더 가질 수 있다는 사실이 연구를 통해 밝혀지고 있다. 공감 연구는 여러 사례 중 하나에 불과하다. 또 다른 실험에서 연구진은 나르시시스트들에게 '우리', '우리의', '우리에게' 같은 단어로 가득 찬 구절을 읽고 대명사가 몇 개인지 세어보게 했다. 이 단순한 활동을 통해 그들은 불우한 사람들을 돕고자 하는(예를 들면, 주머니에 있는 잔돈을 나눠줌으로써) 의지를 더 갖게 되었을 뿐 아니라, 유명해지는 것에 덜 집착하게 되었다. 마치 관계를 언급하는 것만으로 나르시시스트의 뇌 일부, 말하자면 명성과 재산보다는 배려와 존중에 관여하는 뇌를 환기시킨 것 같았다.

우리에게 필요한 전략은 사람들과 함께 살아가는 이 세상에서 나르시시스트들이 자신의 위치를 떠올리게 하는 것이다. 봉쇄된 공감 능력을 재활성화하기 위해 관심과 배려에 관여하는 뇌 영역에 불을 밝히는 것이다. 스펙트럼의 오른쪽 끝에 가까운 사람들은 대부분 다른 사람들을 생각하는 데 익숙하지 않다. 그들에게는 앞서가는 것이 함께 가는 것보다 더 중요하다. 누군가와 서로 신뢰하는 친밀한 관계를 형성해본 경험이 많지 않기 때문이다. 그러나 '함께 가는' 것이 '앞서가는' 데도 도움이 된다고 생각하면, 변화를 시도해볼 가능성이 아주 크다.

다시 말해서, 나르시시스트들이 스펙트럼의 중앙을 향해 움직이게 하는 가장 쉬운 길은 목표를 이루도록 그들을 지지하는 한편, 상호 존중과 상호 배려가 가져다주는 유익을 그들에게 상기시키는 것이다. 직장에서 건강하지 못한 나르시시즘에 대처하려면 양면 전략을 써야 한다. 첫째, 한계를 설정하고 필요한 것을 요청함으로써 여러분 자신을 보호해야 한다. 둘째, 배려와 협동, 존중이 가져다주는 유익함을 강조함으로써 나르시시스트를 부드럽게 몰아가야 한다.

이제 우리는 여섯 가지 조정 전략을 살펴볼 것이다. 처음 세 개는 여러분 자신을 보호하는 전략이고, 마지막 세 개는 나르시시스트들이 스펙트럼 중앙으로 움직일 수 있도록 이끄는 전략이다. 이 전략은 모두 별개이지만, 조합해서 사용할 수 있고 또 그래야 한다. 가장 좋은 접근법은 여러분 자신을 보호하면서 상대방을 스펙트럼 중앙으로 부드럽게 몰아가는 것이다.

그런데 먼저, 몇 가지 주의 사항이 있다. 여기에 나오는 모든 기법은 습관의 영역에 있는 나르시시스트에 관한 연구에 기초한 것이라는 점이다. 자기애성 인격 장애로 완전히 진행된 사람들에게는 효과가 없을 수 있다. 심각한 장애가 있는 상사들과 동료들은 직장에서 오랫동안 일할 가능성이 낮지만, 여러분이 운이 없어서 그들이 바닥을 치기 전에 한 직장에서 마주쳤다면, 이런 전략을 시험해보아야 한다. 이 중에서도 특히 자기보호 전략을 시험해보라. 연애 관계에서 그랬던 것처럼, 그들에게 변화의 가능성이 있는지 알아보는 방법이라고 생각하라.

그러나 가끔 드루가 그랬던 것처럼(그는 어느 날 회의가 끝난 후 제인을 '무능력자'라고 불렀다), 못된 행실이 선을 넘어 학대가 되면, 개인이 아니라 조직에서 그 문제를 책임져야 한다는 사실을 명심하라. 직장 내 괴롭힘에는 조직적이고 법적인 조정이 필요하다. 그리고 괴롭힘을 막는 것은 여러분의 책임이 아니라 고용주의 책임이다. 이번 장 257쪽에 있는 '비참한 상태라면 절대 버티지 마라'에서 경영진에게 접근하는 방법을 자세히 확인할 수 있다.

직장 내 괴롭힘에
대응하는 세 가지 전략

모든 나르시시스트가 그런 것은 아니지만, 많은 나르시시스트가 약자를 괴롭힌다. 따라서 여러분은 그들이 약자를 괴롭히는 사람이란 걸 한눈에 알아봐야 한다. 물론 말처럼 쉬운 일은 아니다. 때때로 괴롭힘은 우리에게 살금살금 다가온다. 강도가 매복해 있다가 사람들이 방심한 틈을 타 공격하는 방식으로 말이다.

우리는 대부분 직장에서 노골적인 무례나 부정행위를 맞닥뜨릴 것이라고 생각하지 못한다. 그래서 그런 일을 맞닥뜨렸을 때 터무니없는 대우를 당하고도 믿지 않는 경향이 있다. 반사적으로 현실을 부정하기 바쁘다. '그 사람이 정말로 나를 바보라고 부른 건 아니었어', '그 사람이 자기 실수에 대해 정말로 나를 탓한 건 아니었어'. 우리는 그 일이 정말로 일어났던 건 아니라고 자신을 설득한다.

그런가 하면 자신이 맹비난을 받았다는 사실을 인정했을 때 우리는 불행한 연애 관계에서 그랬던 것처럼 스스로를 탓하는 경향이 있다. '내가 지나치게 예민한 거야', '내가 더 열심히 일하면 돼', '내가 다 망친 거야'. 우리는 부모님이나 연인의 학대를 잊어버리려고 애썼던 것과 같은 이유로 직장 동료들이 못된 행동을 하는 이유를 찾는다. 우리에게는 그들이 필요하기 때문이다. 식료품을 사고, 방세를 내고, 대출금을 갚고, 가족을 부양하려면 우리에게는 직장이 필요하다. 불행한 가정에서 사는 어린아이가 문을 열고 씩씩하게 집을 나갈 수 없는 것처럼 우리도 쉽게 직장을 그만둘 수 없다.

그래서 우리는 부인하거나 잊어버리려고 애쓰고 내일은 더 나아지길 바란다. 때로는 우리 생각이 맞다. 그저 그날 또는 그 주에 운수가 나빴을 수도 있다. 그러나 때로는 시간이 지날수록 모욕적인 언사나 삿대질이 잦아진다. 그리고 하나의 패턴이 된다. 직장내괴롭힘연구소(WBI)의 심리학자 게리 나미(Gary Namie)와 루스 나미(Ruth Namie)가 조사한 바에 따르면, 괴롭힘의 가장 흔한 유형은 다음과 같다.

- 실수를 다른 사람들 탓으로 돌리기
- 부당한 작업 요구
- 직원의 업무 능력 비난
- 징계 처분과 관련하여 일관성 없는 사규 적용
- 직무를 위태롭게 만들거나 해고하겠다고 노골적으로 위협하기
- 욕설을 퍼붓고 모욕 주기
- 직원의 업무 성과를 폄하하거나 부정하기
- 직원을 배제하거나 따돌리기
- 소리 지르며 고함치기
- 아이디어나 저작물의 공을 가로채기

근무 중에는 이 중 어떤 일이든 일어날 수 있다. 그러나 이 가운데 많은 일을 자주 반복적으로 접한다면, 여러분 자신을 보호할 필요가 있다. 꼼꼼히 기록하는 것부터 시작하라. 여러분의 상사가 나르시시스트이긴 하지만 직원들을 괴롭히지는 않는다 하더라도 기록하는 습관을 가져야 한다.

자신을 보호하기 1. 모든 것을 기록하라

여러분이 제품을 생산하거나 아이디어를 냈다는 사실을 입증하는 모든 대화와 서류를 세심하게 기록하라. 말 그대로 모든 모욕이나 욕설을 장소와 시간, 그 자리에 있던 사람들 이름과 함께 녹음하라. 만약 상사에게 어떤 일을 하도록 지시를 받았는데 그 일이 실패하거나 실수로 밝혀지면, 상사와 주고받은 모든 서신의 사본을 보관하라.

해고 위협을 받았을 때도 이와 똑같이 하라. 괴롭힘 유형을 정리한 앞의 목록에 해당하는 행동은 모두 자세히 메모하라. 작업 중인 파일이 손상되거나 해킹당하거나 도난당했을 경우 증빙 서류를 외장 하드에 백업해두라. 회사 컴퓨터가 아닌 개인 노트나 집에 있는 컴퓨터에 일지를 써라. 회사 컴퓨터는 회사 것이고, 따라서 그 컴퓨터에 있는 모든 자료는 회사에서 접근할 수 있다.

만약 뭔가 잘못되었다는 생각이 들면, 이를테면 동료나 상사가 여러분의 소중한 아이디어를 가로챘다면, 자꾸 들먹이지 마라. 그들의 행동이 고의가 아니었을 가능성도 있기 때문이다. 그 아이디어가 여러분의 것이라는 사실을 단순히 잊어버렸던 것인지도 모른다. 그들의 체면을 세워줘라. 제인은 자신의 아이디어가 담긴 이메일 원본을 다음과 같은 메시지와 함께 재발송했다.

"네, 기억하실지 모르겠지만 그 안은 제가 제안했던 겁니다. 아래를 참조하세요. 당신이 마음을 바꿔서 기쁩니다. 그 아이디어로 우리가 팀을 감동시켰네요! 디자인의 출처를 밝힐 때는 제게도 참조로 보내주세요."

제인이 메시지에 '우리'라는 단어를 사용한 것을 주목하라. 표현이 가장 중요하다. 전부라고 해도 과언이 아니다. 공적인 업무라 해도 가능하면 1인칭 복수형을 써라. 여러분 자신을 보호하는 순간에도 스펙트럼의 중앙을 향해 나아가도록 사람들을 격려할 여지는 언제나 있기 마련이다. 나머지 자기보호 수단을 사용할 때도 그 나르시시스트에게 여러분과 그의 관계를 상기시키기 위해 항상 노력하라.

자신을 보호하기 2. 업무에 변함없이 집중하라
못된 행동에 대해 직접 이의를 제기하는 대신, 업무를 성공적으로 완수하는 방향과 관련지어 질문하라.

제인은 드루의 행동을 조심스럽게 정정했다. 그러나 그 뒤에도 드루가 행실을 고치지 않자 제인은 최선을 다해 그가 당면한 업무에 집중하게 했다. 드루가 보고서와 관련해 제인이 잘못한 점을 시시콜콜 거론하자, 제인은 자신을 보호하는 대신 지금 집중할 일이 무엇인지 상기시켰다. "이런 이야기가 문제 해결에 어떤 보탬이 되는지 제가 이해할 수 있게 도와주시겠어요? 어떻게 바꿀지 구체적으로 생각하고 계신 의견이 있으면 말씀해주시겠어요?"

업무에 집중하도록 유도하는 전략의 장점은 못된 행동에 제한을 가할 수 있다는 것이다. 이 전략을 구성하는 요소는 두 가지다. 의문을 제기하고("이게 문제 해결에 어떤 도움이 되는지 제가 이해할 수 있게 도와주시겠어요?"), 정중히 요청하기("제게 말씀해주시겠어요?").

말투를 조심하라. 자신이 공격받는 것처럼 느껴질 때는 말투가 사나워지거나 무뚝뚝해지기 쉽다. 변함없이 침착하고 상냥하도록 노력하라. 필요하다면 거울 앞에서 연습하라.

드루는 이런 접근 방식에 화답했다. 그는 제인의 말을 듣고 실수를 꾸짖는 대신 자신이 초점에서 벗어났다는 사실을 알아차렸다.

몇 가지 예를 살펴보자.

- 여러분이 회사의 자기자본을 분석하는 보고서를 냈다. 그런데 상사가 그 분석의 타당성에 의문을 제기하면서 여러분에게 직장에서 성공할 자질이 있는지 의심한다.
  "그것이 이 문제에 어떤 도움이 되는지 제가 이해할 수 있게 설명해주시겠어요? 바꾸고 싶은 게 있나요?"
- 부하 직원이 폭력적인 사무실 문화에 대해 큰 소리로 불평하기 시작한다(여러분은 그 사람 탓이 크다고 의심하지만).
  "이런 행동이 업무 문화를 어떻게 개선하는지 내가 이해할 수 있게 도와줄래요? 평소 생각해둔 구체적인 해결책이 있나요?"
- 동료가 프로젝트에 생긴 문제를 전부 여러분 탓으로 돌린다.
  "그런 지적이 이 프로젝트를 진행하는 데 어떤 도움이 되는지 내가 이해할 수 있게 도와줄래요? 당신이 원하는 게 뭔지 모르겠네요."

자신을 보호하기 3. 떠넘기기를 차단하라

직장에서 누군가와 접촉한 뒤에 자신이 무기력하게 느껴지거나 주눅이 든다면, 그 사람이 마지막에 여러분에게 뜨거운 감자를 떠넘겼을 가능성이 있다. 그런 행동은 차단해야 한다. 나르시시스트들이 없애려 애쓰는 불안에 대해서 직접 이야기하도록 그를 협조적으로 격려하는 전략이 필요하다.

자신의 감정을 표현하는 것으로 시작하라. 그러면 여러분 안에 어떤 감정이 숨어 있는지 알게 된다. 무기력하게 느껴지는가? 무능한 것 같은가? 스트레스를 많이 받는가? 상사나 동료, 부하 직원을 불러서 여러분이 느끼는 감정이나 그들이 느끼는 감정을 명확하게 명명함으로써 자기 안에 그런 감정이 있다는 사실을 인정할 수 있는지 확인하라.

예를 들어, 제인은 드루가 사람들에게 혹평을 쏟아낼 때마다 그의 걱정거리가 뭔지 추측하는 법을 터득했다. 한번은 드루가 제인이 야근을 할 수 없는 상황을 두고 그녀가 프로젝트에 정성을 쏟는 것 같지 않다며 의심하자 제인은 이렇게 말했다. "알겠습니다. 이 프로젝트 때문에 정말 스트레스가 많으시죠? 오늘은 특별히 더 그러신가 봐요. 지금 가장 불안한 게 뭔가요? 가장 시급한 과제를 먼저 처리할게요." 그 말에 드루는 자신이 초조하다는 사실을 간신히 인정했다. 이 말은 드루가 특정 업무와 관련해 고위 경영진에게 받고 있는 압박을 잠깐이라도 이야기할 수 있었다는 뜻이다.

떠넘기기를 차단하는 것은 그 사람이 달라질 수 있는지를 알아보는 중요한 시험이다. (그 감정을 불안감이라고 부르지도 않고) 자기 행동이 내재된 불안을 반영한다는 사실을 인정하지 않으면, 그 사람은 스펙트럼의 중앙을 향해 움직이기에는 너무나 완고한 사람인지도 모른다.

상황에 대응하는 다른 예를 더 살펴보자.

- 상사가 구체적인 예시를 들지도 않고 여러분의 업무 능력이 수준 이하라는 뜻을 은연중에 풍기자 자신이 실패한 것처럼 느껴질 때: "오늘따라 프로젝트에 대한 걱정이 많아 보이시네요. 혹시 걱정할 만한 얘기라도 들으신 건가요?"

- 부하 직원이 직무 능력 평가에서 낮은 점수를 받은 뒤 근무 환경을 불평하자 공격당하는 것 같은 기분이 들 때:
  "직무 능력 평가가 부당하다고 느끼는 것 같네요. 우리가 그 문제를 놓고 제대로 이야기해야 할 것 같지 않아요?"
- 사장을 비롯해 모두가 좋아했던 결정을 두고 동료가 여러분의 판단력에 의문을 제기해, 스스로도 의구심이 들 때:
  "지금 이런 우려를 제기하는 이유가 뭐죠? 결정을 흔들 만한 무슨 일이 있었나요?"

물론 상사나 동료가 업무와 전혀 무관한 문제, 이를테면 결혼 생활이나 가정생활, 또는 여러분과 관련 없는 그들의 사생활 문제로 씨름하고 있을 가능성도 다분하다. 그렇다 할지라도 떠넘기기를 차단하는 전략은 그들에게 자신의 행동이 직장에서 어떤 영향을 끼치는지 돌아볼 기회를 준다. 어쩌면 그들은 여러분을 깔아뭉개는 대신 무엇 때문에 자기가 그렇게 심란한지 이야기할지도 모른다.

스펙트럼 중앙으로 끌어오는 대화법

훌륭한 행동 포착하기

대부분의 사람은 대립을 가해자와 피해자 사이의 마지막 결전으로, 대화보다는 처벌의 형태로 묘사한다. 대부분의 처벌이 그렇듯이, 이런 식의 처벌은 한쪽 입장으로 치우치는 경향이 있다. "시간 지났어, 네 방으로 가!"라고 소리 지르는 부모님과 조금 비슷하다. 현실적이기보다는 카타르시스를 느끼는 데 치중되어 있다. 처벌은 일시적으로 행동을 중단시키지만, 새로운 행동을 권장하지는 않는다.

이와 달리, 그 사람이 더 나은 행동을 보이고 거기에 역점을 두기를 기대하는 것은 좀 더 생산적인 전략이다. 나르시시스트를 스펙트럼의 중앙으로 부드럽게 몰아간다는 말은 그들이 약간의 협동 능력을 보이거나 다른 사람에게 관심을 보이거나 주변 사람들의 행복에 관심을 보일 때, 요컨대 그들이 좀 더 조직을 생각하면서 행동하는 순간에 집중하는 것을 의미한다.

드루에게는 사람들에게 존경받고 싶은 충동과 야심이 있었다. 그런데 이것이 다른 사람들에게 관심을 쏟는 데 자주 방해가 되었다. 그런데 드루는 이따금 직원들의 업무 능력을 칭찬하거나 가정생활에 관해 묻기도 했다. 스펙트럼의 오른쪽에 위치한 나르시시스트가 계속 이런 훌륭한 행동을 하도록 붙잡아두려면, 감사의 표시로 이런 순간들이 돋보이게 해줘야 한다.

예를 들어, 제인은 드루가 그들이 곧 결정을 내려야 하는 안건에 관해 자기에게 의견을 물었을 때 그 순간을 주목했다. 대답하기 전에 제인은 드루의 행동을 팀 전체의 성공과 결부시켰다. "제게 물어봐주셔서 감사합니다! 이렇게 제 의견을 물으실 때마다 제가 소중한 팀원이라는 생각이 들어요. 그리고 우리 팀이 성공할 수 있도록 더 열심히 일하고 싶어져요."

이렇게 말하면 아첨꾼이 되는 것인가? 그렇지 않다. 아첨과 타당한 칭찬은 다르다. 여러분은 지금 그들의 행동을 덮어놓고 지지하는 것이 아니라, 훌륭한 행동의 구체적 사례를 집어내는 것이다. 끊임없는 아첨은 해서는 안 된다.

그런 아첨은 건강하지 못한 나르시시즘을 부추길 뿐이다. 자기애가 강한 상사에게 칭찬할 것이 아무것도 없다면, 아무 말도 하지 마라. 그러나 혹시라도 괜찮은 행동을 보았다면, 분명하고 진실하게(그렇지 않으면 다시는 그런 행동을 보지 못할 수도 있다) 그 부분을 집어내어 칭찬하라.

나르시시스트를 스펙트럼의 중앙으로 부드럽게 몰아가려면, 조직을 생각해서 한 행동을 주목하고 그 행동을 직장에서의 성공과 결부시켜야 한다.

상사에게는 이렇게 말할 수 있다.

훌륭한 피드백 감사합니다! 잘하고 있다는 소리를 들으면 더 열심히 해야겠다는 의지가 생겨요.

늘 어떻게 진행되고 있는지 물어봐주셔서 감사합니다. 계속 밀고 나갈 힘이 생기는 것 같아요.

부하 직원에게는 이렇게 말할 수 있다.

다른 팀원들과 협력을 아주 잘한다니 기쁘네요. 이번 건은 당신이 대성할 수 있는 아주 좋은 기회예요.

제인에게 어머니가 괜찮으신지 물어본 건 친절한 행동이었어요. 동료를 배려하는 단순한 행동이 팀원들의 기분을 좋게 하고 생산성을 높여준답니다.

동료에게는 이렇게 말할 수 있다.

그날 회의 때 힘이 되어줘서 고마워요. 우리가 이렇게 함께 일하면 분명 멋진 아이디어가 나올 거예요.

커피 마시러 나갈 때 내게 필요한 것 없냐고 물어봐줘서 고마워요. 당신이 내 뒤를 든든히 받쳐준다고 생각하니, 마지막까지 더 힘을 낼 수 있을 것 같아요.

좋은 행동과 나쁜 행동 대비시키기

과거와 현재를 동시에 설명한다는 점만 빼면 대비시키기 전략과 포착하기 전략은 거의 똑같다. 나쁜 행동을 지적할 때는 팀을 더 고려하고 했던 행동(이를테면 여러분이 전에 보았던 좋은 행동 중 무엇이든)을 몇 가지 기억해내서 함께 이야기하는 것이 훨씬 효과적이다. 예를 들어, 제인은 드루가 우선 처리해야 할 업무에 직면했을 때 이렇게 설명했다.

우리가 지난주에 그날 하루를 시작하면서 업무 내용을 점검했을 때 저는 정말 감사했어요(좋은 행동 포착하기). 우리 팀의 활동에 정말 만족했고 저도 우리 프로젝트를 위해 아주 창의적인 생각을 내놓았어요. 그런데 오늘 우리가 그 일을 하지 않았다는 걸 알고 나니까, 확실히 의욕이 조금 꺾이네요(나뻔 행동과 대비시키기). 지난주에 했던 방식으로 돌아가면 정말 좋겠어요.

제인이 복수 대명사를 얼마나 자주 사용하는지 주목하고, 우리가 한 팀에 속해 있다는 걸 상기시키려고 노력하라. '우리'라는 표현을 사용하라는 말이다. '너'와 '나'라는 표현은 협동 관계를 부각시키지 못한다. 이런 표현은 그를 나르시시스트적 사고방식 안에 가둘 가능성이 있다.

그래도 '너'라는 표현을 쓸 수밖에 없다면, 여러분이 강화하고자 하는 행동을 위해 아껴두라. 스펙트럼의 오른쪽 끝에 가까운 나르시시스트들에게는 다른 사람들을 배려했던 이전의 행동을 상기시켜주는 것이 좋다. 몇 가지 예를 더 살펴보자.

상사에게는 이렇게 말할 수 있다.

> 지난주에 우리 팀 모두가 기여할 시간을 남겨두었을 때 저는 정말 멋진 경험을 했습니다. 오늘은 우리에게 그럴 기회가 적었죠. 그래서 이 프로젝트에 대한 기대감이 많이 줄었습니다. 지난주와 같은 방식으로 하면 어떨까요?

> 지난번 프로젝트를 진행할 때 부장님이 오류에 대해 침착하게 저희와 의논하신 덕분에, 저를 포함해서 우리 모두가 수월하게 문제를 해결했습니다. 오늘도 긴장되긴 하지만, 지난번처럼 우리가 힘을 합쳐서 문제를 해결할 순 없을까요?

부하 직원에게는 이렇게 말할 수 있다.

지난 금요일에는 우리가 함께 모여서 선택지에 관해 의견을 나눌 여지가 있었던 덕분에 모두의 사기가 훨씬 높았어요. 아주 훌륭했죠. 오늘은 다들 기운이 없어 보여요. 어떻게 하면 우리가 계속 거리낌 없이 자기 의견을 개진하면서 열린 태도로 일할 수 있을까요?

어제는 당신이 열의를 가지고 다른 사람에게 의견을 묻고, 또 사람들이 내놓는 답변에 관심을 보여준 덕분에 모든 팀원의 역량을 최대로 끌어냈어요. 어떻게 하면 우리가 이번 주 내내 그런 분위기에서 일할 수 있을까요?

자기 생각을 분명하게 말하기

이것은 모든 조정 전략 가운데 가장 구체적인 전략이다. 무엇이 잘못되었고 무엇을 바꿔야 하는지 분명하게 말해야 한다. 대부분의 권고와는 다르게, 직장이 이 전략을 처음 시도하기에 가장 좋은 장소는 아닐 것이다. 이 전략은 여러분이 느끼는 바를 더 많이 이야기해야 하기 때문에 여러분에게는 정서적으로 가장 위험한 전략이다.

직장 동료들과 정서적으로 가까울수록 이 전략은 효과가 있다. 그러나 더 깊은 감정을 표출하는 것이 부적절해 보일 정도로 직장 내 인간관계는 대부분 형식화되어 있다.

게다가 일부 나르시시스트는 여러분을 부끄럽게 만들거나 다른 사람들에게 폭로함으로써 그러한 감정을 여러분에게 불리하게 이용할 수 있다. 물론 이것은 폭력에 해당하지만, 사람들을 조종하는 데 능하고 가학적 성향이 강한 나르시시스트들에게는 그리 어렵지 않은 일이다. 그 사람이 스펙트럼의 어디쯤에 위치하는지 확실히 알기 전까지는 감정을 공유해서는 안 된다. 이런 이유 때문에 이 전략을 뒤에 배치했다.

여러분의 생각을 분명하게 말하려면, 내가 ABC라고 부르는 다음 세 가지를 발언할 때 언제나 포함시켜야 한다.

- A는 'affect', 정서적 영향이다. 다시 말하면 감정이다. "제 마음이 편치 않네요", "제가 좀 불안하네요", "제가 기분이 좋지 않네요" 처럼 감정이 담긴 발언은 대체로 '나'라는 단어를 사용한다. '슬프다', '두렵다', '겁난다' 같이 더 강한 단어를 쓸 수도 있지만, 지금 여러분과 이야기하는 사람은 여러분의 친구나 연인이 아니기 때문에 모호하고 덜 격렬한 단어를 사용하는 것이 좋다.

직감을 좇아라. 이 전략의 주된 목표는 여러분의 경험을 묘사하는 것이다. 이 단계에서는 절대 '너'라는 단어를 쓰지 마라. 몇 가지 예를 들면 이런 표현을 쓸 수 있다. "제가 좀 긴장이 되네요." "제가 지금 뇌가 멈춘 것처럼 생각을 할 수가 없네요." "제가 지금 좀 불안하고 초조해요."

- B는 'behavior', 행동이다. 이는 감정을 유발하는 경험이나 상호작용, 행위를 가리킨다. 예를 들면 다음과 같다. "당신이 목소리를 높일 때", "제가 매번 비판만 들으면", "당신이 빈정거리는 말을 할 때", "당신이 내 말을 자를 때."

- C는 'correction', 정정이다. 이는 여러분이 추구하는 변화를 가리킨다. 적절한 자기주장에는 언제나 어떤 요구가 담겨 있다. 정정

한다는 것은 지도하고 가르치는 일종의 코칭이다. 상호작용을 향상시키려면 뭘 해야 하는지 듣는 사람에게 말하는 것이다. 예를 들면 다음과 같다. "목소리 좀 낮춰주시겠어요?" "어떤 조치를 취하고 싶으신 건지 말씀해주시겠어요?" "좀 더 상냥하게 말씀해주시겠어요?"

자기주장을 펼칠 때는 말투가 중요하다는 사실을 명심하라. 마치 상대방에게 돌을 던지듯 말을 툭툭 뱉으면, 듣는 사람은 방어적인 태도를 취하거나 화를 내기 마련이다. 공감을 유도하는 말을 할 때처럼 좀 더 온화하게 말하려고 노력하라.

제인은 드루가 질문을 퍼부으며 자신을 늦게까지 계속 잡아두자 그에게 자기 생각을 분명하게 말했다. 그러나 어느 말도 드루를 스펙트럼의 중앙으로 부드럽게 몰아가지는 못했다.

야근을 못 한다고 말할 때 저도 마음이 편치 않아요. 게다가 제게 계속 질문을 하시잖아요. 제가 가야 한다고 말하면 대화를 끝내기로 해요. 어때요?

상사에게는 이렇게 말할 수 있다.

부장님이 전 직원 앞에서 저를 비난하셔서 오늘 내내 기분이 좋지 않았습니다. 일대일로 만나서 피드백을 주실 순 없나요?

부하 직원에게는 이렇게 말할 수 있다.

> 문제가 생길 때마다 내게 이메일을 쏟아부으니, 당신이 직장에서 스트레스를 어떻게 처리하는지 걱정이 많이 됩니다. 이제부터는 중요한 메시지와 그렇지 않은 메시지의 우선순위를 정해주세요.

만약 부하 직원에게 자신의 생각을 분명하게 밝혀야 한다면, 업무 수행 계획서 같은 행정 조치를 고려해보라. 상사의 권위로도 부하 직원이 규칙을 지키게 할 수 없다면, 나쁜 징조다.

동료에게는 이렇게 말할 수 있다.

> 내가 제안하는 것마다 당신이 반박하니까 초조하고 불안하네요. 팀을 위해서 우리가 좀 더 협조적인 태도로 일할 수는 없을까요?

이 전략을 사용하기 전에 먼저 목표를 정하는 것이 좋다. 성공 여부를 가늠할 목표가 있으면, 진전이 있는지 여부를 평가하는 데 도움이 될 것이다. 목표가 웅장하거나 구체적일 필요는 없다. 최소한 지금 당장은 그렇지 않아도 된다. 스스로에게 간단히 물어보라. '상황이 나아지는 징후가 있는가?' '직장에서 더 행복해졌는가?' '동료들이 나를 더 소중하게 생각하는 것 같은가?' '회의에서 내 의견을 들어주었는가?'

이 전략을 사용하기 전에 목표를 모두 정할 필요는 없다. 먼저 여러분을 가장 괴롭히는 것이 무엇인지 명확히 아는 것이 자신을 보호하는 데도 도움이 될 수 있다. 예를 들어, 제인은 자신의 아이디어를 모두 문서로 기록하는 일부터 시작했는데, 이를 통해 그동안 드루가 그녀의 공헌을 얼마나 경시해왔는지 비로소 알게 되었다. 제인은 드루의 행동이 달라지지 않으면 함께 근무할 수 없다는 사실을 깨달았다. 그 사실을 알고 나니 자신의 업무에 더욱 집중할 수 있었다. 제인은 드루가 알아줄 때나 알아주지 않을 때나 훨씬 더 세심하게 주의를 기울였다. "그가 내 공로를 알아줄 필요가 있어요." 제인이 설명했다. "더는 참아낼 수가 없어요."

그럼에도 처음부터 제인의 총체적인 목표는 단순했다. 바로 더 편한 마음으로 출근하는 것. 제인은 몇 달 동안 사무실에서 안절부절못했다. 그 상황을 고치는 것이 그녀의 최우선 과제였다. 다른 상황이 나아지는 것은 그다음 문제였다. 여러분이 제인과 같은 처지라면, 일반적이고 단순한 목표로 시작할 필요가 있다.

직장에서 어떤 점이 달라지길 바라는가? 목록을 만들어보라. 다음과 같은 결과가 보이면 성공한 것이다.

- 출근하는 게 더 이상 두렵지 않다.
- 전처럼 자주 아프지 않다.
- 내가 더 창의적인 사람처럼 느껴진다.
- 내가 더 가치 있는 사람처럼 느껴진다.
- 이제 남에게 휘둘리지 않는다.
- (부당한 비난이나 모욕을 받을 가능성이 줄어서) 정서적으로 안정된 느낌이다.

평가 기준을 더 구체적으로 세울 수도 있다. 업무를 인정받고 있는지, 좀 더 합리적인 작업 요구를 받고 있는지, 또는 좀 더 일관성 있고 공정한 보상을 받고 있는지 말이다.

아랫사람에게 고함지르고 깔아뭉개는 상사들이 있다. 많은 사람이 그런 근무 환경에서 벗어나고 싶어 한다. 혹시 여러분이 제인처럼 회사를 그만둘까 생각한 적이 있다면, 아마도 상황은 끔찍할 테고 여러분은 노골적인 괴롭힘을 당하고 있을 것이다. 그래서 아마도 지금 희망의 조짐을 찾고 있을 것이다.

비참한 상태라면
절대 버티지 마라

상황이 나아질 기미가 없다면, 이제 관리자나 인사 담당자를 찾아가야 할 때인지도 모른다.

그러나 그러기 전에, 먼저 여러분이 기록해온 파일을 살펴보라. 거기에는 지금까지 겪은 나쁜 행동들의 수많은 사례가 들어 있어야 한다. 증거를 검토하면서 다른 사람들에게 현실을 직시하라고 말하라("드루 때문에 당신도 똑같은 기분이 들지 않았나요?"). 다른 직원들이 비슷한 경험을 말하면, 관리자가 여러분의 고민을 진지하게 받아들일 가능성이 커진다. 관리자가 기꺼이 여러분의 노력에 동참하려고 하면, 여러분이 신뢰하는 다른 직원들이나 친한 친구들에게도 협조를 부탁할 수 있다.

그러나 이는 지극히 위험한 행동이라는 사실을 명심하라. 여러분은 자신의 상사보다 더 높은 사람을 찾아가기 전에 이런 불만과 우려를 해소하는 일에 회사가 얼마나 힘이 되어줄지 확실히 알고 싶을 것이다.

불행히도, 공식 채널을 통하는 것이 효과가 없을 때가 많다. 인사과는 경영진과 회사의 이익을 최우선으로 여기고, 의식적으로든 무의식적으로든 문제를 무마할 방법을 찾는다.

2008년에 비공식적으로 실시된 직장 내 괴롭힘 연구는 400명의 응답자에게 문제를 보고했을 때 고용주가 어떻게 했는지 물었다. 결과는 다음과 같다.

- 1.7퍼센트는 공정한 조사를 실시하고, 직장 내 괴롭힘을 주도한 가해자를 징계해 피해 직원을 보호했다.
- 6.2퍼센트는 공정한 조사를 통해 가해자를 징계 조치했으나 피해 직원을 보호하지는 않았다.
- 8.7퍼센트는 불공정한 조사를 통해 가해자에게 어떠한 징계도 내리지 않았다.
- 31퍼센트는 불충분하거나 편파적인 조사로 가해자에게는 어떠한 징계도 내리지 않고 오히려 피해자에게 징계를 내렸다.
- 12.8퍼센트는 가해자와 피해자 모두에게 어떤 조치도 취하지 않고 문제를 묵살했다.
- 15.7퍼센트는 아무 조치도 하지 않고, 문제를 보고한 피해자에게 보복했다. 피해자는 회사를 계속 다녔다.
- 24퍼센트의 고용주는 피해자를 해고했다.

이런 참담한 통계를 마주한 심리학자 게리 나미와 루스 나미는 엄중히 주의를 촉구했다. "인사과를 믿지 마라. 그들은 경영진을 위해 일하고 그들이 곧 경영진이다."

일부 대기업은 이런 문제를 심각하게 받아들인다. 이들 기업은 고충과 불만을 듣고, 권고하고, 특정 조직 안에서 어떻게 대처해나갈지 조언해줄 수 있는 옴부즈맨을 두어 상담 및 자문을 제공한다. 옴부즈맨은 종종 회사 시스템을 아주 잘 알고, 직원들을 위해 서류를 준비하고 평가하고 문제의 중재를 도울 적임자다. 일부는 자기가 들은 문제에 관해 회사 경영진에게 익명으로 피드백을 제공하기도 한다.

대다수 옴부즈맨은 기밀을 유지한다. 상담 치료사들과 마찬가지로 그들은 공식적인 서면 공개 없이는 누구에게도 발설하지 않는다. 그렇더라도 개인 정보 보호를 위해 한계와 조건을 모두 명시한 서면 진술을 옴부즈맨에게 항상 요구하라. 그러면 서면 진술을 검토한 다음 궁금한 점을 질문할 수 있다. 대부분의 직장은 그것들을 인쇄물로 제공한다.

하지만 특정한 상황에서는 상담 치료 기록까지 법정에서 공개될 수 있다는 사실을 기억하라. 여러분이 소송을 제기한 뒤 중간에 합의하지 않고 끝까지 간다면, 옴부즈맨과의 상담 기록이 공개되는 것에 기댈 수 있다. 옴부즈맨에게 무슨 말을 할지 결정할 때 그 점을 감안하라. 예를 들어, 만약 법원에서 그 정보를 검토하지만 않으면 소송을 계속할 수 있다고 생각한다면, 우울증이나 불안 장애와 같은 정신 건강 이력을 공유하지 마라.

조직에 호소하는 방안을 고려할 때 여러분은 조직 문화의 나르시시즘 수준도 평가하고 싶을 것이다. 로체스터 공과대학의 경영학 교수 앤드루 더브린(Andrew Dubrin)은 어떤 조직이 '자기 이익에만 골몰하고 과대망상에 빠져' 있을 때 나르시시즘에 빠진 것과 같다고 간주한다. 회의와 축하 행사와 정교하고 고급스러운 사무용 가구에 대한 낭비성 소비, 추종 세력을 거느린 CEO 등 자기애성 조직 문화의 특징에 주의를 기울여라. 나르시시즘을 장려하고 나르시스트가 성공하는 조직은 특권 의식과 착취 행위를 문제로 인식하지 않을 가능성이 크다. 심지어 그런 행동을 '성공을 향한 갈망'으로 간주할 수도 있다.

그 대표적인 사례가 한때 월스트리트에서 잘나가다가 걷잡을 수 없는 금융 사기로 2001년에 붕괴된 엔론(Enron)이다. 이 회사는 사치스러운 파티, 호화로운 사무실, 자화자찬하는 경영진으로 유명했다. 회사가 도산하자 직원들은 빈털터리가 되었다. 그러나 간부들은 회사 상황에 전혀 개의치 않았다. 나르시스트를 격려하고 포상하는 곳에서는 직원을 보호하기는커녕 고충을 들어줄 가능성이 훨씬 낮다.

윗사람을 찾아갔을 때 관리자 또는 인사과에서 여러분의 고충에 세심하게 귀를 기울이고 여러분을 대신해서 중재에 나선다면, 상황은 금방 좋아질 것이다. 그들과 계속 협력하고 상황에 대한 최신 정보를 제공하라.

그런데 가능한 모든 조정을 시도했는데 관리자나 조직 체계가 여러분의 요구에 묵묵부답으로 일관하면, 여러분은 정말로 할 수 있는 일을 다 한 것이고, 중독에서 벗어나지 못하는 나르시스트의 연인 또는 친구와 같은 처지에 놓인 셈이다. 여러분은 필요한 것을 얻지 못할 가능성이 있다. 조직 체계 자체가 중독의 악순환에 빠져 있을지도 모른다. 이는 곧 조직 내의 나르시시즘은 더 큰 문제를 암시하는 하나의 증상에 불과하다는 뜻이다.

회사를 떠나는 것은 관계를 끊는 것만큼이나 고통스러울 수 있다. 더욱이 경제적으로 어려운 시기에는 그것이 불가능한 일처럼 느껴질 수도 있다. 그러나 상황을 개선하려고 애를 썼는데도 여전히 비참한 기분이 든다면, 회사에 그냥 남는 것은 비참한 상태가 계속되는 것을 의미한다. 여러분의 행복은 이제 여러분의 손이 아니라 여러분이 속한 회사나 고용주의 손에 달려 있기 때문이다. 지금은 여러분이 주도권을 쥐어야 할 때다. 그리고 떠나야 할 때다.

PART 4

건강한
나르시시스트로
살아가기

위대한 인물의 열정은 위대한 야망으로 나타난다.
위대한 야망을 가진 사람들은 아주 훌륭한 행동을 할 수도 있고
아주 못된 행동을 할 수도 있다.
그들이 어떤 원칙을 가졌느냐에 따라 그들의 행동이 달라진다.

_나폴레옹 보나파르트

자존감 높고
행복한 아이로 키우기

알아두면 좋은 양육의 원칙

트리시는 육아 스트레스 때문에 나를 찾아왔다. 그녀는 약 6개월간 상담 치료를 하면서 여섯 살 된 아들 토미에 관해 이야기했다. 트리시는 아들이 다니는 학교로부터 편지를 한 통 받았다.

"토미가 다른 아이들을 바보로 만들고 깔아뭉갠대요." 트리시가 소심하게 입을 열었다. 찡그린 얼굴에, 눈으로는 책장에 꽂힌 책을 훑어보았다. 지금부터 하려는 말이 영 거북한 모양이었다.

"처음에는 사소했어요. 친구들의 말을 고쳐주는 거였죠. 여섯 살짜리 애가 학교 선생처럼 문법을 지적하는 걸 상상해보세요. 그중 절반은 잘못된 지적이었어요. 그러면 상황은 더 악화되었죠."

트리시는 고개를 저으며 허탈하게 웃고 내게 편지를 건넸다.

가장 최근에는 놀이터에서 다른 아이들보다 어리고 말수가 적은 남자아이에게 다가가 모자가 보기 싫다고 말했다.

"그 아이는 울면서 안으로 뛰어 들어갔어요. 알고 보니 그 모자는 몇 주 전에 세상을 떠난 아이 아버지가 준 것이었대요. 당연히 토미는 그 사실을 몰랐죠. 어떻게 알았겠어요? 하지만 그건 중요하지 않잖아요." 트리시가 차분하게 설명했다.

"언제부터 이런 일이 있었나요?"

"글쎄요, 한 1년쯤 된 것 같아요."

트리시가 갑자기 의자에 등을 기댔다. 자신이 미처 깨닫지 못했던 연관성을 찾으려고 집중하느라 눈을 찌푸렸다.

"사립학교로 옮긴 직후였던 것 같아요."

토미는 영재의 조짐을 보였다. 세 살 때 책을 읽었고 책에 나오는 구절을 줄줄 읊었다. 네 살 때는 종종 부엌 식탁에 쪼그리고 앉아서 사방에 종이를 펼쳐놓고 수학 문제를 풀었다. 변호사인 트리시와 물리학자인 남편 브래드는 아들에게 가능하면 최고의 교육을 받게 해주고 싶어서 공립학교에 다니던 토미를 사립학교로 전학시켰다.

새 학교의 교사들은 토미의 외향적인 성격을 칭찬했다. 그러나 토미가 '충동적이고 과장된 행동'을 한다고 걱정하는 교사들도 있었다. 우스꽝스러운 대답을 불쑥 내뱉거나 '대장' 행세를 하며 거들먹댄다고 걱정했다. 토미가 창조해낸 '대장'은 암을 완치하고 이제 다른 문제들을 해결하러 세계를 여행했다.

"토미 외할아버지가 대장암으로 돌아가셨어요. 아마도 토미는 자기가 '대장'이 되어 할아버지를 살리겠다고 생각했던 것 같아요." 트리시가 설명을 이어갔다. "하지만 이러다 억지가 너무 심해질 수도 있잖아요. 토미 외할머니가 아이를 자꾸 부추기는 것 같아 걱정이에요. 엄마는 토미가 얼마나 명석한지 모른다면서 시간 날 때마다 손자의 학교 성적을 자랑하세요. 토미를 말리거나 잘못을 지적하는 법이 없어요. 심지어 토미가 여동생을 때릴 때도 마찬가지예요. 제 평생, 엄마는 본인이 잘못하는 일은 없다고 확신하시는 것 같았어요. 그리고 지금은 본인 외손자가 완벽한 것처럼 행동하고요."

"어머니에게 이 문제에 관해 이야기하니 뭐라고 하시던가요?" 내가 물었다.

"엄마랑은 대화가 안 돼요. 엄마에게 성적 말고 다른 일로 토미를 칭찬하시라고 말씀드렸어요. 여동생에게 다정하게 대할 때나 뭔가를 열심히 하려고 할 때 칭찬해달라고요. 하지만 제 말은 귓등으로도 안 들으세요. 늘 그러셨어요. 아이러니한 건, 엄마가 저와 제 동생을 키우실 때는 늘 우리를 비난하기 바쁘셨다는 거예요." 트리시는 어린 시절을 생각하면서 이를 악물었다.

"엄마가 내게 그러셨던 것처럼 토미를 엄하게 키우지는 않겠다고 다짐했지만, 정말 화가 날 때는 토미를 어떻게 해야 할지 모르겠어요. 며칠 전에는 토미가 그날 오후에만 동생을 네 번이나 놀리고 창피를 줬어요. 그림을 바보같이 그렸다고요. 너무 화가 났어요. 그래서 동생에게 사과하기 전까지는 친구들과 놀 수 없다고 말했어요. 이런 식으로 행동하면 아무도 너랑 친구가 되고 싶어 하지 않을 거라고요." 트리시는 불안한 듯 발을 동동 구르며 한숨을 쉬었다. "토미는 주목받는 걸 아주 좋아하고 과장되게 행동해요. 마음에 있는 말을 하는 데 전혀 거리낌이 없어요. 토미가 자기만의 장점을 잃지 않기를 바라요. 하지만 토미가 저희 어머니 같은 나르시시스트가 되지 않게 하려면 제가 어떻게 해야 하나요?"

좋은 양육의 시작은
적절한 온정과 통제

트리시는 올바른 걱정을 하고 있다. 5장에서 살펴보았듯이, 개중에는 건강하지 못한 나르시시즘의 초기 징후를 보이는 아이들이 있다. 토미에게도 몇 가지 징후가 보였다. 일례로 토미는 자기가 제일 먼저 답을 맞혔다며 자랑하고, 다른 아이들이 답을 모르면 한심한 듯 손가락을 까딱거렸다. 트리시는 오만한 아들 때문에 진퇴양난에 빠졌다. 그녀뿐 아니라 많은 부모가 이런 곤경에 빠진다.

트리시는 (친정 엄마처럼 될까 봐 내키지 않았지만) 아들의 잘못된 행동을 못 본 척할 수 없었다. 하지만 토미가 규칙을 어길 때마다 끊임없이 화내며 싸우고 싶지도 않았다. 트리시는 토미를 올바른 방향, 즉 오만하고 남을 멸시하는 태도를 버리고 창의성과 공감 능력, 야망과 자신감이 꽃을 피우는 스펙트럼의 중앙을 향해 부드럽게 몰아가는 한편, 토미가 부모에게 보살핌과 사랑을 받고 있다고 느끼길 바랐다. 또한 이 과정에서 토미가 다치지 않기를 바랐다.

트리시와 똑같은 딜레마에 빠진 부모들이 많다. 우리 모두가 알고 있듯이, 어린 시절의 경험은 남은 인생 동안 아이들을 옳은 길로 이끌 수도 있고 잘못된 길로 이끌 수도 있다. 트리시 같은 부모들은 혹시나 자기가 추악한 나르시시스트를 기르고 있는 것은 아닐까 하는 공포 속에 산다.

그런데 부모들이 알지 못하는 사실이 하나 있다. 부모에게는 건강한 나르시시즘을 고취할 힘이 있다는 사실이다. 그렇다면 최상급 나르시시즘을 끌어내고 최악의 나르시시즘을 저지하는 훌륭한 양육 방식은 어떤 것일까? 이를 좀 더 잘 이해하기 위해서, 먼저 네 가지 기본 양육 태도를 자세히 살펴보자.

양육은 온정과 통제, 이 두 요소로 이루어져 있다. 온정은 우리가 아이들에게 보여주는 배려와 사랑, 애정 어린 보살핌을 말한다. 통제는 우리가 아이들에게 제시하는 방향, 감시, 지침을 말한다. 아이들에게는 이 두 요소가 모두 필요하지만, 둘 사이에서 균형을 잡는 것이 가장 중요하다. 한쪽이 너무 과하거나 결핍되면 건강하게 자랄 수 없다.

아래에 소개하는 네 가지 양육 태도는 사실 이 두 요소가 어떤 비율로 어우러지느냐에 따라 결정된다. 그리고 각각의 양육 태도는 자녀의 나르시시즘 수준에 각기 다른 영향을 끼친다.

독재형 양육 태도

독재형 부모는 자녀를 통제하려는 성향이 아주 강하고, 대개는 차갑고, 정서적으로 거리감이 든다. 융통성이 부족하고 자녀의 필요에 즉각 반응하지 않으면서 요구는 많다. 독재는 학대로 이어지기 쉽다. 통제가 학대로 이어지는 건 금방이다.

다행히 공공연한 학대로 나아가지 않는 독재형 양육 태도는 보통 두 가지 형태를 띤다. 얼음같이 차가운 한쪽 끝에는 법학 교수 에이미 추아의 《타이거 마더》를 통해 많은 사람에게 알려진 '호랑이식 양육법'이 있다. 추아에 따르면, 호랑이같이 무서운 부모는 자녀들이 확실히 성공할 수 있도록 깨어 있는 모든 순간을 통제한다. A 학점을 받으라고 요구하고, 최고 점수를 받기 위해 열심히 공부하도록 친구들도 못 만나게 한다. 자녀를 응석받이로 기르지도 않거니와 자녀의 자존감에도 관심이 없다.

드물긴 하지만 고맙게도 호랑이식 양육법을 연구하는 연구자들이 있는데 이들에 따르면, 이런 분위기에서 자란 대다수 청소년이 불행하고 불안하고 우울하고 사교성이 부족하고, 아이러니하게도 기대 이하의 성적을 내는 것으로 밝혀졌다.

독재형 양육법보다 훨씬 따뜻한 반대쪽 끝에는 '헬리콥터 양육법'이 있다. 헬리콥터 양육법은 일반적으로 써온 용어로 부정확하게 사용하는 경우가 대부분이다. 어떤 사람들은 자녀의 인생에 지나치게 간섭하는 양육을 헬리콥터 양육법이라고 정의한다. 대학생 자녀에게 매일 연락하거나, 전공 선택을 돕거나, 학기말 리포트 주제를 정해주는 것을 예로 들 수 있다. 연구에 따르면, 이 모든 행동은 행복과 좋은 학점을 비롯한 많은 혜택과 연결되어 있다.

그러나 심리학자들은 과도한 통제와 간섭을 조건으로 달면서 헬리콥터 양육법을 좀 더 정확하게 정의한다. 이런 식으로 양육된 대학생들은 '우리 엄마는 내 연습 일정을 감시한다', '룸메이트와 문제가 생기면 엄마가 참견할 것이다' 같은 진술에 '그렇다'라고 답했다. 헬리콥터 부모들은 쌀쌀맞지 않지만, 끊임없이 간섭하는 태도 때문에 자녀의 감정에 냉정하고 무심해 보인다. 그 결과는 호랑이식 양육법과 별 차이가 없다. 아이들을 비참하고 불안하고 우울하게 만든다. 다행히도 이런 독재형 양육은 흔치 않다.

독재적인 가정에서 자라는 것은 경찰국가에서 사는 것과 살짝 비슷하다. 아이들은 모든 것을 꿰뚫어보는 부모의 뜻에 따라 끊임없이 빚어지고 통제되며, 절대적인 부모의 권위에 복종해야 한다. 이런 식으로 길러진 아이들은 누구에게도 마음 편히 의지할 수 없어서 에코이스트나 나르시시스트로 자랄 위험이 아주 높다. 이런 양육 방식은 사람을 인격체로 대하기보다 성과로 대한다.

독재형 부모의 모습

- 아이들은 어른의 시야를 벗어나지 않되, 잠자코 있어야 한다고 믿는다.
- 아이들이 자신 앞에서 화를 내는 것을 용납하지 않는다.
- 몹시 엄격하고 확고부동한(반드시 일관성이 있는 것은 아니지만) 규칙을 가지고 있다.
- 아이들이 자신에게 질문하는 것을 허락하지 않는다.
- 대개는 아이들에게 따뜻한 태도를 보여주지 않는다.

허용형 양육 태도

이런 양육 태도를 보이는 부모들은 따뜻하고 통제력이 부족한 경향이 있다. 트리시는 아들이 다니는 학교에서 편지를 받았을 때처럼 몹시 화가 날 때 허용형 양육 태도를 양육 방식을 취했다. 부분적으로 이것은 자기가 받았던 양육법에 대한 반발이었다.

트리시는 자신이 독재자 같은 친정 엄마처럼 될까 봐 두려워하며 살았다. 그녀의 엄마 마거릿은 자녀들을 치욕스러운 이름으로 부르고, 규칙을 어기면 허리띠로 심하게 때리고, 화가 나면 내다버리겠다고 위협하기까지 했다. 트리시는 엄마에게 대응하는 기존 방식을 깨는 법, 즉 엄마의 나르시시즘에 에코처럼 반응하지 않는 법을 배우느라 수년간 상담 치료를 받았다. 트리시는 화가 나면 방에 들어가서 문을 잠그는 경향이 있었고 토미가 잔인한 행동을 하면 뒤로 물러났다.

몇 주 전 남편이 출장을 떠났을 때, 트리시는 아이들과 동물원에서 힘든 하루를 보냈다. 토미는 지칠 대로 지쳤지만 집에 돌아오자 여동생 질에게 급히 다가가 호통 치듯 명령했다. "숙제해야지!" 토미는 질에게 고함을 질렀다. 그런 다음 다른 방으로 달려가 질의 가방을 뒤지기 시작했다(아마도 숙제를 찾으려 했던 모양이다). '대장'은 의기양양하게 나타났다. 트리시는 누구 못지않게 지쳐 있었고, 토미의 초점을 다른 데로 돌리려고 애쓰다가 30분 만에 포기했다. "엄마는 자러 가야겠어." 트리시는 그렇게 말하고 방문을 닫았다. 토미는 지쳐 나가떨어질 때까지 계속해서 소란을 피웠다. 트리시는 그제야 방에서 나왔고, 아들을 방에 데려가 눕히고 다정하게 자장가를 불러 재웠다.

여러분은 트리시가 느끼는 피로감을 측은하게 생각할 수 있다. 때로는 자신에게 쉴 시간을 주는 것(그녀의 선택 가운데 한 가지)이 이런 상황에서 할 수 있는 가장 현명한 행동일 때도 있다. 그러나 일반적으로 트리시는 다음 날 그 문제를 다시 꺼내지 않았다. "씩씩대며 잠에서 깼어요." 트리시가 설명을 이어갔다. "그냥 기분 좋게 아침을 시작하고 싶었어요."

간단히 말해서 허용형 양육 태도는 따뜻함만 있지 방향이 없다. 토미 나이에는 부모에게 더 지도를 받아야 한다. 부모가 지도하지 않으면, 토미는 자기가 아주 특별한 사람이라서 어떤 규칙도 필요하지 않다고 믿을 수 있다. 우리는 아이들이 나이가 들수록 자제력이 생기길 기대해야 하는데, 허용형 부모들은 자녀가 분명히 그릇된 행동을 했을 때마저도 따뜻함만 있고 방향은 없는 양육법을 고수하는 경향이 있다. 이런 양육 태도는 건강하지 못한 나르시시즘을 조장한다. 토미 같은 아이가 사춘기에 접어든 뒤에도 부모가 허용형 양육 태도를 유지하는 경우에는 특히 심하다.

허용형 부모의 모습
- 아이들에게 생각하고, 공상에 잠기고, 빈둥거릴 시간이 있어야 한다고 생각한다.
- 아이들 스스로 많은 것을 결정하게 한다.
- 위안을 주되, 규칙은 거의 제시하지 않는다.
- 아이들에게 벌을 주는 것을 어려워한다.
- 종종 나쁜 행동을 하게 놔두거나 합리화한다("남자애가 다 그렇지 뭐").

방임형 양육 태도
이 양육 방식은 냉정하고 통제력도 부족하다. 트리시가 사는 동네에 새로 이사 온 모니카는 에릭이라는 열두 살짜리 아들을 키운다. 에릭은 이사를 오자마자 동네 아이들을 괴롭히는 골목대장으로 유명해졌다. 자기보다 나이 어린 아이들에게 막대기를 휘두르며 욕을 하고, 쓰레기통을 넘어뜨리고, 항상 쿵쾅거리는 음악을 크게 틀었다.

이혼하고 혼자 아이를 키우는 모니카는 장시간 일하느라 베이비시터에게 의존했지만, 베이비시터는 에릭을 감시하지도, 통제하지도 못했다. 모니카가 집에 있는 평일 저녁과 주말에도 상황은 전혀 나아지지 않았다. 동네 사람이 문제를 지적하면, 모니카는 고개를 끄덕이면서 웃으며 말했다. "네, 물론 훈육이 필요하죠." 하지만 모니카가 절대로 아들을 훈육하지 않는다는 걸 모두 알고 있었다. 트리시는 모니카가 아들과 함께 있는 모습을 두어 번 목격했는데, 두 사람 사이는 항상 서먹서먹하고 껄끄러워 보였다. "에릭이 소매를 잡아당기는데도 모니카는 휴대전화를 만지작거리면서 우두커니 서 있었어요."

모니카의 사례는 방임형 양육 태도의 교과서라 할 수 있다. 모니카의 완벽한 정서적 부재를 감안할 때, 에릭이 청소년 범죄와 극단적인 나르시시즘에 빠져 있는 것은 놀랄 일이 아니다.

방임형 부모의 모습
- 아이들이 문제를 스스로 해결하리라고 기대한다.
- 때때로 아이들과 한 약속을 잊어버린다.
- 아이들에게 독립적인 사람이 되라고 다그친다.
- 대개 아이들이 어디에 있는지 모른다.
- 사랑과 애정을 잘 표현하지 않는다.

권위형 양육 태도

권위 있는 부모들은 따뜻함과 훈육을 적절하게 사용한다. 이들은 사랑과 애정을 가지고 다정하게 지도하지만, 아이들 각각의 나이와 필요에 맞춰 기대와 규칙을 조정한다. 효과적인 양육법은 도우러 나설 때가 언제이고 뒤로 물러설 때가 언제인지 아는 것이다. 영유아일 때는 스스로 할 수 있는 일이 아무것도 없다. 따라서 아이들을 위해 모든 걸 해야 한다. 걸음마를 배울 때도 여전히 아이들에게 필요한 것을 뒷바라지하지만, 뒤로 살짝 물러나서 조금은 고삐를 늦추어도 된다. 세 살이 되면 신발 끈을 묶지는 못해도 바지를 입을 수는 있다.

아이들이 나이를 먹을수록 우리는 더 많은 자유를 허용한다. 학교에서 혼자 빈집에 돌아오는 열두 살짜리 아이는 집에 돌아왔다는 걸 알려주기 위해 직장에 있는 부모에게 전화해야 한다. 이런 규칙은 아이와 부모 모두에게 위안이 된다. 그러나 독립적인 정체성을 계발하는 건강한 열여섯 살짜리 아이에게 집에 돌아오면 의무적으로 전화를 하거나 문자 메시지를 보내라고 하는 것은 적절하지 않다.

아이가 성숙해질수록 고삐는 계속 느슨해지지만, 아이가 위험에 빠졌다는 사실을 알아챘을 때는 다시 고삐를 조일 수 있고 그래야 한다. 꼭 두새벽까지 집에 안 들어오고 파티에 집착하고 술을 마시고 대마초를 피우는 십 대 소년에게는 시급하고 직접적인 지도와 통행금지가 필요하다. 따로 일러주지 않아도 10시 통금을 잘 지키는 여동생보다 그에게 더 많은 지도가 필요하다.

적절한 시기에 따뜻함과 적정 수준의 제제를 함께 제공하면, 아이들은 안전하고 안정된 느낌을 받을 수 있고 건강한 수준의 나르시시즘을 갖춘 행복하고 성공한 어른이 된다.

권위형 부모의 모습

- 아이들의 의견을 존중하고 감정을 표현하도록 격려한다.
- 아이들이 (나이에 따른) 못된 짓을 하면 대화를 통해 이성적으로 설득한다.
- 장래 계획에 아이들의 선호도를 반영한다.
- 아이들이 자라면서 부모가 함께 있지 않을 때에도 경우에 맞는

행동을 할 것이라고 믿는다.
- 아이들의 나이와 정서적 성숙도에 맞춰 아이들에게 요구할 내용을 조정한다.
- 아이들의 욕구와 감정에 귀를 기울이고 이해하려고 노력한다.

트리시는 나와의 상담과 아동 상담 치료사와의 상담을 통해, 토미가 나르시시즘 스펙트럼의 중앙에 더 가까워지도록 애정과 감시 사이에서 적절한 균형을 찾는 법을 배웠다. 우선 권위형 양육 태도를 익히는 것부터 시작했다.

건강한 나르시시즘을 길러주는 여덟 가지 전략

권위형 양육 전략에는 한 가지 공통점이 있다. 아이들에게 자신의 행동이 주변 사람들에게 어떤 영향을 미칠지를 고려하도록 가르친다는 점이다. 따뜻한 마음으로 다가가는데도 허용형 양육 태도가 건강한 나르시시즘을 길러주지 못하는 이유는 아이들에게 다른 사람을 고려하라고 요구하지 않기 때문이다.

반면에 독재형 양육법은 아이들이 자신을 겨우 사람이라고만 느낄 정도로 너무 꼼짝 못 하게 가둔다. 자신의 목소리가 뭔지 알고, 다른 사람들의 목소리도 듣는 것이 건강한 나르시시즘이다. 권위형 양육 태도가 아이들에게 가르치는 것이 바로 이 부분이다. 이를 염두에 두고, 수십 년간의 연구를 토대로 자녀들의 건강한 나르시시즘을 고취시키는 데 도움이 되는 전략을 정리했다.

권위형 양육법 1. 충분히 공감하라

많은 부모가 귀를 기울이는 것과 동의하며 공감하는 것을 혼동한다. 때로는 아이들의 기분이 어떻든 단호한 태도로 방침을 고수할 필요가 있다. 아이가 슬퍼하거나 화를 내거나 겁을 낼 때는 신중을 기해야 한다.

예를 들어, 토미는 외할아버지가 돌아가신 뒤 차를 타고 이동하는 것을 무서워했다. "토미 할아버지를 뵈려고 플로리다 주 올랜도까지 자동차로 장거리를 이동했어요." 트리시가 설명했다. "그런데 우리가 도착한 뒤 곧바로 돌아가신 거예요. 그 일이 있고부터 토미는 장거리 이동을 무서워해요." 과거 트리시의 가족은 주말이면 하루 종일 차를 타고 시골로 여행을 가곤 했다. 그런데 이제는 여행을 거의 가지 못하고 있다. "한 시간 이상 차를 타야 할 때마다 토미가 떼를 써서요."

트리시는 남편과 함께 토미에게 한 시간에 걸쳐 아이가 느끼는 두려움에 관해 이야기했다. 특히 트리시가 참을성을 발휘했다. "토미에게 물었어요. '우리가 차를 타고 멀리 가면 누군가 죽을까 봐 겁이 나?' 토미가 그렇다고 고개를 끄덕였어요. 하지만 우리는 그 이상 긴 얘기를 이끌어내지 못했어요. 토미가 침대에 누워 몸을 웅크리고 흐느껴 울기만 했거든요. 그렇게 슬퍼하고 무서워하는데도 계속 밀어붙여야 하는 이유가 있나요? 우리 엄마는 항상 저를 들들 볶았어요. 엄마처럼 되고 싶지 않아요."

이 관점의 문제는 아이들이 화가 나 있을 때 무언가를 요구하는 것은 다소 경솔하거나 이기적인 행동으로 여긴다는 점이다. 만약에 아이가 겁을 내는데 부모가 "네가 가고 싶든 말든 우리는 갈 거야!"라는 식으로 반응한다면, 그런 게 맞다. 그러나 여러분의 계획을 고수하는 한편 아이 마음에 공감한다면, 경솔하거나 이기적인 행동이 아니다.

트리시는 계획대로 이어가는 동시에 남의 말을 잘 들어주는 자신의 재능을 십분 발휘하여 아들의 마음에 충분히 공감하면서 토미에게 다가가는 법을 배웠다. "토미야, 네겐 무서운 일이란 거 알아." 트리시는 아들에게 말했다. "그렇게나 두렵다니 얼마나 끔찍할까? 그런데 두렵다고 그만두면 갈수록 더 무서워져. 어떻게 하면 여행 가는 게 좀 안심이 될 것 같아? 네가 좋아하는 기린 인형 가져갈래?"

충분한 공감이란 상대를 깊이 배려하는 것이다. 자녀가 두려워할 때 알아채고 이야기를 들어주는 것이 중요하다. 얘기하다 보면 더 화가 날까 봐 아이가 느끼는 두려움을 모르는 척하면, 아이는 평생 두려워하며 살 것이다. 가끔은 모른 체하고 싶은 마음이 굴뚝같겠지만, 그렇게 문제를 회피할 때 우리가 신경 쓰는 건 아이가 아니라 나 자신이라는 사실을 인식해야 한다. 그것은 나르시시즘에 중독되는 또 다른 길이다.

아이들을 이해하는 것뿐 아니라 아이들이 잘 성장하도록 돕는 것 또한 부모가 할 일이다. 토미는 엄마가 내미는 손을 잡으면 한순간에 기분이 나아질 수 있다는 걸 배웠고, 시간이 지남에 따라 장거리 여행에 익숙해졌다. 토미는 자신의 욕구와 기분이 중요하지만, 다른 사람들의 욕구와 기분을 무시해도 좋을 만큼 특별하지는 않다는 사실을 배웠다. 이로써 스펙트럼의 중앙에 좀 더 가까워진 것이다.

권위형 양육법 2. 좋은 점을 집어내라

우리는 아이들과 함께 살면서 종종 몇 시간에 걸쳐 수없이 많은 상호작용을 지켜본다. 따라서 면밀히 관찰하면 아이들의 좋은 점을 파악할 수 있는 기회가 많다. 건강한 나르시시즘과 관련해서 보자면, 다른 사람을 돕고 상처 입기 쉬운 감정을 표현하고 다른 사람에게 부탁하거나 사과하는 행동을 접할 기회가 많다.

관심과 배려를 강조하고 보상하는 것은 바람직한 행동을 장려하는 가장 좋은 방법이다. 이기심이나 떠벌이는 태도를 보일 때마다 달려가 비판하는 것은 필요하지도, 효과적이지도 않다. 앞서 살펴봤듯이 관계를 배려하는 생각이나 감정이나 행동을 강화하면, 나르시시스트가 스펙트럼의 중앙으로 이동하는 데 도움이 된다는 연구 결과가 있다. 이를테면 아이가 울고 있는 형제의 이마에 입을 맞추거나 겁에 질린 친구의 손을 잡아줄 때처럼 가장 감동적인 순간을 언급하는 것이 아이에게 상을 주는 것보다 더 효과적이라는 뜻이다. 부모의 이런 행동은 아이의 건강한 나르시시즘을 키우고 특권 의식을 줄이는 데 도움을 준다.

어떤 행동을 찾아내어 언급해야 하는지 알면 도움이 될 것이다. 트리시는 토미가 다음과 같은 행동을 할 때 주목했다.

- 감사 인사를 할 때
- 화내는 대신 도와달라고 부탁할 때
- 사과할 때
- 여동생에게 힘이 되는 말을 할 때("빨리 나았으면 좋겠다.")
- 슬픔이나 두려움처럼 여린 감정을 표현할 때

한번은 토미가 여동생의 그림을 헐뜯다가("왜 항상 꽃을 그렇게 바보같이 그려?") 이내 하던 말을 멈추고 이렇게 말했다. "미안해. 못되게 말해서." 토미는 질에게 다가가더니 질이 그린 그림을 자세히 살폈다.

"토미, 정말 멋지다." 트리시가 외쳤다. "나쁜 말을 한 걸 깨닫고 미안하다고 말했네! 그게 정말 중요한 거야. 네가 실수였다고 말하면 누구든 기분이 좋아져. 지금 네가 뭐라고 말하면, 동생 기분이 더 좋아질까?"

"좋은 말이요." 토미는 잠시 말을 멈추고 생각에 잠겼다. "그 색깔 마음에 들어. 그림을 그려줘서 고마워. 네 그림을 보고 있으면 기분이 좋아져."

또한 트리시는 기회가 될 때마다 토미의 좋은 행동과 나쁜 행동을 대비시켜 설명했다. 아이가 별생각 없이 행동했던 순간을 곱씹는 대신, 그와 대조적으로 착하게 행동했던 순간을 예로 들어 말한 것이다. 동생을 깎아내린 것을 사과한 다음 날, 토미는 트리시가 '치고 빠지기'라고 부르는 예전 패턴으로 되돌아갔다. 선생님에게 꾸중을 듣고 화가 나서 집에 온 토미는 애꿎은 동생에게 화풀이했다. 질이 만든 콜라주를 가리키며 "지저분해 보여"라고 말하고는 쌩 하니 가버린 것이다. 트리시는 토미를 붙잡고 다시 한번 좋은 행동과 나쁜 행동을 대비시켜주었다.

"어제 동생에게 사과했을 때는 정말 멋졌어. 질도 기분이 풀렸고 너희 둘 다 즐거웠잖아. 어떻게 했는지 기억나? 어제처럼 하면 네 기분도 좋아질 거야."

권위형 양육법 3. 먼저 본을 보여라

자기 안에 있는 두려움과 슬픔, 외로움, 그 밖의 여린 감정을 솔직히 인정하는 능력이 나르시시즘 중독을 해독한다는 사실을 기억하라. 그리고 우리 안에 있는 감정을 이야기할 때 사람들이 우리 이야기를 들어줄 것이라고 믿어라. 건강하게 친밀감을 높이는 능력을 키우려면, 아이들에게 이 사실을 가르치는 것이 중요하다. 그리고 본을 보이는 것보다 더 좋은 교육법은 없다.

트리시는 자기가 친정 엄마처럼 토미를 몰아세울까 봐 겁이 났다. 그래서 토미가 통제 불능 상태가 될 때 한 걸음 뒤로 물러섰다. 그러나 이제는 물러서는 대신 자신의 슬픔과 두려움을 이야기하는 법을 배웠다. "토미야, 네가 동생을 대하는 모습을 보니 엄마 마음이 너무 아파. 그리고 네가 정말 걱정돼. 지금 당장은 어떻게 너를 도와야 할지 모르겠지만 방법을 생각해볼 거고, 네게 상처를 주지 않고 너를 가르치는 법도 생각해볼 거야. 그런데 지금은 너무 화가 나서 못 하겠어."

토미 아버지 브래드도 이렇게 말하는 법을 배웠다. "네 행동 때문에 아빠 지금 조마조마해. 네가 계속 그러면 정말 화가 날 것 같아. 잠깐 혼자 생각하는 시간을 갖자."

아주 단순하게 들리지만 이런 표현은 아이들에게 많은 점을 시사한다. 여러분이 아이에게 신경을 쓰고 있다는 메시지와 여러분의 감정도 아이의 감정 못지않게 중요하다는 메시지를 함께 전달해준다.

권위형 양육법 4. 한계를 정하라

때리거나 머리를 잡아당기는 것과 같은 특정 행동은 자녀의 나이와 상관없이 못 하게 해야 한다. 깎아내리고, 모욕하고, 욕하는 등의 정서적 학대 역시 마찬가지다. 대부분의 전문가는 아이들이 잔인하고 냉정한 행동을 할 때 즉시 중지시키라고 권한다. 또한 현재 상황으로부터 아이를 분리시키고 일정 시간 혼자서 생각하는 타임아웃을 갖게 하라고 권장한다(아이가 세 살이면 3분, 다섯 살이면 5분 정도가 적당하다).

타임아웃을 비롯해 문제 행동에 대처하는 다양한 방법을 다룬 책 중 토머스 펠런이 쓴 《버릇 좋은 아이로 키우는 1·2·3 매직》이 있다. 내가 이 책을 좋아하는 이유는 아이에게 화가 나서 곧 폭발할 것만 같은 순간에도 적용하기 쉽고 간단하기 때문이다. 아이가 처음 문제 행동을 하면, 목소리를 높이지 않고 천천히 차분하게 '하나' 하고 숫자를 센다. 아이가 다시 문제 행동을 하면, 이전과 같은 태도로 '둘' 하고 숫자를 센다.

꼭 똑같은 행동에만 이 규칙을 적용할 필요는 없다. 아이가 그만두기를 바라는 행동이라면 어디에도 적용할 수 있다. 아이가 30분 안에 세 번째 경고를 받으면, 타임아웃을 갖게 한다(행동에 따라 다른 방법을 써도 된다). 다른 사람을 때리는 극단적인 행동을 하면 곧바로 '셋'으로 건너뛸 수 있다. 이 방식을 쓰기 전에 아이에게 원리를 설명하고, 일단 시작하면 일관성을 지켜라. 바꿔 말하면, 예측이 가능해야 한다.

예측 가능성은 애정 어린 관계에서 아주 중요한 요소다. 아이들은 부모가 왜 자기에게 이런 행동을 기대하는지, 그리고 왜 특정 행동을 할 때는 벌을 주는지 그 이유를 알아야 한다. "이 집에 있는 모두가 안전했으면 좋겠어. 그러려면 규칙을 지켜야 해"라고 간단하게라도 규칙이 왜 있어야 하는지 설명하지 않으면 규칙과 한계를 시행할 수 없다. 무슨 일이 왜 일어나는지 알면 아이들은 이해가 되기 때문에 더 안심한다. 그건 여러분도 마찬가지다.

아이들이 자랄수록 한계는 다른 형태를 취할 수 있다. 청소년인 자녀에게 11시까지 집에 들어오도록 규칙을 정했다고 치자. 통금 시간을 어기면 그 대가로 일주일간 자전거를 못 타게 할 수 있다. 어떤 형태든 원하는 방식으로 한계를 정하라(이에 관한 책은 수없이 많다). 그러나 여러분이 어떤 접근 방식을 취하든, 벽과 같은 한계를 정해두는 것이 좋다. 벽은 아이들이 잘못된 방향으로 나아가는 것을 막아주고, 또한 아이들을 보호해준다.

정신과 병동에서 일할 때, 소란을 일으키면 몸을 결박당하고 '격리실'에 갇힌다는 사실을 알면서도 흥분한 환자들이 스스로 더 큰 위협을 자초하는 모습("이 의자 던져버릴 거야!")을 많이 보았다. 그런데 그들은 결박당한 지 몇 분 만에 갑자기 안심이 되는 것처럼, 차분해지곤 했다. 나는 한 환자와 그 문제를 두고 상담했다. 입원한 지는 몇 달 되었고 키가 컸고 얼굴은 동안이었다. "거기 있으면 더 안심이 돼요." 그가 설명했다. "벽이 저를 안아주거든요."

아이들에게 설정해준 한계도 같은 방식으로 작동한다. 화가 난다고 다른 사람에게 화풀이하거나 자기 자신을 해치는 건 용납되지 않는다는 사실을 깨달으면, 아이들의 세상은 더 안전해진다. 아이들은 안겨 있다는 느낌을 받는다. 제한은 사랑의 한 형태다.

권위형 양육법 5. 자녀를 지도하라

하지 말아야 할 일을 이야기하는 대신, 해야 할 일을 이야기하라. 많은 부모가 자녀의 행동을 제한하거나 금지하는 데만 급급한 나머지, 아이들에게 올바른 행동을 가르치는 일은 소홀히 한다.

일반적으로 아이들은 아닌 밤중에 홍두깨 식으로 못된 짓을 하지 않는다. 자기 감정을 어떻게 해야 할지 몰라서 못된 행동을 하는 경우가 많다. 공격성은 아주 쉽게 우리를 찾아온다. 공격성은 아주 오래된 자동 반사이자 언어가 없던 시대로의 퇴보다. 가장 공격적인 아이들 중에 말로 의사소통하는 데 어려움을 겪는 아이들이 많은 이유도 이 때문이다. 아이들에게 긍정적인 방식으로 감정을 표현하는 방법을 가르치는 것이 부모가 할 일이다. 단순히 나쁜 행동이 불러온 결과를 관리만 하는 대신, 불편한 감정과 상황에 잘 대응하는 방법을 설명하는 시간을 가져라.

토미가 학교에서 힘든 하루를 보낸 뒤 '대장' 노릇을 하며 돌아다니자 트리시는 아들을 한쪽으로 데리고 가서 다정하게 지도했다. "토미야, 학교에서 힘들었고 쉬지도 못했다는 거 알아. 그럴 땐 이렇게 말하는 게 도움이 된단다. '오늘 있었던 일 때문에 슬퍼요, 화가 나요.' 대장처럼 동생을 괴롭히는 대신, 네 기분을 말해줄래?"

공감 능력을 발달시키려면 어린 자녀들에게 자신의 감정을 정확히 말하는 법을 가르쳐야 한다. 이것은 저절로 되지 않는다. 감정을 충분히 인식하고 이해하려면 감정의 언어를 여러 번 들어야 한다. 감정을 정확히 말하는 법을 가르치는 쉬운 방법이 하나 있다. 여러분이 어떤 감정을 느낄 때 그 감정을 정확히 말하라. 그리고 여러분이 느끼는 감정과 여러분의 행동을 연결시켜라. 예를 들면 이런 것이다. "엄만 지금 헬렌 숙모네 고양이 페퍼가 죽어서 슬프단다. 엄마가 말이 없는 건 슬퍼서야."

아이들이 자기가 느끼는 감정을 말하도록 돕는 것도 또 하나의 방법이다. 아이들이 화가 나 있을 때 시도해볼 만하다. 몇 가지 감정을 제시하고 어떤 것이 아이가 느끼는 감정에 가장 잘 맞는지 물어보라. "슬퍼서 그래? 아니면 겁이 나서? 아니면 화가 나서 그래?" 좋아하는 책을 읽을 때처럼 좀 더 재미있는 시간을 택해서 좋아하는 등장인물의 감정과 동기를 탐구해볼 수도 있다. 토미는 남자아이가 가장 친한 친구에게 이따금 화를 내는 이야기를 좋아했다. 트리시는 이렇게 물었다. "그 아이 기분이 어떤 것 같아? 너도 전에 이런 기분을 느낀 적 있어? 어떻게 하면 이 아이의 기분이 풀릴까?"

아이를 지도할 때 여러분은 지금 자신이 아이의 나이와 성숙도에 적합한 요구를 하고 있는지 확인하고 싶을 것이다. 트리시는 토미의 상담치료사와 이야기하면서 많은 도움을 받았다. 덕분에 여섯 살짜리 아이가 이해할 수 있는 감정이 어디까지이고, 토미에게 얼마만큼 기대해야 하는지 알게 되었다. 그러다 토미가 또래에 비해 발달이 더디다는 것을 알고, 토미에게 감정을 관리하는 법을 가르치는 데 더욱 노력을 기울였다.

권위형 양육법 6. 따뜻하게 대하되, 아이의 생각을 존중하라

아무리 바쁘더라도 일을 잠시 멈추고 아이와 즐거운 시간을 보내는 것을 잊지 마라. 아이를 안아주고 입 맞추고 껴안아줘라. 적어도 일주일에 한 번은 의자에 편히 앉아 아이를 안고 책을 읽어줘라. 이것은 모두 따뜻한 양육의 일부다. 아이들이 불편해하지만 않는다면 자라는 동안 스킨십을 계속하라. 아이들이 해주길 기대하지 말고, 해달라고 청하라.

세 살 무렵, 내 딸들은 내가 집에 돌아오면 종종 신이 나서 인사했다. 나를 껴안고 입을 맞추려고 현관까지 뛰어나오면서 "아빠, 아빠!" 하고 꺅꺅 소리를 질렀다. 나는 하루 종일 그 인사를 기다렸다. 그런데 어느 날 퇴근하고 현관문을 열었을 때, 예기치 않았던 일이 벌어졌다. 안야가 눈을 깜빡이며 가만히 서 있었다. 얼굴에는 희미한 미소가 스쳤다.

"아빠 안 안아줄 거야?" 내가 물었다.

"싫어." 고개를 저으며 안야가 말했다. 다행히 데빈은 안야 뒤에서 폴짝폴짝 뛰며 나를 반겼다.

"그럼 뽀뽀는?" 내가 한쪽 뺨을 내밀며 말했다.

"싫어." 안야는 이번에도 고개를 저었다. 당시 나는 본능적으로 움직였다. 아이의 뽀뽀가 내게 중요하다고 생각했지만, 그 이유는 생각하지 못했다.

"그럼 하이파이브는?" 환하게 웃으며 내가 말했다. 안야는 심사숙고하듯 고개를 돌려 나를 보더니 좋다는 듯이 "예!" 하고 소리를 지르며, 팔짝 뛰어올라 내 손바닥을 쳤다. 안야 뒤에 서 있던 데빈은 평소처럼 나를 껴안고 입을 맞추느라 정신없었다.

나는 안야가 나와 더 친해질 수 있는 자기 나름의 방법을 찾고 있었고, 내 반응을 시험하는 중이었다는 걸 나중에야 알았다. 안야가 거절할 때 내가 화를 내거나 슬픈 표정을 지으며 안아달라고 우겨야 할까? 아니면, 안야가 찾아낸 새로운 방법에 적응해야 할까? 안야는 아무것도 몰랐다. 안야는 무의식적으로 일종의 독립심을 실험하고 있었던 셈이다. 내게는 그 순간이 강력한 은유가 되었다.

아이들은 성장하면서 자신들 곁을 지켜줄 부모도 필요하지만, 진정한 자기 자신이 될 공간도 필요로 한다. 아이들은 자기를 사랑하는 사람들과 자기 사이의 간격을 실험해볼 필요가 있다. 때로 아이들은 포옹을 원할 것이다. 그러면 우리는 가까이 가서 아이를 껴안아야 한다. 그러나 어떤 때는 좀 더 거리를 두고 싶어 할 수도 있다. 안야가 내게 몇 발짝 떨어져서 하는 하이파이브까지만 허용했던 것처럼 말이다.

우리가 오직 한 가지 방법으로만 사랑해달라고 고집하면, 아이들은 의무감으로 포옹이나 입맞춤이나 하이파이브나 그 밖에 우리가 요구하는 행동을 해줄 것이다. 그러면서 아이들은 부모의 요구에 따르는 경우에만 부모가 자기를 특별하게 생각할까 봐 걱정할 것이다. 간단히 말해서, 아이들은 자신이 부모에게 특별한 존재가 되는 방법을 터득할 것이다. 이는 나르시시즘 중독을 조장하는 가장 확실한 방법이다. 아이들은 부모가 행복해할 것 같으면, 말 그대로 허리를 숙인다. 그만큼 아이들에게는 사랑이 필요하다.

아이들이 신체적으로 거리를 두고 싶어 하면, 아이들의 안전에 문제가 없는 한 그렇게 하라. 그러나 엄마 아빠와 더 가까워지길 원하면, 언제든 곁에 있을 것이라고 말하라. 아이들이 포옹을 불편해하면 자기 나름의 방식으로 인사하게 내버려둬라. 아이들이 얘기하고 싶어 하지 않으면, 얘기할 마음이 생길 때 듣겠다고 말하라. 아이들이 자기 방에 들어가 틀어박히고 싶어 하면, 나오고 싶을 때 나오라고 정중히 청하라. 십 대 자녀가 거리를 두고 싶어 하면, 예의를 지키되 마음을 열라고 강요하지는 마라. 단지 가만히 옆에 있어줘라.

권위형 양육법 7. '다시 하기'로 상황을 바로잡아라

상담 치료를 받는 커플들에게 종종 하는 말이 있다. "감정을 상하게 하지 않고는 손이 닿을 만큼 가까워질 수 없습니다."

우리는 필연적으로 사랑하는 사람들을 아프게 한다. 사랑하는 사람들과 행복한 관계를 맺는 열쇠는 완벽해지는 것이 아니라 실수했을 때 인정할 용기를 갖는 것이다. 이는 일종의 보수 공사다. 건강한 나르시시즘을 발달시키는 데는 보수 공사가 가장 중요하다.

보수 공사란 '다시 하는' 것을 의미한다. 다시 한다는 게 뭘까? 어느 날, 브래드는 정원에서 스프링클러를 고치려고 낑낑거리고 있었다. 그때 토미가 학교에서 돌아왔다. 일에 몰두해 있던 브래드는 수리가 뜻대로 되지 않아 짜증이 나서 툴툴거렸다. "왔어, 토미." 그러고는 들어가라고 손을 흔들었다.

"그런 다음 기분이 정말 안 좋았어요." 브래드가 내게 말했다. "아이에게 완전히 잘못된 본을 보였다는 걸 깨달았죠. 그래서 안으로 들어가서 토미를 보자마자 사과했어요."

"어떻게요?" 내가 물었다.

"아이에게 이렇게 말했죠. '미안해, 토미야. 일에 너무 몰두해 있느라 너에게 반갑게 인사하지 못했어. 기분 안 좋았을 거야. 다시 인사할게. '토미야, 안녕! 어서 와.' 그러고는 아이를 꼭 안아줬어요."

이것이 바로 '다시 하기'다. 실수를 인정하고 다시 하는 것이다. 아이에게 이것을 가르치면, 아이는 실수를 인정하는 것이 친밀함의 일부라는 걸 배울 것이다.

바로잡기와 사랑은 함께 가는 법이다.

권위형 양육법 8. 자원봉사를 하라

아이들에게 높은 학점을 받거나 스포츠 경기에서 우승컵을 차지하는 것 외에도 자원봉사를 하면서 자신을 만족시키는 다른 길이 있다고 가르침으로써 건강한 나르시시즘을 키울 수 있다. 노숙자를 돕거나, 아픈 동물을 보살피거나, 자신과 가족 이외의 집단을 위해 봉사하는 사람들은 그러지 않는 사람들보다 더 큰 행복감을 느낀다. 기부는 모두에게 기쁨을 준다.

아이들이 건강한 방식으로 스스로에게 만족하길 바란다면, 시간을 내어 아이들과 함께 자선 활동을 하라. 저학년 아이들에게는 장난감 상자나 옷장을 뒤져서 기부할 장난감이나 인형, 옷을 고르게 하라. 고학년 아이들은 무료 급식소나 아동 보호소에 데려가 음식을 나르게 하거나 걸음마를 시작한 아이들에게 동화책을 읽어주게 하라. 아이들에게 그날의 경험을 이야기하고, 본인이 그곳에 있으면 기분이 어떨 것 같은지 물어보라. 사람들의 이야기를 들으라고 아이들을 격려하라. 평소 매일 접하는 세상 너머에 있는 다른 세상을 경험하게 하라.

트리시와 토미는 다른 식구들과 함께 쉼터 아이들을 찾아가 크리스마스 쿠키를 나누어주었다.

"처음에는 토미가 조금 혼란스러워하는 것 같았어요." 트리시가 말했다. "그 아이들이 정말 그곳에서 사느냐고 묻더라고요. 그렇다고 했죠."

토미는 엄마와 함께 몇 주 전에 쉼터에 들어온 여섯 살짜리 맨디를 만난 뒤 조금 적응했다. 두 아이는 한쪽 구석에 앉았고, 토미가 맨디에게 질문을 쏟아냈다. "맨디가 울음을 터트렸을 때였어요." 트리시가 말을 이었다. "맨디는 자기 아버지가 '못되게' 굴어서 엄마와 집을 나왔다고 토미에게 말했어요. 학대를 그렇게 표현한 거예요. 맨디는 집과 친구들이 그립다며 슬퍼했대요." 트리시는 눈가를 가볍게 누르며 훌쩍거렸다. "나중에 차를 타고 집에 오는 길에 토미가, 못되게 구는 건 다른 사람들과 멀어지게 만들기 때문에 나쁜 행동이라고 말하더라고요."

다른 사람들을 돕는 행동에는 이 같은 힘이 있다. 사람들을 도우면 어린아이도 다른 이의 관점에서 세상을 보게 된다. 그리고 사귐과 돌봄이 자기네 가정에서뿐 아니라 이 세상에서 얼마나 중요한지를 배운다. 이는 스펙트럼 중앙에 있는 삶을 보장하는 가장 좋은 길이다.

물론 아이들에게 영향을 끼치는 존재가 부모만은 아니다. 디지털 미디어의 등장으로 우리는 역사상 전례 없는 수준으로 주목을 받을 기회가 넘쳐나는 신세계에서 살고 있다. 이제껏 우리는 소셜 미디어가 임박한 자기도취적 종말의 전조라는 불길한 예언을 들어왔다. 이 예언을 들을 때면 이런 질문이 떠오른다. 디지털 세계에서 건강한 나르시시즘을 유지할 방법은 없을까?

CHAPTER 11

소미(SoMe)에서 소위(SoWe)로

소셜 미디어 잘 활용하기

"오, 페이스북과 트위터를 해야 해." 친구 벤이 커피잔 너머로 우렁차게 말했다. 소셜 미디어에 관해 이야기할 때면 목소리가 커졌다. "고객을 확보하는 최고의 방법이야!" 소미(SoMe, '소셜 미디어'의 줄임말로 저자가 의도적으로 이 표현을 쓰는 이유를 뒤에서 확인할 수 있다-옮긴이)의 대가인 벤은 몇 년째 트위터와 페이스북을 이용해왔다. 벤은 내게 계정을 설정하는 법과 사용법을 설명해주겠다고 제안했다.

"글을 쓸 때는 페이스북 팬페이지에 올려. 그리고 공유할 수 있도록 팔로워에게 트윗하는 거야." 벤은 한 손가락으로 노트북을 톡톡 두드리면서 커피를 한 모금 홀짝였다. "봐, 내 글은 벌써 네 번이나 공유됐잖아!" 나는 멍하니 화면을 응시했다. "사람들이 네 글을 자기를 팔로잉하는 모든 팔로워에게 전달할 때 '공유한다'고 해." 얼떨떨해하는 내 표정을 보고 벤이 덧붙였다.

나중에 나는 컴퓨터 앞에 쭈그리고 앉아서 내 팬페이지를 만들었다. 그러자 온라인에 두 개의 신분이 생겼다. '크레이그 맬킨'과 '크레이그 맬킨 박사'다. 크레이그 맬킨은 쌍둥이 딸들이 최근에 쓰는 신조어(두 딸이 내게 'alackadactic'이라고 했는데, 날씨가 화창하다는 뜻이었다)에 관한 글을 자랑스럽게 올리는 남자고, 크레이그 맬킨 박사는 질투 극복하기에 관한 글 한 편을 써서 자기 '친구'들(페이스북에 올린 내 최신 글과 정보를 모두 볼 수 있도록 선택받은 독자들과 친구들)과 함께 공유한 저자다.

내 팬페이지를 들여다보고 있으니 내가 무능하게 느껴졌다. 우선, 나는 누적된 개인 업데이트가 다른 사람들과 비교하여 얼마나 적은지 세어 보았다. 그런 다음 내 전문 페이지로 넘어가서 내가 그곳에서도 얼마나 관심을 못 받고 있는지 확인했다.

나는 기대와 불안이 뒤섞인 마음으로 페이스북 뉴스피드를 주시했다. 대부분의 게시물은 뉴스거리가 되지도 못했다. 일상생활의 자투리 소식에 더 가까워 보였다. 한 친구가 '새 평면 스크린을 보면서 상담실 소파에 기대어 긴장 풀기'라고 썼다. 그 글에 15명이 '좋아요'를 눌렀다. '오늘 아침, 아이들이 난생처음 눈싸움을 했다'고 또 다른 친구가 썼다. 그 메시지에는 10명이 '좋아요'를 눌렀고 댓글 하나가 달렸다. '등신 같은 자이언츠!' 기분이 언짢은 축구 팬이 남긴 메시지에는 '좋아요'가 86개, 댓글이 40개 넘게 달렸다.

당시 나는 페이스북의 매력을 이해하지 못했다. '좋아요'와 댓글이 내가 아는 전부였다. 내가 최근에 쓴 글을 포함해서 내가 올린 어떤 게시물보다 '등신 같은 자이언츠!'라는 메시지가 친구들과 팬들 사이에서 훨씬 인기가 있었다. 그 사실이 내 마음을 괴롭혔다. 이유는 설명할 수 없었다. 소미는 이상한 신세계였고, 나는 이 낯설고 새로운 세계가 어떤 식으로든 나를 알아주길 바랐다. 그러나 현실은 그렇지 않았다.

트위터 피드도 나을 게 없어 보였다. 140자로 제한된 게시물은 이따금 제대로 된 정보(배우나 저자의 다음 공개 행사)를 전달하거나 가치 있는 목적(특정 대의에 대한 사람들의 지지 결집)을 이루는 데 도움이 되었지만, 대부분은 아주 시시한("우리 집 개가 방금 또 토했다 #역겨움") 이야기이거나 더 나쁘게는 위장된 상품 광고로 보였다. 유명인이 자기가 '가장 좋아하는' 제품이라며 소개하는 게시물은 대개 돈을 받고 올리는 광고다. 안타깝게도 사람들은 종종 이런 광고를 제대로 된 대화를 시작하기 전에 입을 푸는 여담 정도로 오해한다. 그리고 이런 글에 수백 개의 댓글이 달리는 건 그리 드문 일이 아니다. 유명인들이 답방을 하지 않으면 답방을 애원하는 또 다른 댓글이 쏟아진다. '@justintimberlake-맞팔 부탁해요!' 또는 '@taylorswift 답방 부탁해요!'

모두가 특별해지는 무대

실제로 소셜 미디어를 들여다보면 모든 사람이 서로 주목받으려고 경쟁하는 것처럼 보인다. 우리가 소셜 미디어를 어떻게 활용하는지는 중요하지 않다. 글을 올리는 쪽이든 팔로잉하는 쪽이든, 사람들이 우리를 알아봐주길 간절히 바란다. 사람들이 우리의 재능을, 우리의 외모를, 우리의 지혜를, 우리의 연봉을, 우리가 가진 모든 것을 인정해주길 갈망한다.

나는 소셜 미디어가 이런저런 관심을 받고 싶어 하는 사람들을 위해 마련된 무대라는 사실을 금세 알아챘다. 소셜 미디어에는 그런 힘이 있다. 이것이 소셜 미디어에 끌리는 이유다. 우리는 소셜 미디어를 통해 가상의 스포트라이트를 받을 수 있으며 크든 작든 우리 '이야기'를 공유하고, 가끔은 조작도 한다. 우리는 소셜 미디어를 통해 유명인에게 다가갈 수 있다. 그리고 그들이 우리를 '봐주길' 바란다. 심지어 우리는 귀를 쫑긋 세우고 우리가 무슨 말이든 하길 기다리는 '친구'의 전초기지를 마련할 수도 있다. 댓글 알림이 계속 표시되는 몇 초 또는 몇 분 또는 며칠 동안 우리는 중요한 사람이 된 것 같은 기분을 느낀다. 누군가가 어딘가에서 나를 생각하고 있다. 내가 특별하다는 생각이 든다. 소셜 미디어는 이렇게 나르시시즘을 조장한다.

그다음 달에, 나는 소셜 미디어라는 세상에서 내가 차지하는 위치에 점점 더 집착하게 되었다. '좋아요'가 늘어날 때마다 마음이 포근해졌다. 반응이 없으면 마치 이 우주가 내게서 결점을 발견하기라도 한 것처럼 불안했다. 다른 사람들이 올린 게시물이 관심을 더 많이 받으면 실망해서 툴툴거렸고 질투심으로 얼굴을 붉혔다. 무엇을 언제 올릴지 너무 많이 생각했고, 메시지 하나를 작성하는 데 몇 시간씩 허비하곤 했다.

그해 초봄이 되어서야 나는 페이스북이나 트위터에 신경을 덜 쓸 수 있었다. 하루아침에 내가 받은 '좋아요'와 댓글과 리트윗 숫자 세는 걸 멈출 순 없었다. 소셜 미디어 안에서는 자신이 특별하다는 생각에 빠르게 중독되었다. 나는 나르시시즘 스펙트럼의 중앙으로 돌아가야 한다는 사실을 알고 있었다. 그래서 그해의 대부분을 이를 위해 노력했다.

어디서부터 시작했을까? 아래 질문의 답을 찾으려고 노력하는 데서 시작했다. 과연 소셜 미디어 속 나르시시즘은 건강해질 수 있을까?

플랫폼이 다르면 행동도 다르다

답을 찾아 나서자마자 모순의 바다에 빠져 허우적거렸다. 한쪽에서 소셜 미디어가 우리의 자존감을 파괴한다는 연구 결과를 내놓자마자, 다른 쪽에서는 소셜 미디어가 우리의 자존감을 강화한다는 정반대의 연구 결과를 내놓았다. 어떤 연구는 소셜 미디어가 우리의 사회생활을 풍요롭게 할뿐더러, 우리가 사랑하는 사람들과 더 쉽게 소통할 수 있게 해준다고 결론을 내렸다. 또 다른 연구에서는 소셜 미디어가 외로운 사람들을 더욱더 고립시키고, 이용자들을 성난 나르시시스트로 만든다고 주장했다.

그러면 우리가 확실히 알고 있는 사실은 무엇일까?

한 가지 확실한 것은 어떤 소셜 미디어를 어떤 식으로 활용하든 똑같은 영향을 받는다는 추측은 잘못된 것이라는 점이다.

플랫폼이 다르면 장려하는 행동도 다르다. 어떤 플랫폼은 외모나 평판에 집중하기 쉽게 되어 있다. 어떤 플랫폼은 대화를 장려한다. 어떤 플랫폼은 공통의 관심사를 중심으로 돌아간다. 예를 들어, 스포티파이(Spotify)는 여러분이 좋아하는 음악을 중심으로, 핀터레스트(Pinterest)는 여러분이 좋아하는 이미지와 기사를 중심으로 돌아간다. 그리고 이런 공유 사이트들 역시 친구들과 유대감을 형성할 기회를 제공한다.

어느 날, 나는 스포티파이에서 화면 오른쪽에 있는 바를 스크롤하면서 새로운 음악을 찾아보다가, 내 친구가 듣던 곡을 주목했다. 나는 여러 면에서 그 친구의 취향을 높이 평가하기 때문에 친구가 듣는 음악을 듣기 시작했고, 첫 번째 곡부터 빠져들었다. 블루그래스(기타와 밴조로 연주하는 미국의 전통적인 컨트리 음악-옮긴이)와 재즈를 접목시킨 밝은 곡이었다. 당연히 친구는 기뻐했다. 우리는 그 곡에 관해 서로에게 메시지를 보냈고, 나중에는 각자가 좋아하는 곡에 대해 속사포처럼 문자메시지를 주고받았다. 둘 다 기분이 좋았다. 우리의 취향과 우정을 확인했기 때문이다.

자신을 소셜 미디어라는 진열대 위에 올려놓는 이런 행위가 그 친구와 내가 공유했던 순간과 비슷한 경험으로 이어지면, 부정적인 면을 찾아보기 어렵다. 그러나 누군가의 플레이리스트를 들여다보는 것과 페이스북이나 구글 플러스같이 사용자의 프로필에 기반을 둔 플랫폼에서 교류하는 것은 많이 다르다. 페이스북이나 구글 플러스 같은 플랫폼에서는 며칠 또는 수년에 걸쳐 친구들의 삶을 통째로 엿볼 수 있고, 의견도 남길 수 있다. 이런 플랫폼은 트위터나 텀블러(Tumblr) 같은 마이크로블로그 사이트와도 많이 다르다. 마이크로블로그에서 여러분이 사람들에게 어떤 말을 할 경우, 일반적으로 대화가 짧게 이루어진다. (때로 마이크로블로그 이용자들은 몇 달간 자신을 팔로우하는 사람들과 말은 한 마디도 주고받지 않고 이미지와 기사만 공유하기도 한다.)

모든 소셜 미디어 플랫폼에는 고유한 관습과 규칙이 있다. 각각의 플랫폼은 많이 달라 보인다. 각 플랫폼을 사용할 때 느끼는 기분도 각기 다르다. 소셜 미디어를 단순한 도구로 간주하기보다는 국가나 문화처럼 생각해야 하는 이유가 여기에 있다. 페이스북이나 트위터가 나르시시즘이나 불행의 원인이 되느냐고 묻는 것은 러시아나 아이슬란드에 사는 것이 우울증이나 암의 원인이 되느냐고 묻는 것과 같다. 그것은 각 나라에서 여러분이 어디에서 무엇을 하며 시간을 보내는지에 달려 있다. 일단 이 사실을 깨닫고 나자, 소셜 미디어가 어떻게 우리를 나르시시즘 스펙트럼의 왼쪽 또는 오른쪽으로 몰고 가는지, 또 그 이유가 무엇인지 조금 더 쉽게 이해할 수 있었다.

패션지보다 SNS가 위험한 이유

우리가 알고 있는 오프라인에서의 인간 행동을 근거로 판단컨대, 여러분을 진정한 인간관계에서 더 멀어지게 하는 모든 것은 나르시시즘 중독을 부추길 가능성이 크다. 이것은 디지털 세상에서도 마찬가지다. 디지털 세상에서는 타인과 진정으로 관계 맺는 대신 자신의 연약함을 감추고 공허한 자랑질을 해대기 쉽고, 나르시시즘 스펙트럼의 양 끝으로 사람들을 떠밀기 쉽다.

조지아 대학교 심리학자 브리트니 젠틸레(Brittany Gentile)와 샌디에이고 주립 대학교 심리학자 진 트웬지는 사람들이 대개 자신의 외모와 사회적 지위를 자랑하고 도발적인 사진을 올리는 마이스페이스(MySpace)라는 사이트를 중심으로 한 가지 실험을 했다. 몸치장하기와 포즈 취하기가 실제로 나르시시즘을 증가시키는지 알아보는 것이 연구자들의 목표였다.

연구팀은 남학생 20명과 여학생 58명을 무작위로 뽑아서 한 그룹은 15분간 마이스페이스 프로필을 수정하게 하고(아마도 새로 찍은 화려한 스냅 사진과 묘사로 자신을 맵시 있게 꾸몄을 것이다), 또 한 그룹은 대학에 있는 한 건물에서 다른 건물로 이동하는 경로를 구글 지도에 표시하게 했다.

어떤 결과가 나왔을까? 마이스페이스 그룹의 나르시시즘이 상당히 높게 나왔다. 놀랍게도, 마이스페이스 그룹에 속한 학생들이 구글 지도 그룹에 속한 학생들보다 '모든 사람이 내 이야기를 듣고 싶어 한다', '나는 항상 내가 뭘 하는지 안다'처럼 과대 성향을 강하게 드러내는 진술에 '그렇다'라고 답하는 확률도 높았다.

이러한 결과는 모든 소셜 미디어 사이트와 관련이 있다. 우리는 사이버 공간에 자신의 가장 멋진 모습을 내놓는다. 실생활에서 우리가 어떤 사람인지와 상관없이, 소셜 미디어 속 우리의 아바타는 진짜 모습을 가린 채 깨끗하게 단장한 모습으로 전시되는 경향이 있다. 우리는 가장 돋보이는 사진을 선택하고 신중하게 고른 정보만 게시해 가장 밝고 행복해 보이는 모습만 공유한다. 사람들이 보고 '좋아요'를 누르면 자존감은 쑥쑥 올라간다. 그러나 마이스페이스에 관한 연구에 따르면, 자신을 아름답게 꾸미는 데 너무 많은 시간을 쓰면 허영심에 빠지기 쉽고 자신에게 집착하기 쉽다.

정반대 상황도 벌어진다. 다른 사람들의 프로필과 게시물을 살펴보는 데 많은 시간을 쓸수록, 건강한 나르시시즘이 훼손될 수 있다. 스트래스클라이드 대학교 언론학 교수 페티야 에클러(Petya Eckler)와 오하이오 대학교 언론학 교수 유수프 칼양고(Yusuf Kalyango)는 진행 중인 한 연구에서 동성 친구의 페이스북 페이지를 확인하는 데 평균 80분(그 이상 쓰는 사람이 많았다)가량을 쓰는 여대생 881명을 조사했다. 조사 결과, 친구들의 사진을 보는 데 시간을 많이 쓸수록 자기 몸을 불만스러워하는 것으로 나타났다. 체중을 감량하고 싶어 하는 경우에는 특히 더 심했다.

일리가 있는 결과다. 그 전에 이루어진 연구에 따르면, 여성들의 경우 패션 잡지와 미용 잡지를 훑어보는 시간이 많을수록 자기 몸을 불만스러워하는 것으로 나타났다. 그러나 모델이나 배우의 보정 사진과 자신을 비교하는 것은 또 다른 문제다. 친구들과 자신을 비교하는 것이 오히려 훨씬 더 해롭다. 가장 격렬한 질투심을 불러일으키는 것은 우리와 동떨어진 유명인이 아니라 우리가 잘 아는 사람들이다.

요즘 소셜 미디어에 사진을 올리기 전에 스키니픽스(SkinneePix) 같은 어플리케이션을 이용해 사진을 보정하는 젊은 여성이 점점 더 늘고 있다. 스키니픽스는 스마트폰을 '빠르게 두 번 클릭하면 몇 킬로그램 정도 더 날씬해 보이도록 셀카를 보정'해주는 어플리케이션이다. 연구에 참여한 여성들이 자신과 비교했던 몸매들은 일반 패션 잡지를 장식하는 모델들의 몸매보다 더 실제와 동떨어진, 심한 보정 사진이었을지 모른다.

자존감이 무너지지 않는
여섯 가지 SNS 전략

페이스북은 행복해 보이거나 섹시해 보이는 친구들을 한 번에 죽 훑어볼 수 있도록 정리해둔 거대한 일람

표다. 이것은 사람들에게 심한 타격을 준다. 내 삶과 비교하면 모든 사람의 삶이 더 멋져 보이고, 더 빛나 보이고, 부러운 여가 생활과 호화로운 휴가, 사려 깊은 연인, 웃고 있는 완벽한 가족으로 더 충만해 보인다.

유타밸리 대학교 사회학자 후이추 그레이스 초우(Hui-Tzu Grace Chou)와 니컬러스 에지(Nicholas Edge)는 425명의 남녀 학부생에게 페이스북을 사용한 지 몇 년이나 되었고, 일주일에 보통 몇 시간 정도 사용하는지 물었다. 그리고 '친구들 대부분이 나보다 더 나은 삶을 산다', '친구들 대부분이 나보다 더 행복하다', '인생은 공평하다'와 같은 다양한 진술에 얼마나 동의하는지 1부터 10까지 점수를 매겨달라고 요청했다. 이번에도 페이스북에 접속하는 시간이 길면 길수록, 그리고 페이스북을 사용해온 기간이 길면 길수록 자기에게 불만이 많았다. 친구들이 자기보다 더 행복하고 더 나은 삶을 살고 있다고 생각할뿐더러, 인생이 불공평하다고 생각하는 경향을 보였다.

이 연구는 특정 활동을 모니터하지는 않았지만, 페이스북을 오래 할수록 비교를 많이 하는 건 확실하다는 결과를 얻었다. 연구자들은 이 가정을 강력하게 뒷받침해주는 다른 사실도 알아냈다. 사람들은 개인적으로 잘 알지 못하는 페이스북 친구들이 많을수록 자기 인생을 더 불만스러워했다. 이유가 뭘까? 그들의 진짜 삶을 알지 못해 페이스북에서 받은 낙관적인 인상을 정정할 기회가 없었기 때문이다.

소셜 미디어는 우리 손에 전례 없는 통제권을 쥐어주었다. 소셜 미디어 안에서 우리는 자신의 이야기를 마음껏 만들어나갈 수 있다. 모든 클릭, 즉 우리가 게시하는 이미지와 댓글 하나하나가 우리의 인생을 빚어낸다. 따라서 우리는 우리가 하려는 이야기에 주의를 기울여야 한다. 다른 사람들의 이야기를 어떻게 받아들일지 유념해야 한다. 소셜 미디어에서 보는 것들을 개인의 행복의 토대로 삼으려 하면, 필연적으로 마음만 괴로워진다. 이것이 소셜 미디어 연구가 우리에게 주는 교훈이다.

그러나 또 다른 교훈도 있다. 우리 자신의 삶, 나아가 서로의 삶을 개선하는 방향으로 소셜 미디어를 활용하는 것도 얼마든지 가능하다는 것이다.

마이스페이스 연구를 마친 뒤, 젠틸레와 동료들은 두 번째 실험을 진행했다. 이번에는 페이스북이었다. 연구진은 학생들을 무작위로 뽑아서 두 그룹으로 나누어 한 그룹에게는 15분간 페이스북 페이지를 수정하게 하고, 다른 한 그룹에게는 구글 지도를 가지고 작업하게 했다. 마이스페이스 연구의 실험 대상자들과 마찬가지로 페이스북 페이지를 편집한 학생들이 자기 자신에게 더 만족했다.

그런데 차이가 있었다. 자존감은 상승했지만 나르시시즘은 상승하지 않았다. 이유가 뭘까? 마이스페이스가 개인의 과시욕을 키우는 반면, 페이스북은 사람들이 서로에게 다가가고 서로를 지지하는 공동체 경험을 촉진한다고 연구진은 결론을 내렸다. 이 연구는 사교적 기능을 강조함으로써, 소셜 미디어를 올바르게 사용하면 실제로 자긍심을 향상시킬 수 있음을 보여준다. 또한 나르시시즘을 다룬 다른 연구들이 밝혀낸 사실, 즉 진심 어린 교제는 자신이 특별하다고 생각하고 싶은 충동을 줄여준다는 사실을 확인해준다.

사이버 공간에서 중심을 잃고 완전히 넘어지지 않으려면, 소미(SoMe)에서 소위(SoWe)로 이동해야 한다. 이를 도와주는, 진심 어린 관계를 가장 중요한 위치에 두도록 도와주는 여섯 가지 기본 전략이 있다.

소위로 이동하는 전략 1. 주변에 진짜 친구들을 두어라

소셜 미디어의 세계에 처음 발을 들였을 때 나는 길을 잃은 것 같았고, 외로웠다. 온라인상에서 내 친구들과 아직 연결되어 있지 않았기 때문이다. 결과적으로 내게 디지털 세상은 깊은 인상을 남겨야 하는 무표정한 청중들과 다르지 않았다. 그들은 나를 좋아하거나 좋아하지 않았고, 그것이 유일한 연결 고리였다. 내가 숫자에 집착하게 된 것도 그 때문이다. 단절된 느낌을 받으면 칭찬과 관심에 대한 갈망이 치솟아 오르기 마련이다.

파티에서 낯선 사람을 처음 만났을 때를 생각해보라. 여러분은 좋은 인상을 심어줘야 한다는 압박을 받는다. 즉, '저 사람을 내 사람으로 만들어야 한다'는 충동을 느낀다. 소셜 미디어에서는 이런 충동이 한층 더 강해진다. 만약 이웃집 파티에 참석했다가 바보같이 자기소개를 더듬거렸거나 얼큰하게 취해서 욕을 퍼부었다면, 그날 파티가 끝날 무렵에는 사람들이 다 잊어버릴 거라고 짐작할 수 있다. 그리고 그 전까지는 파티 테이블 뒤로 몸을 숨길 수 있다. 그러나 인터넷은 모든 것을 기억한다. 그것도 영원히. 여러분이 한 말은 모두가 보는 데서 계속 떠돌아다닌다. (여러분이 계정을 삭제하지 않는 한) 사람들 눈앞에서 사라지지 않는다. 결과적으로 좋은 인상을 심어주는 데 집착하지 않기가 어렵다.

압박감을 줄이려면, 사이버 공간에서도 파티에서 하듯이 행동하라. 먼저, 여러분이 아는 사람을 가능한 한 많이 찾아라. 그곳에 친구들이 있으면 낯선 사람과 친해지기가 더 수월한 법이다. 그리고 새로운 관계를 형성하는 것에 주의하라. 전문적으로 고객을 모집하려는 것이 아니라면,

친구나 팔로워를 수천 명씩 모으는 것은 실수다. 이는 나르시시스트가 자주 하는 게임이기도 하다. 실질적인 연결 고리가 전혀 없으면 쇼를 하는 것 말고는 다른 선택지가 없다. 관심을 얻으려고 치장하고 멋 부리고 포즈를 취하는 낯선 사람들로 가득한 방, 이것이야말로 소미에서 생각할 수 있는 최악의 상황이다.

소위로 이동하는 전략 2. 마음을 터놓아라

페이스북 연구에서 또래들보다 게시물과 이미지를 더 오래 들여다보았던 학생들은 신체상(자기 신체에 대해 가지는 심상-옮긴이)과 전체적인 자존감에 타격을 입었다. 다른 연구 결과를 감안할 때 가장 합리적인 해석은, 그들이 다른 사람들을 평가하는 방법을 곱씹고 있다는 것이다.

이는 소셜 미디어의 가장 큰 위험 인자 중 하나다. 실생활에서는 다른 사람의 몸을 빤히 쳐다보거나, 그들이 우리보다 낫다는 증거를 찾으려고 그 사람의 집을 샅샅이 파헤치는 것은 아주 무례한 행동이다. 그런데 소셜(social) 미디어에서는 하루 종일 그래도 된다. 하지만 이것은 전혀 '사교적(social)'인 행동이 아니다. 우리가 사람들과 교류를 멈추고 먼발치에서 그들의 삶을 가만히 응시하기 시작하면, 우리는 소셜 미디어가 주는 이점을 모두 놓치고 만다.

소셜 미디어에 관한 초창기 연구에 따르면, 소셜 미디어의 혜택을 가장 많이 받는 사람은 말수가 적고 사회적으로 위축된 사람들이었다. 그들은 일상에서 만난 사람들보다 온라인에서 만난 친구들에게 인생의 굴곡에 관해 마음을 터놓는 것이 더 쉽다는 걸 깨달았다. 틈날 때마다 자신에 관해 글을 쓰면서 자기 이야기를 자기 입으로 직접 말해야 한다고 생각할 때 느꼈던 부담감이 사라졌을 수 있다.

결과적으로 소셜 미디어는 위축된 사람들의 사회적 자신감과 자존감을 드높이고 그들의 삶을 더 행복하게 만들어줌으로써, 그들의 인간관계를 확대시키고 확장시켰다. 이와 대조적으로, 다른 사람이 올린 게시물을 보고 다른 사람의 인생 이야기를 읽으면서 정보를 '수동적으로' 소비하는 이용자들은 기분이 안 좋을 수밖에 없다.

우리가 소셜 미디어를 하는 시간만큼 혜택을 보려면, 우리의 삶에 관해 마음을 터놓아야 한다. 행복했던 순간과 슬펐던 순간, 손에 거머쥐었던 승리와 마음에 깊이 남은 트라우마에 관해 이야기해야 한다. 이런 태도는 다른 사람들로 하여금 인생에서 겪은 좋은 일과 나쁜 일에 관해 우리에게 마음을 터놓게 하는 데도 중요하다. 가만히 앉아서 사진과 게시물로 가득한 화면을 보기만 해서는 소셜 미디어가 주는 혜택을 누릴 수 없다.

주변에 아는 사람들을 두어야 하는 또 다른 이유가 여기에 있다. 주변에 아는 사람들이 있으면, 여러분에 관한 이야기를 많이 나눌 기회가 생긴다. 팔로워나 '친구'를 너무 많이 모으면, 직접 대화를 나누고 서로를 알아가고 진정 어린 관계를 맺을 시간이 없다. 그렇게 되면, 모든 사람은 매끄럽게 다듬어진 아바타가 되어버린다.

온라인상에서 이런 공허한 관계에 둘러싸여 있으면 여러분은 '누구의 삶이 더 근사해 보이는가?' 하는 경쟁에 빠져들고 만다. 수백, 수천 개의 사진과 게시물을 훑어보느라 다른 일을 할 시간이 거의 없기 때문이다. 유난히 힘든 날에도 힘이 되어달라고 마음 편히 부탁하지 못할 것이고, 이미 외로움에 빠져 있다면 혼자 조용히 이겨내려고 애써도 기분만 더 나빠질 것이다.

소셜 미디어에서 자신의 삶을 터놓고 이야기하지 않을 때 찾아오는 더 큰 위험이 있다. 실수와 실패, 일상생활의 고투와 같은 평범한 인간의 나약한 모습은 빼놓고 우리 모습 가운데 엄선한 조각들만 공유하면, 우리는 본질상 숨어 있는 셈이다. 이것은 아주 위험하다.

우리의 참된 본성을 감추면, 절대로 진정한 자신감을 느끼지 못한다. 우리는 각자가 감추고 있는 것은 그게 무엇이든 수치스러운 요소라고 생각한다. 사람들에게 호감을 얻고 사랑받고 싶으면, 나약한 점을 계속 비밀로 하는 것이 현명하다고 생각한다. 그러나 결과는 비참할 수 있다. 나를 있는 그대로 드러내면 사람들이 부담스러워하고 내 곁을 떠나고 싶어 할까 봐 겁먹을 때, 우리는 에코이즘의 자기부정에 빠지고 만다. 나를 있는 그대로 드러내면 힘없고 초라해 보일까 봐 겁먹을 때, 우리는 대개 건강하지 못한 나르시시즘의 과시 행위에 중독되고 만다. 어느 쪽이든 주변 사람들과 진정으로 연결됨으로써 건강한 자존감을 높일 기회를 놓치는 셈이다.

소위로 이동하는 전략 3. 목적이 있는 커뮤니티를 찾아라

대의명분이 있는 단체에 가입하는 것은 강한 결속을 느끼는 좋은 방법이고, 소셜 미디어에서 관심을 받고 싶어 하는 욕망을 건강하게 활용하는 유용한 방법이기도 하다. 여러분이 소셜 미디어에서 외로움을 느끼고 있거나 '좋아요' 또는 '즐겨찾기' 또는 조회수에 집착한다면, 평등권이나 기후변화 완화와 같은 특정한 정치 이슈나 사회적 대의를 위해 헌신하는 포럼에 참여해보라. 아니면, 효과적인 양육법이나 연인 관계 오래 유지하는 법과 같이 개인에게 관심 있는 주제를 다루는 블로그를 팔로우하라. 나는 페이스북 친구들이 나와 내 친구들이 쓴 글에 아주 용감하고 솔직하게 의견을 올리고, 엄청난 고통을 겪고 있는 다른 사람들에게 놀라운 배려와 관심을 표현하는 모습을 봐왔다.

앞으로 개설될 가능성이 있는 온라인 커뮤니티만 수백만 개에 달한다. 마이크로블로그 커뮤니티는 게시물에 해시태그를 달면 해당 주제를 중심으로 자발적인 논의가 이뤄진다. 그 결과는 놀랍다.

2014년 9월, 사회운동가이자 작가이며 가정 폭력 생존자인 비벌리 구든(Beverly Gooden)이 '#whyIstayed'라는 해시태그를 만들고, 폭력적인 남편과의 관계를 끝내기가 왜 그렇게 힘들었는지, 어떻게 남편과 헤어질 용기를 냈는지 설명하는 트윗을 연이어 올렸다. 축구 선수 레이 라이스(Ray Rice)가 약혼녀를 폭행한 사건이 있었는데, 레이의 약혼녀가 폭행 사건 후에도 그와 헤어지지 않기로 했을뿐더러 결국에는 그와 결혼까지 한 것을 두고 사람들은 이해할 수 없다며 혼란스러워했다.

당시에 구든은 이런 사람들의 반응에 대응하고 있었다. 구든은 학대하는 사람 곁을 떠나는 것은 '한 번에 끝나는 사건이 아니라 시간이 필요한 과정'임을 사람들에게 상기시켰다. 구든은 그 과정이 얼마나 힘든지를 세상에 알리고, 같은 상황에 처한 사람들이 자기 이야기를 할 수 있도록 힘을 북돋아주고 싶었다.

불과 몇 시간 만에 전 세계의 가정 폭력 생존자들(그들 중에는 극단적인 에코이스트가 많았다)이 자기 목소리를 내기 시작했고, 게시물에 해시태그를 달아 자신의 이야기를 공유했다. 이 주제는 입소문을 타고 널리 퍼져나갔고 전 세계 언론에 보도되었다. 결국 일부 생존자들은 마침내 파괴적인 관계를 끊을 수 있는 힘을 얻었다. 그리고 또 다른 게시물에 '#whyIleft'라는 해시태그를 달고 자신이 시작한 긍정적 여정을 자세히 소개했다.

'#whyIstayed' 커뮤니티는 곤경에 빠진 사람들에게 헤쳐나갈 힘을 주었다. 그러나 연구자들에게는 이것이 그리 놀랄 만한 사건이 아니었다. 수십 년간의 연구 결과에 따르면, 한 그룹 안에서 개인적인 경험을 공유할 때 사람들은 깊은 소속감을 느낀다. 그리고 대개는 자신감과 공감 능력, 행복감이 커지는 것을 경험한다. 이와 비슷한 변화가 온라인 커뮤니티에서도 일어날 수 있다.

그러나 모든 커뮤니티가 이런 것은 아니다. 불행히도, 온라인 커뮤니티는 사람을 치유하기도 하지만 치명적인 해를 끼치기도 한다. 사이버 공간은 옛 서부와 비슷하다. 누구에게나 열려 있고 통제가 되지 않는다. 그리고 유감스럽게도 사이버 공간을 어슬렁거리면서 상처가 되는 모욕적인 말을 퍼부으며 쾌락을 느끼는 가학적인 사람들이 있다. 트롤(troll, 부정적이고 선동적인 글이나 댓글을 인터넷에 올리는 사람을 가리키는 신조어-옮긴이)로 불리는 이들은 배려와 이해가 필요한 예민한 사람들에게 특히 더 심하게 군다. 짐작했겠지만, 사이버 공간에는 나르시시스트도 그득하다. 연구에 따르면 이들은 누구보다 게시물을 자주 올리고, 수천 명의 친구에게 상스러운 말과 도발적인 사진을 쏟아붓는다. 악당을 제재할 수 있는 감시자가 없으면, 사이트는 고함과 욕설의 장으로 전락할 수 있다.

그러므로 온라인 커뮤니티에 가입해서 마음속 이야기를 털어놓기 전에 그 사이트가 어떻게 돌아가는지, 다시 말해 그 안에 어떤 사람들이 있고 어떻게 운영되는지 세심하게 살펴보라. 오프라인 단체 회원들 사이에서 자기인식과 자신감을 키우는 열쇠로 확인된 세 가지 요소가 있다. 아마 소셜 미디어 커뮤니티에도 그대로 적용할 수 있을 것이다.

- **유대감**
서로를 존중하고 신뢰하는 분위기인가? 잘못된 행동을 고치도록 돕고, 안전감과 신뢰감을 해치는 사람들을 쫓아내는 역할을 하는 사람이 있는가? 모든 회원에게 기대하는 바가 분명하고 규칙이 명확한가? 모든 회원에게 적용되는 규칙이 게시되어 있는가?

- **목표**
커뮤니티의 목적은 아주 확실해서 최고의 혜택을 제공해야 한다. 여러분이 왜 거기 가입하고 싶은지 알고 있는가? 새로운 기술을 계발하기 위해서? 정보를 얻기 위해서? 힘을 보태기 위해서?

- **과업**
이 커뮤니티 안에서 사람들은 어떻게 서로 배우고 성장하는가? 질문이나 의견을 게시함으로써? 링크를 게시함으로써? 회원들이 커뮤니티에 기여할 수 있는 방법을 명확히 설명하고 있는가? 사람들을 하나로 연결하는 방법은 처음에 커뮤니티를 개설한 큰 목표와 확실하게 연결 짓는 것이다.

'#whyIstayed' 커뮤니티는 가장 기본적인 이런 요건을 갖추고 있었다. 과업은 명확했다. '당신의 이야기를 하라.' 목표도 분명했다. '학대 피해자들이 가해자와 헤어지는 것을 힘들어하는 이유에 관한 대중의 인식을 제고하고, 피해자를 탓하는 풍토를 종식시킨다.' 유대도 강해졌다. 글을 올리는 사람들은 비교적 안심하고 자기 이야기를 공유할 수 있었다. 팔로워들이 자기들을 공격하려는 트롤들을 맹비난하며 빠르게 대처했기 때문이다.

이 세 요소를 명심하고, 커뮤니티를 둘러보면 소셜 미디어에서 강한 소속감을 느낄 뿐더러 개인적으로 성장하고 자신의 삶과 나아가 다른 이들의 삶을 더 좋게 변화시킬 힘까지 얻게 될 것이다.

소위로 이동하는 전략 4. 자기 홍보를 삼가라

얼마나 자주 자신을 보여주는지 생각해보라. 웨스턴일리노이 대학교 심리학자 크리스토퍼 카펜터(Christopher Carpenter)가 292명의 학생에게 일련의 행동에 관한 자가 평가를 부탁했다. 나르시시즘이 강한 사람일수록 다음과 같은 행동을 자주 하는 것으로 나타났다.

- 본인의 상태 업데이트하기
- 본인 사진 새로 올리기
- 프로필 정보 업데이트하기
- 프로필 사진 바꾸기
- 본인을 태그하기

나는 이런 행동을 '이미지 처닝(image churning)'이라고 부른다. 일종의 자기 홍보다. 이런 행동은 친구들을 고객으로 바꾸어놓는다. 자기 홍보에 너무 많은 시간을 쓴다면, 진정한 관계에 투자할 시간을 뺏기는 셈이다. 어떤 소셜 미디어를 활용하든 이런 행동을 삼가라.

과학적인 대조 실험을 하지 않았으니 이런 행동이 나르시시즘을 증가시킨다고 확실히 말할 수는 없지만, 우리에게 그리 좋지 않다는 것만은 확실하다. 대조 실험을 진행한 마이스페이스 연구는 이미지에 집착하는 사이트에서 시간을 보내는 행동이 사람들의 나르시시즘을 증가시킨다는 사실을 밝혀냈다. 그리고 앞서 언급한 다섯 가지 활동은 모두 이미지나 외모와 관련이 있다. 이미지 처닝은 일시적으로나마 나르시시즘을 북돋는 효과가 있다.

소위로 이동하는 전략 5. 올리기 전에 생각하라

올리기 전에 생각하라. 새로 올린 프로필 사진으로 '좋아요'를 40개나 받아서 자신이 특별한 사람처럼 느껴지면 한동안 기분은 좋겠지만, 친밀감을 키우는 효과는 거의 없다. 해변에서 멋진 시간을 보내는 사진을 재빨리 올릴 수는 있다. 하지만 그 사진을 잠깐 본 사람이 정말로 여러분과 이어져 있다고 느낄까? 주초에 아버지가 돌아가셔서 슬프다면, 그 해변 사진은 내가 지금 겪고 있는 일에 관해 어떤 느낌을 전해줄까? 처음에 나는 왜 그 사진을 올렸을까? 소통하고 싶어서? 아니면 관심받고 싶어서? 이런 '상태 업데이트'는 나와 다른 사람들을 가까워지게 할까, 아니면 내게 깊은 외로움만 안겨줄까?

깊게 심호흡을 하고 자신에게 물어보라. 나는 왜 지금 이걸 올리고 있는 걸까? 단순하게 사람들을 웃게 해주고 싶어서라 할지라도, 여러분이 공유하려는 게시물이 관계를 존중하는 내용인지 확인하라. 여러분 안에 있는 건강한 나르시시즘을 촉진하기 위해 노력하는 동안에는, 사랑하는 사람들 곁에 있을 때 아무 생각 없이 소셜 미디어를 이용하지 않도록 주의하라.

우리가 스마트폰과 온라인 세계로 창조해낸 이 용감무쌍한 신세계에서는 쉽게 길을 잃을 수 있다. 우리는 지구 반대편에 사는, 한 번도 만난 적 없는 사람들에게 손을 내민다. 예전 남자 친구와 여자 친구, 오래전에 소식이 끊긴 친척, 잊고 지내던 동창을 찾는다. 심지어 온라인 데이트 사이트의 도움으로 사랑에 빠지기도 한다. 신나는 가능성은 아주 무한하다. 그러나 온라인에서 흥분에 휩싸여 있는 동안 실제로 자기 옆에 있는 사람을 잊어버리기 쉽다. 그렇게 되면, 우리뿐 아니라 우리가 사랑하는 사람들까지 나르시시즘 스펙트럼의 오른쪽으로 쭉 미끄러질 위험이 있다.

심리학자 셰리 터클(Sherry Turkle)은 '연결되었지만 외로운'이라는 제목의 테드 강연에서 생각 없이 가상 세계에 빠질 때의 위험성을 경고했다. 극장에서 같이 온 사람과 이야기하는 대신 스마트폰을 들고 메시지를 확인하는 사람들이 드물지 않다. 아이들은 엄마 아빠가 자기를 보고 있는지 확인하려고 애를 쓰는데 운동장 벤치에 앉아 스마트폰만 들여다보는 부모도 자주 눈에 띈다. 우리 모두는 이따금씩 실수를 한다. 그러나 그게 습관이 되면 아주 값비싼 대가를 치른다.

특히 아이들에게는 아주 조그만 일에도 열띤 관심을 받고 있다고 느끼게 해줘야 한다. 세 살짜리 아이가 대충 그린 그림을 냉장고에 붙여두는 이유도 그 때문이다. 이런 관심은 아이들이 올바른 방식으로 자신이 특별하다고 생각하게 도와준다. '우리 부모님 눈에는 내가 특별하다'는 생각을 하게 이끄는 것이다. 소셜 미디어가 우리와 가장 가까운 사람들에게 받아야 할 관심을 빼앗아갈 때, 우리는 극단적 나르시시즘을 막아주는 친밀감을 밀어내는 셈이다.

소위로 이동하는 전략 6. 현명하게 팔로우하라

자신과 다른 사람의 닮은 점을 찾으려고 애쓰는 '쌍둥이 판타지'를 기억하는가? 우리는 때때로 누군가의 쌍둥이가 되고자 하는 경향이 있다. 그 사람이 우리가 존경하는 사람이라면 특히 더 그렇다. 대부분은 우리가 그런 행동을 하고 있다는 사실조차 깨닫지 못한다. 우리는 그저 그 사람이 '되려고' 할 뿐이다.

　수십 년 전, 코미디언 샘 키니슨(Sam Kinison)을 아주 좋아하는 동창과 있었던 일이다. 그 친구는 키니슨의 유명한 독백을 정확한 자구 표현과 미묘한 억양 변화까지 그대로 따라하곤 냈다. 가끔은 생긴 것도 비슷해 보였다. 힘없이 늘어진 긴 머리에 격노에 휩싸인 사팔눈. 한번은 그 친구와 함께 저녁을 먹는데 쇠지레와 원숭이, 전자레인지에 얽힌 이야기(전형적인 키니슨식 기괴한 삼단논법)를 하다가 키니슨 스타일로 "아아아! 아아아아!" 하고 소리를 지르기 시작했다. 우리와 함께 저녁을 먹던 젊은 여성은 그가 대체 왜 그러는지 짐작조차 못 했다. 처음에는 깜짝 놀랐고, 그다음에는 역겨워하다가 결국에는 슬그머니 사라져버렸다. 그녀에게 데이트 신청을 하려고 용기를 내려던 참이었기에 정말 창피했다. 그날 밤, 친구에게 물었다. "키니슨 흉내는 대체 왜 내는 거야? 나, 그 여자애 좋아했단 말이야!"

그는 진심으로 혼란스러운 표정으로 나를 보았다. "내가 그랬다고? 언제?"

그 친구는 자기 나름대로 장난을 쳤다고 생각했다. 우리가 다른 사람을 모방할 때 그 사람의 버릇, 말투, 견해가 얼마나 철저하게 우리를 점령할 수 있는지, 그는 알지 못했다. 거의 30년 전 소셜 미디어나 유명인의 웹사이트가 등장하기 한참 전에 있었던 일이다. 그때는 내가 좋아하는 사람의 비디오, 이미지, 인터뷰를 찾으려면 정말 열심히 노력해야 했다. 요즘에는 정말 쉽다. 소셜 미디어에서 팔로우만 하면 된다.

그들이 칭찬할 만한 자질을 보여줄 때는 괜찮다. 우주의 경이로움을 상세히 설명하는 TV 프로그램 〈코스모스^{Cosmos}〉에 출연한 천체 물리학자 닐 디그래스 타이슨(Neil deGrasse Tyson)의 영상을 좋아하는 대학생 나이대의 아들딸이 있는가? 정말 장관이다. 방학 동안 리틀 타이슨이 주위를 뱅뱅 도는 걸 싫어할 사람이 누가 있을까? 그런데 그 아이들이 오만하고 허영심 많은 리얼리티 쇼 스타를 비굴하게 쫓아다닌다면 어떨까? 소셜 미디어는 모든 것을 전보다 쉽게 만든다. 그리고 나르시시즘을 키우는 가장 쉬운 방법은 나르시시스트를 모방하는 것이다.

몇 가지 간단한 지침만 잘 따르면, 소셜 미디어에서 얻는 자기도취적인 황홀감이 우리에게 꼭 나쁜 것은 아니다. 실생활에 적용되는 규칙들이 디지털 생활에도 그대로 적용된다. 확실히 해야 할 점은 안정된 사랑과 배려의 관계야말로 건강하지 못한 나르시시즘으로부터 우리를 보호해주는 가장 훌륭한 보호 장치라는 점이다. 그 관계가 직접 얼굴을 대면하는 관계든, 사이버 공간에서 만난 가상의 관계든.

CHAPTER

12

행복하고 열정적인 삶

건강한 나르시시즘이 주는 최고의 선물

신체적으로 열정이 불끈 솟는 자신의 모습을 상상해보라. 여러분이 사랑하는 사람을 품에 안고 애무하고 입 맞추는 사이, 머리로는 다음에 일어날 일을 상상한다. 아니면 다른 방식으로 여러분의 열정을 표현하는 모습을 상상해보라. 맛있는 음식을 요리하든, 멋진 새 옷을 차려입든, 짜릿한 연애소설을 읽든, 무엇이든 좋다.

여러분은 이런 순간과 관련해 뭔가를 알아챌 것이다. 잠시 동안 여러분은 다른 사람들이 원하거나 필요로 하는 것에 집중하지 않았다. 대신 자신의 상상, 자신의 욕망에 빠져 있었다. 그리고 상상과 욕망이 여러분을 어디로 이끄는지 마음에 그렸다. 시간이 멈춘 것 같았을 수도 있다. 정말로 흥분하면, 우리는 다른 모든 사람과 다른 모든 것보다 자신의 욕망에 의미를 부여한다.

다시 말해서, 강렬한 열정은 언제나 약간의 나르시시즘을 담고 있다.

다른 사람들이 원하는 것에 시선이 고정되어 있을 때는 어떤 식으로든 자신의 삶을 기쁘게 일구거나 창조하거나 탐험할 수 없다. 동시에 황홀한 삶을 추구할 때도 역시 주의를 기울여야 한다. 열정은 다른 사람들을 향한 배려나 관심과 균형을 이뤄야 한다. 다른 사람들을 고려하지 않으면 열정은 공허해지고, 심하면 파괴적이 된다.

아이러니하게도, 유럽 전역에 무자비하게 왕국을 건설하고 스스로를 황제라 칭한 나폴레옹은 이 원리를 이해했던 것 같다. 비록 자신의 행동에는 이 원리를 적용하지 못했지만 말이다. 히틀러, 스탈린, 사담 후세인 등 역사를 통틀어 이 세상에 거대한 악을 퍼뜨린 열정적인 사람들의 예는 수없이 많다. 우리의 일상에 함께하는 나르시시스트, 그중에서도 특히 사교적인 나르시시스트는 열정으로 충만하다. 무엇에도 구애받지 않고 자신의 욕구와 욕망이 이끄는 대로 행동하기 때문이다.

우리가 종종 그들에게 매력을 느끼는 이유가 여기에 있다. 데이트 상대를 유혹하든, 위험한 벤처 사업에 뛰어들든, 라이벌 스포츠 팀을 이기든, 그들은 무엇에도 구애받지 않고 자신이 원하는 것을 향해 돌진한다. 그러나 그들의 열정은 진실하지도 않거니와 충족감을 안겨주지도 못한다. 사랑하는 사람들과의 관계를 잃으면 우리 안에 있는 가장 강렬한 욕망조차도 보잘것없어지기 때문이다. 영국의 정신분석가이자 아동 상담 치료사인 도널드 위니콧(Donald Winnicott)은 창의적인 놀이에 빠진 아이들을 연구하면서 이 진실을 통렬하게 그려냈다.

성과를 내도
뿌듯하지 않은 이유

블록과 인형과 동물 모양 봉제 인형을 가져다가 한쪽으로 기울어진 탑을 쌓는 18개월 된 아이를 상상해보라. 이 또래 아이들은 혼자 있으면 조금 초조해한다. 아이는 곁눈질로 여러분이 옆에 있는지 계속 확인한다. 그리고 여러분이 옆에 있다는 사실에 안도하며 놀이를 계속한다. 아이가 놀이에 몰입할 수 있는 이유는 고개를 들었을 때 여러분이 옆에 있기 때문이다. 아이는 여러분의 존재를 느끼기 때문에 탑을 쌓고, 쌓고, 또 쌓을 수 있다. 여러분이 주는 사랑 덕분에 세상은 자기 것이고, 아이는 자기가 원하는 대로 할 수 있다. 아이는 자기 자신과 자기가 하는 일이 여러분에게도 중요하고 특별하다고 느낀다. 덕분에 아이는 열정을 발견한다.

그런데 만약 여러분이 지루한 내색을 하거나, 아이가 쌓은 탑을 여러분 입맛대로 재배열한다면 어떻게 될까? 그 자리를 떠난다면 어떻게 될까? 아이는 자기가 하는 일이 중요하지 않다고 생각할 것이다. 더 심한 경우, 여러분이 자기를 버리고 가버리지는 않을까 걱정할 것이다.

어쩌면 아이는 여러분의 관심을 되찾는 데 집착하느라 놀이를 완전히 중단할 수도 있다. 블록과 인형을 제쳐두고 여러분을 잡아당기거나 울음을 터트릴 수도 있다. 아니면, 화가 나서 여러분을 완전히 밀어낼 수도 있다. 자기가 하고 싶은 대로 무언가를 만들 수 있는 유일한 방법은 여러분의 존재를 결코 인정하지 않는 것뿐이라고 마음먹는 것이다.

어느 쪽이든 아이는 중요한 것을 잃고 만다. 여러분의 관심을 유지하기 위해서 자신의 열정을 희생시키든가, 열정을 지키기 위해서 상대를 희생시킬 수밖에 없다. 결과적으로 아이의 욕망은 절대로 진짜가 될 수 없다. 억제되든가 과장될 수밖에 없기 때문이다.

여러분이 자기 곁에 머물게 하려고 놀이를 중단하는 어린아이와 같은 에코이스트들은 욕망을 억누르고, 열정을 깊은 배려와 맞바꾼다. 다른 사람들에게 상처 주는 것을 몹시 두려워해서 자신의 욕망이 이끄는 대로 하고 싶은 위험을 감수하지 않는다. 순간적으로 기분 좋은 일을 하고픈 충동을 느끼지만 그냥 흘러가게 놔둘 뿐, 그 충동이 너무나 중요해져서 다른 고려 사항보다 우선하도록 허락하지 않는다. 결과적으로 그들은 열정이 너무 약해져서 욕망이 이끄는 삶을 일구지 못한다.

우리가 2장에서 만났던, 생일파티를 해주겠다는 제안에 진저리를 치던 샌디는 모든 업무에 기대 이상의 성과를 내면서도 아무 기쁨도 없이 묵묵히 일했다. 사람들에게 좋은 인상을 심어주기 위해서가 아니라 다음과 같은 메시지를 전하기 위해서였다. "전 괜찮아요. 제 걱정은 하지 마세요." 샌디는 어린 시절에 기대 이상의 성적을 올렸던 것과 같은 이유로 기대 이상의 성과를 냈다. 주변 사람들에게 짐이 되지 않기 위해서였다.

그러니 좋은 성과를 내도 한 번도 가슴이 뿌듯하지 않았다. 아무리 노력해도 궁극적으로 자신을 위한 일로 느껴지지 않았기 때문이다. 샌디에게는 일 외에 다른 삶이 거의 없었다. 남자 친구 조에게조차 자신이 챙겨줘야 할 것이 없는지 확인하느라 자신의 모든 시간을 썼다. "할 일이 너무 많아요!" 샌디가 소리쳤다. "게으름 피우며 즐길 것 다 즐기는 사람이 어디 있어요!"

즐겁게, 열심히 노는 어린아이처럼

이와 대조적으로 나르시시스트는 상대의 끊임없는 간섭이나 부재에 몹시 화를 내는 어린아이를 닮았다. 그들은 사랑하는 능력을 맹목적인 열정과 맞바꾼다. 일부는 잠자리에서 자신감이 넘쳐서 잠시 동안 흥미를 끌 수 있지만, 정서적 교감이 부족해서 결국 연애를 망치고 만다. 그들의 욕망은 다른 방식으로 부서지기 쉽다. 그들은 눈을 감고 여러분을 밀어내야 자신의 욕망을 지킬 수 있는 것처럼 지나치게 화를 내고 압박을 느낀다. 그들은 자신이 원하는 삶을 상상하고 일구고자 노력하는 데 여러분의 존재가 위협이 된다고 생각한다.

3장에서 만났던, 자만심에 가득 찬 학생 게리는 많은 여성을 매혹할 만큼 매력적이었지만, 연애 기간은 늘 짧았다. 본인도 인정하듯이, 그의 연애는 예측이 가능했다. "일단 같이 자고 나면 흥미가 사라져요." 게리가 말했다. 게리는 스물두 살에 백만장자가 되려는 자신의 웅장한 계획을 여자가 '장악하고' 간섭할 것이라고 불안해했다.

사람들과 너무 가까워지면 열정을 유지할 수 없다고 느끼는 이들도 있다. 나르시시스트 중에 그런 사람들이 많다. 그들은 자신의 가장 황홀한 꿈이 마치 물에 비친 그림자처럼 아주 살짝만 건드려도 흩어져버릴지 모른다고 걱정한다.

이와 달리, 건강한 나르시시즘을 갖춘 사람들은 열정적으로 놀이에 빠진 어린아이처럼 자유롭게 자신의 욕망을 정확히 따른다. 사랑하는 사람들에게 자신이 특별한 존재라고 느끼기 때문이다. 이런 느낌은 그들을 아주 기쁘게 하고, 그들의 내면을 창의적 열정으로 가득 채워준다. 나르시시스트들의 열정에 비하면, 그들의 열정은 더 견고한 역량으로 이루어져 있다. 그들은 혹시라도 사랑이 방해가 되지는 않을까 하는 걱정 없이 원대한 꿈과 삶에 대한 갈망을 유지할 수 있다.

3장에서 본 외향적인 활동가 리사는 자전거 경주와 와인을 좋아하고 혼자서 취미 생활을 자주 즐겼다. 하지만 남편 더그와 함께하는 것도 좋아했다. 남편의 존재는 그녀의 계획과 꿈을 위협하는 게 아니라 결실을 맺을 힘을 주었고, 리사는 남편과 취미를 공유하는 것을 무척 좋아했다. "저는 우리 부부가 함께 멋진 삶을 일궈가길 바라요." 어느 날, 리사는 내게 그렇게 말했다. 리사는 더그의 관심사를 지지하면서 기쁨을 느꼈다. "남편이 주말에 혼자 등산하려고 계획을 세울 때 옆에서 도와주곤 해요. 그는 혼자 등산하는 걸 좋아하고 남편은 항상 행복한 얼굴로 집에 돌아와요."

우리가 안정되고 다정한 관계를 맺을 수 있을 때에만 건강한 나르시시즘이 진정한 열정을 드러낸다. 견고한 사랑 안에서 드러나는 진정한 열정은 절대로 파괴되거나 사라지지 않는다. 우리는 자신의 욕망을 따라갈 수 있고 욕망이 우리를 어디로 데려가는지도 볼 수 있다. 고개를 들었을 때 우리가 좋아하는 사람들이 여전히 그곳에 있을 것이라는 사실을 알기 때문이고, 더 정확히는 믿기 때문이다.

자신이 특별하다고 생각하고 싶은 충동은 열정의 원천이지만, 그 열정을 순수하게 지켜주는 것은 사랑이다.

누구나 즐길 수 있는 특권

우리의 진정한 열정이, 사랑하는 사람들이 자신을 특별한 사람이라고 느끼게 해준 데 대한 보상이라면 우리 주변 사람들은 무엇을 얻게 될까? 대답은 진정한 친밀감이다.

'친밀한'이라는 단어의 어원은 '지식', '아는 것'을 의미하는 고대 라틴어와 인도-유럽어족 단어까지 거슬러 올라간다. 친밀함은 지식과 관련이 있다. 우리가 있는 그대로의 자기 모습을 공유하지 않으면 어느 누구도 우리와 진정으로 친해질 수 없다. 에코이스트들은 자신의 내면생활을 탐구하는 시간을 거의 갖지 않기 때문에 자신의 내면을 전혀 모른다.

반면에, 나르시시스트들은 화려하고 종종 비현실적인 자기 모습을 공상하길 좋아해서 자신의 내면을 전혀 모른다. 그들은 자신의 결함과 결점을 부정하고, 실제 인간과는 닮은 점이 거의 없는 페르소나(가면을 쓴 인격)를 제시한다.

위니콧은 이것을 '거짓 자아'라고 불렀다. 내현적 나르시시스트들은 실제든 상상이든 자신의 약점이 노출되는 것을 너무나 무서워해서 자신에게 정말 필요한 것이 무엇인지 알아챌 만큼 사람들이 가까이 다가오는 것을 거의 허락하지 않는다.

여러분이 자신의 가장 깊은 곳에 있는 욕망과 욕구에 특별한 관심을 기울이고 솔직히 공유할 만큼 자신을 소중하게 생각할 때, 여러분에게 관심을 갖는 주변 사람들은 여러분에 관해 새로운 면을 알게 된다. 이런 과정을 통해 마침내 사랑하는 사람을 만나게 되고, 이 순간은 관련된 모든 사람에게 정말로 가슴 설레는 시간이 된다. 이것은 나르시시스트와 에코이스트도 스펙트럼의 중앙에 좀 더 가까워지면 누릴 수 있는 특권이다. 나는 이 사실을 5장에서 만났던, 아이들이 떠난 빈 둥지를 지키며 우울해하던 진이 부부관계에 생긴 변화를 들려주고자 남편 로버트를 데려왔을 때 깨달았다.

진은 기회가 될 때마다 공감을 유도하는 말을 하며 남편의 삶에 자신이 들어갈 특별한 자리를 마련하기 시작했다. "남편에게 당신은 내게 가장 중요한 사람이라고 말했어요." 훌쩍거리면서 남편을 힐끔 보며 진이 말했다. "당신을 잃을까 봐 두렵다고, 우리가 여생을 함께 즐기지 못할까 봐 두렵다고 말했어요. 여생을 당신과 함께 보내고 싶다고요."

"당신을 잃을까 봐 진이 무척 슬퍼한다는 이야기를 전에도 들은 적이 있나요?" 내가 로버트에게 물었다.

"전혀요." 로버트가 진을 바라보며 온화한 얼굴로 말했다. "예전에는 저를 쌀쌀맞게 대했어요. 사실, 진이 얘기하기 전에는 누구에게도 보고 싶다는 말은커녕, 내가 필요하다는 말조차 들어본 적이 없어요."

"내가 울음을 터트리자 남편이 저를 안아줬어요." 진이 미소를 지으며 말했다.

"로버트, 당신은요?" 내가 물었다.

"그날을 계기로 뭔가 달라졌어요." 그가 대답했다. "제 안에 있던 무언가가 달라졌어요. 누군가에게 내가 중요한 사람이라는 느낌이 들었어요. 조금 안심이 됐어요."

로버트에게는 큰 변화였다. 예전에는 매번 특별한 도취감을 추구했다. 자신의 매력이나 잘생긴 외모로 충분히 많은 사람을 얻었다고 느낀 적이 한 번도 없었기 때문이다. "어머니는 저를 과시용으로만 여기셨어요." 로버트가 서글픈 목소리로 말했다. "사람들에게 제가 얼마나 잘생겼는지, 얼마나 똑똑한지 이야기하셨죠. 하지만 제가 어떤 사람인지, 어머니가 정말로 저를 안다는 느낌을 못 받았어요. 진은 달랐어요. 그래서 지금까지 누구에게도 한 적 없는 얘기를 아내에게 했어요."

로버트도 진에 관해 더 많이 알게 되었다. 진은 일주일에 두 번 스윙 댄스 교습을 받기 시작했다. 그리고 어느 날 밤에는 데이트 신청을 해서 로버트를 놀라게 했다.

"저는 아내가 춤을 출 수 있는지도 몰랐어요! 지금은 댄스 교습을 같이 받고 있어요." 로버트가 웃으면서 말했다.

이제 로버트와 진은 서로에게 자신이 특별하다고 생각한다. 그러자 하루하루가 새로운 모험이 되었다. 두 사람은 서로를 진정으로 알아가고 있었다. 스펙트럼의 중앙으로 이동함으로써 진은 로버트에게 진정한 친밀함이라는 선물을 주었고, 로버트도 진에게 화답했다.

에코와 나르키소스라 해도 스펙트럼의 중앙에서 만나기만 하면, 서로에게 꽤 좋은 짝이 된다.

우리는 모두 나르키소스와 비슷하다. 인생이라는 숲속을 터벅터벅 걷고, 그 길에서 사람들을 만난다. 사람들에게는 저마다 재능과 욕망이 있고, 자신이 특별하다고 생각하고 싶은 욕구도 있다. 나르키소스라는 젊은이가 숲에서 만난 사람들을 무시하고 자기 얼굴이 비친 연못 속으로 자취를 감추는 대신, 사람들 곁에서 함께 담소를 나누고, 함께 밥을 먹고, 그들에 관해 묻고, 함께 길을 갔다면 그의 인생이 어떻게 달라졌을지 생각해보라.

에코가 마법의 연못에 비친 자기 모습을 힐끔거리는 것을 멈추고, 자기 모습을 보고 즐거워하고, 자신을 알아가는 여정으로 활력을 얻어서 물속에 뛰어들었다가 다시 올라오기로 결심했다면, 에코의 인생이 어떻게 달라졌을지 생각해보라. 어쩌면 저주를 깨고 자신의 목소리를 다시 찾았을지도 모른다.

자신의 이익과 다른 사람들의 욕구 사이에서 균형을 찾는 것이 훌륭한 인생이다. 그것이 건강한 나르시시즘이다. 건강한 나르시시즘은 우리에게 모험과 자아 발견으로 가득한 삶을 일궈나갈 힘을 준다. 건강한 나르시시즘은 열정과 연민이 어우러진 정말로 신나는 삶을 선사한다.

감사의 말

이 책에 등장하는 많은 개념은 수년에 걸친 멋진 수련 경험과 훌륭한 지도교수들에게 영감을 받아 만든 것이다. 각 개념은 내가 더 나은 임상의가 되게 도와주었다. 오랜 세월에 걸쳐 지혜를 나눠주고 힘을 북돋아준 조 셰이 박사와 케네스 잭 박사, 준 울프 박사에게 특별히 감사드린다.

인턴 과정을 마친 뒤 경력을 쌓는 데 많은 영향을 끼친, 정말 그리운 두 분이 있다. 나의 지도교수였던 앤디 모리슨 박사는 나르시시즘에 관한 여러 권의 책을 집필하고, 이 주제를 이해하는 데 인생을 바쳤다. 제리 코찬스키 박사는 자기애가 극도로 강하거나 경계선상에 있는 환자들을 치료하는 재능이 훌륭했다. 이 책을 집필하는 동안 두 분을 자주 생각했다.

내 환자들에게도 감사하고 싶다. 그들은 내게 자신의 이야기를 들려주었을뿐더러 내가 자신들에게 도움을 줄 것이라고 믿어주었다. 그들의 용기가 없었다면, 이 책에 쓴 통찰과 교훈을 결코 깨닫지 못했을 것이다.

책을 쓰는 일은 팀이 함께 노력해야 하는 일이다. 하퍼콜린스에서 엄청난 재능을 가진 사람들을 만난 것은 큰 행운이라고 생각한다. 나르시시즘에 관한 책을 출판하자고 처음 제안한 영국 하퍼콜린스 편집자 캐럴 턴킨슨에게 감사한다. 캐럴은 하퍼웨이브의 훌륭한 편집자들을 포함해 하퍼콜린스 팀을 소개해주었다. 캐런 리날디는 콘셉트를 잡는 것부터 탈고하기까지 전 과정에 통찰력과 활력을 불어넣어주었다. 줄리 윌의 예리한 시선과 명쾌한 논평과 지식은 이 책을 다듬는 마지막 과정을 즐겁게 해주었다.

내 동료인 센트럴미시건 대학교의 스튜어트 쿼크 교수가 객관적인 시각으로 건강한 나르시시즘 측정 도구를 평가해주지 않았다면 새로운 측정 도구를 개발하지 못했을 것이다. 수련 기간에 그를 만난 것을 축복이라고 생각한다. 앞으로도 나르시시즘 스펙트럼 척도를 함께 다듬어가길 기대한다.

호기심 많고 어떤 순간에도 지지를 아끼지 않는 나의 에이전트 미리엄 알트슐러에게도 빚을 졌다. 몇 해 전 어느 상쾌한 가을 저녁, 그녀가 나의 에이전트가 되고 싶다는 황홀한 소식을 전화로 알려왔을 때 정말 기뻤다.

내 목소리와 생각을 선명하고 예리하게 다듬도록 도와준 좋은 편집자이자 친구인 애너스테이지아 토우페시스에게 한없이 고맙다. 그녀의 한결같은 따뜻함과 너무나도 필요했던 유머, 언어에 예민한 귀, 그리고 뛰어난 논리 덕분에 내가 훨씬 나은 작가가 될 수 있었다.

저자로서 열정을 찾도록 도와준 내 친구이자 코치인 리사 테네르에게 진심으로 감사한다. 내 아이디어를 공유하도록 포럼을 열어준 〈허핑

턴 포스트〉와 〈사이콜로지 투데이$^{Psychology\ Today}$〉에도 감사를 전한다.

내 동생 브라이언 맬킨과 페렌스앤어소시에이츠(Ference & Associates)의 모든 변호사는 원고에 대한 인용 허락을 받기 위해 열심히 애써주었다. 지칠 줄 모르는 그들의 노력에 감사를 표하고 싶다.

마지막으로, 책을 쓰는 동안의 괴로움과 고생담을 묵묵히 들어주고, 초고를 읽고 의견을 주고, 재미있는 이야기로 머리를 식히게 도와준 가족과 친구들에게 특별히 감사한다. 그들과 나눈 재기 넘치고 힘을 북돋아준 모든 대화에 감사한다. 그대들은 내가 무얼 하든, 그 일이 성공하든 실패하든, 상관없이 나를 특별하다고 생각해주는 사람들이 있다는 사실을 상기시켜주었다. 나 역시 그대들이 특별하다고 말하고 싶다.

멋진 아내 제니퍼와 두 딸 안야와 데빈에게도 고마움을 전한다. 세 사람의 한결같은 지지가 없었다면 이 책은커녕 글 한 편도 쓸 수 없었을 것이다.

추천도서

8장에 나오는 전략은 커플을 위한 정서 중심 치료(EFT)의 창시자인 수 존슨(Sue Johnson) 박사의 치료법을 참고한 것이다. 이 책 전반에서 살펴본 나르시시스트에 관한 최신 연구는 존슨 박사의 탁월한 커플 치료법에서 발견한 사실을 다시금 확인해주었다. 관계가 달라질 수 있는 최고의 기회는 분노와 침잠 아래에 있기에, 내면 깊은 곳에 있는 욕구와 감정을 공유해야 변화를 이끌어낼 수 있다는 사실 말이다.

나는 워크숍에서, 그리고 내 개인 상담실에서 수많은 커플이 EFT를 통해 건강하지 못한 나르시시즘을 비롯하여 여러 나쁜 습관을 극복하고, 친밀감을 키우는 방식으로 서로를 지지하고 인정하는 모습을 봐왔다. (존슨 박사의 접근법은 성공률이 86퍼센트에 이르고, 이는 심리 치료에서 지금껏 한 번도 본 적이 없는 수치다.) 만약 여러분이나 여러분의 파트너가 건강하지 못한 나르시시즘 때문에 어려움을 겪고 있다면, 다음 책을 강력 추천한다.

- 《날 꼬옥 안아줘요》, 이너북스
- 《우리는 사랑에 대해 얼마나 알고 있을까》, 지식너머

만약 워크숍과 그룹 모임을 위해 더 많은 정보를 찾거나 상담 치료사를 찾고 싶으면 www.iceeft.com에서 EFT 공인 상담 치료사를 찾을 수 있다.

존 가트맨(John Gottman) 박사도 커플 치료에 주력한다. 그는 상담 치료사이자 아내인 줄리 가트맨(Julie Gottman)과 함께 서로에게 독이 되는 소통 방식을 깨고 친밀감을 회복하는 방법을 가르치고 있다. 존슨 박사와 마찬가지로, 가트맨 박사는 여러 학술지를 발간해왔고, '사랑 연구실(Love Lab)'을 통해 커플들의 소통 방식을 오래 관찰하면서 결혼 생활을 끝까지 유지하는 가장 중요한 요소를 밝혀냈다.

부부 관계를 개선하고 싶다면, 아래 책이 도움이 될 것이다.

- *10 Lessons to Transform Your Marriage: America's Love Lab Experts Share Their Strategies for Strengthening Your Relationship*, Random House
- *The Seven Principles for Making Marriage Work: A Practical Guide*, Random House

가트맨 박사에 대한 더 많은 정보를 알고 싶으면 www.gottman.com을 보라.

마지막으로 레스 그린버그(Les Greenberg) 박사는 개인 정신 치료와 관련해 변화에 대한 기존의 인식을 완전히 바꾸어놓았다. 만약 자신이

나르시시스트이고 달라지길 원한다면, 자신의 내면을 깊이 파고들어서 있는지도 몰랐던 감정들에 익숙해져야 한다. 그린버그 박사의 정서 중심 치료가 도움이 될 것이다.

http://www.emotionfocusedclinic.org/efttrained.htm에서 정서 중심 개인 치료에 관한 더 많은 정보를 찾을 수 있다.

참고문헌

1부
나르시시즘이란
무엇인가?

1. 나르시시즘 다시 생각하기: 나르시시즘은 정신장애가 아니다

Ackerman, R. A. *The Role of Narcissism in Romantic Relationship Initiation,* ProQuest Information & Learning, 2012, dissertation 72.

Ackerman, R. A., E. A. Witt, M. B. Donnellan, K. H. Trzesniewski, R. W. Robins, and D. A. Kashy. "What does the narcissistic personality inventory really measure?", *Assessment*, 2011, vol. 18(1), pp. 67-87.

Alicke, M. D., and C. Sedikides, *Handbook of Self-Enhancement and Self-Protection,* Guilford Press, 2011.

Barelds, D. P., and P. Dijkstra. "Positive illusions about a partner's physical attractiveness and relationship quality", *Personal Relationships*, 2009, vol. 16(2), pp. 263-283.

Baumeister, R. F., and K. D. Vohs. "Narcissism as addiction to esteem", *Psychological Inquiry*, 2001, vol. 12 (4), pp. 206-210.

Bonanno, G. A., N. P. Field, A. Kovacevic, and S. Kaltman. "Self-enhancement as a buffer against extreme adversity: Civil war in Bosnia and traumatic loss in the United States", *Personality and Social Psychology Bulletin*, 2002, vol. 28(2), pp. 184-196.

Brown, J. D. "Across the (not so) great divide: Cultural similarities in self-evaluative processes", *Social and Personality Psychology Compass*, 2010, vol. 4(5), pp. 318-330.

Brown, J. D. "Understanding the better than average effect: Motives (still) matter", *Personality and Social Psychology Bulletin*, 2012, vol. 38(2), pp. 209-219.

Furnham, A., D. J. Hughes, and E. Marshall. "Creativity, OCD, Narcissism and the Big Five", *Thinking Skills and Creativity*, 2013, vol. 10, pp. 91-98.

Goorin, L., and G. A. Bonanno. "Would you buy a used car from a self-enhancer? Social benefits and illusions in trait self-enhancement", *Self and Identity*, 2009, vol. 8(2,3), pp. 162-175.

Jakobwitz, S., and V. Egan. "The dark triad and normal personality traits", *Personality and Individual Differences*, 2006, vol. 40(2), pp. 331-339.

Konrath, S., B. P. Meier, and B. J. Bushman. "Development and Validation of the Single Item Narcissism Scale (SINS)", *PLoS One*, 2014, vol. 9(8), e103469.

Le, B., N. L. Dove, C. R. Agnew, M. S. Korn, and A. A. Mutso. "Predicting nonmarital romantic relationship dissolution: A meta-analytic synthesis", *Personal Relationships*, 2010, vol. 17(3), pp. 377-390.

Murray, S. L., J. G. Holmes, and D. W. Griffin. "The benefits of positive illusions: Idealization and the construction of satisfaction in close relationships", *Journal of Personality and Social Psychology*, 1996, vol. 70(1), p. 79.

O'Mara, E. M., L. Gaertner, C. Sedikides, X. Zhou, and Y. Liu. "A longitudinal-experimental test of the panculturality of self-enhancement: Self-enhancement promotes psychological well-being both in the west and the east", *Journal of Research in Personality*, 2012, vol. 46(2), pp. 157-163.

Pincus, A. L. "The Pathological Narcissism Inventory", In *Understanding and Treating Pathological Narcissism*, J. Ogrudniczuk, editor, pp. 93-110. American Psychological Association, 2013.

Taylor, S. E., J. S. Lerner, D. K. Sherman, R. M. Sage, and N. K. McDowell. "Are self-enhancing cognitions associated with healthy or unhealthy biological profiles?", *Journal of Personality and Social Psychology*, 2003, vol. 85(4), pp. 605-615.

Taylor, S. E., J. S. Lerner, D. K. Sherman, R. M. Sage, and N. K. McDowell. "Portrait of the self-enhancer: Well adjusted and well liked or maladjusted and friendless?", *Journal of Personality and Social Psychology*, 2003, vol. 84(1), p. 165.

2. 나르시시즘은 어떻게 금기어가 되었나: 나르시시즘을 둘러싼 논쟁

Annas, J. "Self-Love in Aristotle", *The Southern Journal of Philosophy*, 1989, vol. 27(S1), pp. 1-18.

Arnett, J. J. "The evidence for Generation We and against Generation Me", *Emerging Adulthood*, 2013, vol. 1(1), pp. 5-10.

Back, M. D., A. C. Kufner, M. Dufner, T. M. Gerlach, J. F. Rauthmann, and J. J. Denissen. "Narcissistic admiration and rivalry: Disentangling the bright and dark sides of narcissism", *Journal of Personality and Social Psychology*, 2013, vol. 105(6), pp. 1013-1037.

Cramer, P. "Freshman to senior year: A follow-up study of identity, narcissism, and defense mechanisms", *Journal of Research in Personality*, 1998, vol. 32(2), pp. 156-172.

Denuy, D. J. "Self-love and benevolence", *Reason Papers*, 1983, vol. 9, pp. 57-60.

Donnellan, M. B., K. H. Trzesniewski, and R. W. Robins. "An emerging epidemic of narcissism or much ado about nothing?", *Journal of Research in Personality*, 2009, vol. 43(3), pp. 498-501.

Dufner, M., J. J. Denissen, M. van Zalk, B. Matthes, W. H. Meeus, M. A. van Aken, and C. Sedikides. "Positive intelligence illusions: on the relation between intellectual self-enhancement and psychological adjustment", *Journal of Personality*, 2012, vol. 80(3), pp. 537-571.

Grijalva, E., P. D. Harms, D. A. Newman, B. H. Gaddis, and R. C. Fraley. "Narcissism and leadership: A meta-analytic review of linear and nonlinear relationships", *Personnel Psychology*, 2014, in press.

Hill, P. L., and Lapsley, D. K. "Adaptive and maladaptive narcissism in adolescent development", In *Narcissism and Machiavellianism in Youth: Implications for the development of adaptive and maladaptive behavior*, C. T. Barry, P. K. Kerig, K. K. Stellwagen, T. D. Barry, editors, pp. 89-105. American Psychological Association, 2011.

Kenny, M. *Narcissistic illusions: An empirical typology*. Dissertation Abstracts International: Section B: The Sciences and Engineering, 2001, vol. 62(10-B) p. 4819.

Kreyche, J. "How we are moral: Benevolence, utility, and self-love in Hobbes and Hume", *Stance*, 2011, vol. 4, p. 27.

Lapsley, D. K., and M. C. Aalsma. "An empirical typology of narcissism and mental health in late adolescence", *Journal of Adolescence*, 2006, vol. 29(1), pp. 53-71.

Lasch, C. *The Culture of Narcissism: American life in an age of diminishing expectations*, W. W. Norton & Company, 1991.

Lunbeck, E. *The Americanization of Narcissism*, Harvard University Press, 2014.

Millennials: A Portrait of Generation Next-Confident. Connected. Open to Change. P. Taylor and S. Keeter, editors. Pew Research Center, 2010. http://www.pewsocialtrends.org/files/2010/10/millennials-confident-connected-open-to-change.pdf.

Miller, J. D., J. McCain, D. R. Lynam, L. R. Few, B. Gentile, J. MacKillop, and W. K. Campbell. "A comparison of the criterion validity of popular measures of narcissism and narcissistic personality disorder via the use of expert ratings", *Psychological Assessment*, 2014 vol. 26(3), pp. 958-969.

Miller, J. D., J. Price, and W. K. Campbell. "Is the Narcissistic Personality Inventory still relevant? A test of independent grandiosity and entitlement scales in the assessment of narcissism", *Assessment*, 2012, vol. 19(1), pp. 8-13.

Mitchell, S. A. *Relational Concepts in Psychoanalysis: An integration*, Harvard University Press, 1988.

Paunonen, S. V., J.-E. Lönnqvist, M. Verkasalo, S. Leikas, and V. Nissinen. "Narcissism and emergent leadership in military cadets", *The Leadership Quarterly*, 2006, vol. 17(5), pp. 475-486.

Raskin, R. N. and C. S. Hall. "A narcissistic personality inventory", *Psychological Reports*, 1979, vol. 45(2), p. 590.

Roberts, B. W., G. Edmonds, and E. Grijalva. "It is developmental me, not generation me: Developmental changes are more important than generational changes in narcissism-Commentary on Trzesniewski & Donnellan (2010)", *Perspectives on Psychological Science*, 2010, vol. 5(1), pp. 97-102.

Ronningstam, E. *Disorders of Narcissism: Diagnostic, clinical, and empirical implications*, American Psychiatric Press, 1998.

Rosenthal, S. A., and J. M. Hooley. "Narcissism assessment in social-personality research: Does the association between narcissism and psychological health result from a confound with self-esteem?", *Journal of Research in Personality*, 2010, vol. 44(4), pp. 453-465.

Rosenthal, S. A., R. Matthew Montoya, L. E. Ridings, S. M. Rieck, and J. M. Hooley. "Further evidence of the Narcissistic Personality Inventory's validity problems: A meta-analytic investigation-Response to Miller, Maples, and Campbell (this issue)", *Journal of Research in Personality*, 2011, vol. 45(5), pp. 408-416.

Sosik, J., J. Chun, and W. Zhu. "Hang on to your ego: The moderating role of leader narcissism on relationships between leader charisma and follower psychological empowerment and moral identity", *Journal of Business Ethics*, 2014, vol. 120(1), pp. 65-80.

Strozier, C. B. *Heinz Kohut: The making of a psychoanalyst*, Farrar, Straus and Giroux, 2001.

Taylor, S. E., J. S. Lerner, D. K. Sherman, R. M. Sage, and N. K. McDowell. "Are self-enhancing cognitions associated with healthy or unhealthy biological profiles?", *Journal of Personality and Social Psychology*, 2003, vol. 85(4), pp. 605-615.

Trull, T. J. "Ruminations on narcissistic personality disorder", *Personality Disorders: Theory Research and Treatment*, 2014, vol. 5(2), pp. 230-231.

Trzesniewski, K. H., and M. B. Donnellan. "Reevaluating the evidence for increasingly positive self-views among high school students: More evidence for consistency across generations (1976-2006)", *Psychological Science*, 2009, vol. 20(7), pp. 920-922.

Trzesniewski, K. H., and M. B. Donnellan. "Rethinking 'Generation Me': A study of cohort effects from 1976-2006", Perspectives on Psychological Science, 2010, vol. 5(1), pp. 58-75.

Trzesniewski, K. H., M. B. Donnellan, and R. W. Robins. "Do today's young people really think they are so extraordinary? An examination of secular trends in narcissism and self-enhancement", *Psychological Science*, 2008, vol. 19(2), pp. 181-188.

Twenge, J. M. *Generation Me: Why today's young Americans are more confident, assertive, entitled-and more miserable than ever before*, Free Press, 2006.

Twenge, J. M., and W. K. Campbell. *The Narcissism Epidemic: Living in the age of entitlement*, Free Press, 2009.

3. 나르시시즘은 하나의 스펙트럼이다: 에코이스트부터 나르시시스트까지

Back, M. D., A. C. Kufner, M. Dufner, T. M. Gerlach, J. F. Rauthmann, and J. J. Denissen. "Narcissistic admiration and rivalry: Disentangling the bright and dark sides of narcissism", *Journal of Personality and Social Psychology*, 2013, vol. 105(6), pp. 1013-1037.

Campbell, W. K., and S. M. Campbell. "On the self-regulatory dynamics created by the peculiar benefits and costs of narcissism: A contextual reinforcement model and examination of leadership", *Self and Identity*, 2009, vol. 8(2,3), pp. 214-232.

Cramer, P. "Narcissism through the ages: What happens when narcissists grow older?", *Journal of Research in Personality*, 2011, vol. 45(5), pp. 479-492.

Deluga, R. J. "Relationship among American presidential charismatic leadership, narcissism, and rated performance", *The Leadership Quarterly*, 1997, vol. 8(1), pp. 49-65.

Dickinson, K. A., and A. L. Pincus. "Interpersonal analysis of grandiose and vulnerable narcissism", *Journal of Personality Disorders*, 2003, vol. 17(3), pp. 188-207.

Dufner, M., J. J. Denissen, M. van Zalk, B. Matthes, W. H. Meeus, M. A. van Aken, and C. Sedikides. "Positive intelligence illusions: On the relation between intellectual self-enhancement and psychological adjustment", *Journal of Personality*, 2012, vol. 80(3), pp. 537-571.

Edelstein, R. S., N. J. Newton, and A. J. Stewart. "Narcissism in midlife: Longitudinal changes in and correlates of women's narcissistic personality traits", *Journal of Personality*, 2012, vol. 80(5), pp. 1179-1204.

Foster, J. D., W. Keith Campbell, and J. M. Twenge. "Individual differences in narcissism: Inflated self-views across the lifespan and around the world", *Journal* of *Research in Personality*, 2003, vol. 37(6), pp. 469-486.

Gebauer, J. E., C. Sedikides, B. Verplanken, and G. R. Maio. "Communal narcissism", *Journal of Personality and Social Psychology*, 2012, vol. 103(5), pp. 854-878.

Gebauer, J. E., J. Wagner, C. Sedikides, and W. Neberich. "Agency-communion and self-esteem relations are moderated by culture, religiosity, age, and sex: Evidence for the 'self-centrality breeds self-enhancement' principle", *Journal of Personality*, 2013, vol. 81(3), pp. 261-275.

Helson, R., V. S. Y. Kwan, O. P. John, and C. Jones. "The growing evidence for personality change in adulthood: Findings from research with personality inventories", *Journal of Research in Personality*, 2002, vol. 36(4), pp. 287-306.

Hendin, H. M., and J. M. Cheek. "Assessing hypersensitive narcissism: A reexamination of Murray's Narcism Scale", *Journal of Research in Personality*, 1997, vol. 31(4), pp. 588-599.

Hill, P. L., and B. W. Roberts. "Narcissism, well-being, and observer-rated personality across the lifespan", *Social Psychological and Personality Science*, 2012, vol. 3(2), pp. 216-223.

Hill, R. W., and G. P. Yousey. "Adaptive and maladaptive narcissism among university faculty, clergy, politicians, and librarians", *Current Psychology*, 1998, vol. 17(2, 3), pp. 163-169.

Luo, Y. L., H. Cai, C. Sedikides, and H. Song. "Distinguishing communal narcissism from agentic narcissism: A behavior genetics analysis on the agency-communion model of narcissism", *Journal of Research in Personality*, 2014, vol. 49, pp. 52-58.

Mark Young, S., and D. Pinsky. "Narcissism and celebrity", *Journal of Research in Personality*, 2006, vol. 40(5), pp. 463-471.

Mathieu, C., and E. St-Jean. "Entrepreneurial personality: The role of narcissism",

Personality and Individual Differences, 2013, vol. 55(5), pp. 527-531.

Roberts, B. W., D. Wood, and J. L. Smith. "Evaluating five factor theory and social investment perspectives on personality trait development", *Journal of Research in Personality*, 2005, vol. 39(1), pp. 166-184.

Taylor, S. E., J. S. Lerner, D. K. Sherman, R. M. Sage, and N. K. McDowell. "Portrait of the self-enhancer: Well adjusted and well liked or maladjusted and friendless?", *Journal of Personality and Social Psychology*, 2003, vol. 84(1), p. 165.

Wink, P. "Three types of narcissism in women from college to mid-life", *Journal of Personality*, 1992, vol. 60(1), pp. 7-30.

4. 당신의 나르시시즘은 어느 정도인가: 나르시시즘 검사하기

Malkin, C., and Quirk, S. "Evidence for the reliability and construct validity of the Narcissism Spectrum Scale", *Research in progress*, www.chsbs.cmich.edu/NSS.

Raskin, R. N., and C. S. Hall. "A narcissistic personality inventory", *Psychological Reports*, 1979, vol. 45(2), p. 590.

2부
건강한 나르시시즘 vs.
위험한 나르시시즘

5. 에코이스트와 나르시시스트는 어떻게 만들어지나: 천성과 환경 탐색하기

Andersen, S. M., R. Miranda, and T. Edwards. "When self-enhancement knows no bounds: Are past relationships with significant others at the heart of narcissism?", *Psychological Inquiry*, 2001, vol. 12 (4), pp. 197-202.

Barry, C. T., P. J. Frick, K. K. Adler, and S. J. Grafeman. "The predictive utility of narcissism among children and adolescents: Evidence for a distinction between adaptive and maladaptive narcissism", *Journal of Child and Family Studies*, 2007, vol. 16(4), pp. 508-521.

Bosson, J. K., C. E. Lakey, W. K. Campbell, V. Zeigler-Hill, C. H. Jordan, and M. H. Kernis. "Untangling the links between narcissism and self-esteem: A theoretical and empirical review", *Social and Personality Psychology Compass*, 2008, vol. 2(3), pp. 1415-1439.

Campbell, W. K., C. P. Bush, A. B. Brunell, and J. Shelton. "Understanding the social costs of narcissism: The case of the tragedy of the commons", *Personality and Social Psychology Bulletin*, 2005, vol. 31(10), pp. 1358-1368.

Campbell, W. K., and J. D. Miller. *The Handbook of Narcissism and Narcissistic Personality Disorder: Theoretical approaches, empirical findings, and treatments*, John Wiley & Sons, 2011.

Cater, T. E., V. Zeigler-Hill, and J. Vonk. "Narcissism and recollections of early life experiences", *Personality and Individual Differences*, 2011, vol. 51(8), pp. 935-939.

Cramer, P. "Young adult narcissism: A 20 year longitudinal study of the contribution of parenting styles, preschool precursors of narcissism, and denial", *Journal of Research in Personality*, 2011, vol. 45(1), pp. 19-28.

Cramer, P., and C. J. Jones. "Narcissism, identification, and longitudinal change in psychological health: Dynamic predictions", *Journal of Research in Personality*, 2008, vol. 42(5), pp. 1148-1159.

Ettensohn, M. D. *The Relational Roots of Narcissism: Exploring relationships between attachment style, acceptance by parents and peers, and measures of grandiose and vulnerable narcissism*, Dissertation Abstracts International: Section B: The Sciences and Engineering, 2013 vol. 73(10-B)(E).

Horton, R. S. "On environmental sources of child narcissism: Are parents really to blame", In *Narcissism and Machiavellianism in Youth: Implications for the development of adaptive and maladaptive behavior*, C. T. Barry, P. K. Kerig, K. K. Stellwagen, T. D. Barry, editors, pp. 125-143. American Psychological Association, 2011.

Jakobwitz, S.. and V. Egan. "The dark triad and normal personality traits", *Personality and Individual Differences*, 2006, vol. 40(2), pp. 331-339.

Morf, C. C., and F. Rhodewalt. "Expanding the dynamic self-regulatory processing model of narcissism: Research directions for the future", *Psychological Inquiry*, 2001, vol. 12(4), pp. 243-251.

Myers, E. M., and V. Zeigler-Hill. "How much do narcissists really like themselves? Using the bogus pipeline procedure to better understand the self-esteem of narcissists", *Journal of Research in Personality*, 2012, vol. 46(1), pp. 102-105.

Otway, L. J., and V. L. Vignoles. "Narcissism and childhood recollections: A quantitative test of psychoanalytic predictions", *Personality and Social Psychology Bulletin*, 2001, vol. 32(1), pp. 104-116.

Rappoport, A. "Co-narcissism: How we accommodate to narcissistic parents", 2005, http://www.alanrappoport.com.

Rohmann, E., E. Neumann, M. J. Herner, and H.-W. Bierhoff. "Grandiose and vulnerable narcissism", *European Psychologist*, 2012, vol. 17(4), pp. 279-290.

Segrin, C., A. Woszidlo, M. Givertz, and N. Montgomery. "Parent and child traits associated with overparenting", *Journal of Social and Clinical Psychology*, 2013, vol. 32(6), pp. 569-595.

Smolewska, K., and K. Dion. "Narcissism and adult attachment: A multivariate approach", *Self and Identity*, 2005, vol. 4(1), pp. 59-68.

Tolmacz, R., and M. Mikulincer. "The sense of entitlement in romantic relationships-

Scale construction, factor structure, construct validity, and its associations with attachment orientations", *Psychoanalytic Psychology*, 2011, vol. 28(1), p. 75.

Trumpeter, N. N., P. Watson, B. J. O'Leary, and B. L. Weathington. "Self-functioning and perceived parenting: Relations of parental empathy and love inconsistency with narcissism, depression, and self-esteem", *The Journal of Genetic Psychology*, 2008, vol. 169(1), pp. 51-71.

Vernon, P. A., V. C. Villani, L. C. Vickers, and J. A. Harris. "A behavioral genetic investigation of the Dark Triad and the Big 5", *Personality and Individual Differences*, 2008, vol. 44(2), pp. 445-452.

Watson, P., S. E. Hickman, R. J. Morris, J. T. Milliron, and L. Whiting. "Narcissism, self-esteem, and parental nurturance", *The Journal of Psychology*, 1995, vol. 129(1), pp. 61-73.

Zeigler-Hill, V., and A. Besser. "A glimpse behind the mask: Facets of narcissism and feelings of self-worth", *Journal of Personality Assessment*, 2013, vol. 95(3), pp. 249-260.

Zeigler-Hill, V., B. A. Green, R. C. Arnau, T. B. Sisemore, and E. M. Myers. "Trouble ahead, trouble behind: Narcissism and early maladaptive schemas", *Journal of Behavior Therapy and Experimental Psychiatry*, 2011, vol. 42(1), pp. 96-103.

6. 천성이 질병이 될 때: 변화하지 않는 이유가 있다

Ackerman, R. A., and M. B. Donnellan. "Evaluating self-report measures of narcissistic entitlement", *Journal of Psychopathology and Behavioral Assessment*, 2013, vol. 35(4), pp. 460-474.

Andersen, S. M., R. Miranda, and T. Edwards. "When self-enhancement knows no bounds: Are past relationships with significant others at the heart of narcissism?",

Psychological Inquiry, 2001, vol. 12(4), pp. 197-202.

Cheng, J. T., J. L. Tracy, and G. E. Miller. "Are narcissists hardy or vulnerable? The role of narcissism in the production of stress-related biomarkers in response to emotional distress", *Emotion*, 2013, vol. 13(6), pp. 1004-1011.

Foster, J. D., I. Shrira, and W. K. Campbell. "Theoretical models of narcissism, sexuality, and relationship commitment", *Journal of Social and Personal Relationships*, 2006, vol. 23(3), pp. 367-386.

Holtzman, N. S., S. Vazire, and M. R. Mehl. "Sounds like a narcissist: Behavioral manifestations of narcissism in everyday life", *Journal of Research in Personality*, 2010, vol. 44(4), pp. 478-484.

Horvath, S., and C. C. Morf. "To be grandiose or not to be worthless: Different routes to self-enhancement for narcissism and self-esteem", *Journal of Research in Personality*, 2010, vol. 44(5), pp. 585-592.

Miller, J. D., W. K. Campbell and P. A. Pilkonis. "Narcissistic personality disorder: Relations with distress and functional impairment", *Comprehensive Psychiatry*, 2007, vol. 48(2), pp. 170-177.

Miller, J. D., J. McCain, D. R. Lynam, L. R. Few, B. Gentile, J. MacKillop, and W. K. Campbell, "A comparison of the criterion validity of popular measures of narcissism and narcissistic personality disorder via the use of expert ratings", *Psychological Assessment*, 2014, vol. 26(3), pp. 958-969.

Pailing, A., J. Boon, and V. Egan. "Personality, the Dark Triad, and violence", *Personality and Individual Differences*, 2014, vol. 67, pp. 81-86.

Reidy, D. E., A. Zeichner, J. D. Foster, and M. A. Martinez. "Effects of narcissistic entitlement and exploitativeness on human physical aggression", *Personality and Individual Differences*, 2008, vol. 44(4), pp. 865-875.

Sedikides, C., E. A. Rudich, A. P. Gregg, M. Kumashiro, and C. Rusbult. "Are normal narcissists psychologically healthy?: Self-esteem matters", *Journal of Personality and Social Psychology*, 2004, vol. 87(3), pp. 400-416.

Serin, R. C. "Violent recidivism in criminal psychopaths", *Law and Human Behavior*, 1996, vol. 20(2), p. 207.

Stellwagen, K. K. "Psychopathy, Narcissism, and Machiavellianism: Distinct yet intertwining personality constructs", In *Narcissism and Machiavellianism in Youth: Implications for the development of adaptive and maladaptive behavior*, C. T. Barry, P. K. Kerig, K. K. Stellwagen, T. D. Barry, editors, pp. 25-45. American Psychological Association, 2011.

Tolmacz, R., and M. Mikulincer. "The sense of entitlement in romantic relationships-Scale construction, factor structure, construct validity, and its associations with attachment orientations", *Psychoanalytic Psychology*, 2011, vol. 28(1), p. 75.

Woodworth, M. and S. Porter. "In cold blood: Characteristics of criminal homicides as a function of psychopathy", *Journal of Abnormal Psychology*, 2002, vol. 111(3), p. 436.

Zeigler-Hill, V., and A. Besser. "A glimpse behind the mask: Facets of narcissism and feelings of self-worth", *Journal of Personality Assessment*, 2013, vol. 95(3), pp. 249-260.

Zeigler-Hill, V., B. Enjaian, and L. Essa. "The role of narcissistic personality features in sexual aggression", *Journal of Social and Clinical Psychology*, 2013, vol. 32(2), pp. 186-199.

Zeigler-Hill, V., E. M. Myers, and C. B. Clark. "Narcissism and self-esteem reactivity: The role of negative achievement events", *Journal of Research in Personality*, 2010, vol. 44(2), pp. 285-292.

3부
위험한 나르시시스트 상대하기

7. 이럴 땐 피해야 한다: 그들이 보내는 위험 신호

Dufner, M., J. F. Rauthmann, A. Z. Czarna, and J. J. Denissen. "Are narcissists sexy? Zeroing in on the effect of narcissism on short-term mate appeal", *Personality and Social Psychology Bulletin*, 2013, vol. 39(7), pp. 870-882.

Hepper, E. G., R. H. Gramzow, and C. Sedikides. "Individual differences in self-enhancement and self-protection strategies: An integrative analysis", *Journal of Personality*, 2010, vol. 78(2), pp. 781-814.

Holtzman, N. S., and M. J. Strube. "Narcissism and attractiveness", *Journal of Research in Personality*, 2010, vol. 44(1), pp. 133-136.

Holtzman, N. S., and M. J. Strube. "People with dark personalities tend to create a physically attractive veneer", *Social Psychological and Personality Science*, 2013, vol. 4(4), pp. 461-467.

8. 가족, 친구, 연인 상대하기: 외면할 수 없는 사람을 변화시키는 법

Baskin-Sommers, A., E. Krusemark, and E. Ronningstam. "Empathy in narcissistic personality disorder: From clinical and empirical perspectives", *Personality Disorders: Theory Research, and Treatment*, 2014, vol. 5(3), pp. 323-333.

Finkel, E. J., W. K. Campbell, L. E. Buffardi, M. Kumashiro, and C. E. Rusbult. "The metamorphosis of Narcissus: Communal activation promotes relationship commitment among narcissists", *Personality and Social Psychology Bulletin*, 2009, vol. 35(10), pp. 1271-1284.

Foster, J. D., I. Shrira, and W. K. Campbell. "Theoretical models of narcissism, sexuality, and relationship commitment", *Journal of Social and Personal Relationships*, 2006, vol. 23(3), pp. 367-386.

Giacomin, M., and C. H. Jordan. "Down-regulating narcissistic tendencies: communal focus reduces state narcissism", *Personality and Social Psychology Bulletin*, 2014, vol. 40(4), pp. 488-500.

Hatfield, E., and R. L. Rapson. *Love, Sex, and Intimacy: Their psychology, biology, and history,*. HarperCollins College Publishers, 1993.

Hepper, E. G., C. M. Hart, and C. Sedikides. "Moving Narcissus: Can narcissists be empathic?", *Personality and Social Psychology Bulletin*, 2014, vol. 40 (9), pp. 1079-1091.

Johnson, S. M. "Hold Me Tight: Seven conversations for a lifetime of love", Little, Brown, 2008

Johnson, S. M. *Love Sense: The revolutionary new science of romantic relationships*, Little, Brown, 2013.

Keller, P. S., S. Blincoe, L. R. Gilbert, C. N. Dewall, E. A. Haak, and T. Widiger. "Narcissism in romantic relationships: A dyadic perspective", *Journal of Social and Clinical Psychology*, 2014, vol. 33(1), pp. 25-50.

Konrath, S., B. J. Bushman, and W. K. Campbell. "Attenuating the link between threatened egotism and aggression", *Psychological Science*, 2006, vol. 17(11), pp. 995-1001.

Murray, S. L., J. G. Holmes, and D. W. Griffin. "The benefits of positive illusions: Idealization and the construction of satisfaction in close relationships", *Journal of Personality and Social Psychology*, 1996, vol. 70(1), p. 79.

Pincus, A. L., N. M. Cain, and A. G. Wright. "Narcissistic grandiosity and narcissistic vulnerability in psychotherapy", *Personality Disorders: Theory, Research, and Treatment*,

2014, vol. 5(4), pp. 439-443.

Vazire, S., L. P. Naumann, P. J. Rentfrow, and S. D. Gosling. "Portrait of a narcissist: Manifestations of narcissism in physical appearance", *Journal of Research in Personality*, 2008, vol. 42(6), pp. 1439-1447.

9. 동료, 상사, 부하 직원 상대하기: 함께 대처하고 함께 변화한다

Bartlett, J. E., and M. E. Bartlett. "Workplace bullying: An integrative literature review", *Advances in Developing Human Resources*, 2011, vol. 13(1), pp. 69-84.

Campbell, W. K., B. J. Hoffman, S. M. Campbell, and G. Marchisio. "Narcissism in organizational contexts", *Human Resource Management Review*, 2011, vol. 21(4), pp. 268-284.

DuBrin, A. J. *Narcissism in the Workplace: Research, opinion and practice*, Edward Elgar, 2012.

Grijalva, E., and D. A. Newman. "Narcissism and Counterproductive Work Behavior (CWB): Meta-analysis and consideration of collectivist culture, Big Five personality, and narcissism's facet structure", *Applied Psychology*, 2014, in press.

Harvey, P., and M. J. Martinko. "An empirical examination of the role of attributions in psychological entitlement and its outcomes", *Journal of Organizational Behavior*, 2009, vol. 30(4), pp. 459-476.

Higgs, M. "The good, the bad and the ugly: Leadership and narcissism", *Journal of Change Management*, 2009, vol. 9(2), pp. 165-178.

Konrath, S., B. J. Bushman, and W. K. Campbell. "Attenuating the link between threatened egotism and aggression", *Psychological Science*, 2006, vol. 17(11), pp. 995-1001.

Namie, G., and R. Namie. *The Bully at Work: What you can do to stop the hurt and reclaim your dignity on the job,*. Sourcebooks, 2009.

Nevicka, B., A. H. De Hoogh, A. E. Van Vianen, B. Beersma, and D. McIlwain. "All I need is a stage to shine: Narcissists' leader emergence and performance", *The Leadership Quarterly*, 2011, vol. 22(5), pp. 910-925.

O'Boyle Jr., E. H., D. R. Forsyth, G. C. Banks, and M. A. McDaniel. "A meta-analysis of the dark triad and work behavior: A social exchange perspective", *Journal of Applied Psychology*, 2012, vol. 97(3), p. 557.

Padilla, A., R. Hogan and R. B. Kaiser. "The toxic triangle: Destructive leaders, susceptible followers, and conducive environments", *The Leadership Quarterly*, 2007, vol. 18(3), pp. 176-194.

Penney, L. M., and P. E. Spector. "Narcissism and counterproductive work behavior: Do bigger egos mean bigger problems?", *International Journal of Selection and Assessment*, 2002, vol. 10(1, 2), pp. 126-134.

Spain, S. M., P. Harms, and J. M. LeBreton. "The dark side of personality at work", *Journal of Organizational Behavior*, 2014, vol. 35(S1), pp. S41-S60.

Wesner, B. S. *Responding to the Workplace Narcissist*, Indiana University Press, 2007.

4부
건강한 나르시시스트로
살아가기

10. 자존감 높고 행복한 아이로 키우기: 알아두면 좋은 양육의 원칙

Baumrind, D. "Child-care practices anteceding three patterns of preschool behavior", *Genetic Psychology Monographs*, 1967 vol. 75, pp.43-88.

Brown, K. M., R. Hoye, and M. Nicholson. "Self-esteem, self-efficacy, and social connectedness as mediators of the relationship between volunteering and well-being", *Journal of Social Service Research*, 2012, vol. 38(4), pp. 468-483.

Cramer, P. Young. "Adult narcissism: A 20 year longitudinal study of the contribution of parenting styles, preschool precursors of narcissism, and denial", *Journal of Research in Personality*, 2011, vol.45(1), pp.19-28. The four parenting style descriptors in this chapter are taken in part or adapted from Cramer's analysis.

Choi, Y., Y. S. Kim, S. Y. Kim, and I. K. Park. "Is Asian American parenting controlling and Harsh? Empirical testing of relationships between Korean American and Western parenting measures", *Asian American Journal of Psychology*, 2013, vol. 4(1), pp. 19-29.

Deater-Deckard, K. "Tiger parents, other parents", *Asian American Journal of Psychology*, 2013, vol. 4(1), pp. 76-78.

Gavazzi, I. G., and V. Ornaghi. "Emotional state talk and emotion understanding: A training study with preschool children", *Journal of Child Language*, 2011, vol. 38(5), pp. 1124-1139.

Gelb, C. M. *The Relationship Between Empathy and Attachment In the Adolescent Population*, Dissertation Abstracts International: Section B: The Sciences and Engineering, 2002, vol. 62(9-B), p. 4252.

Goldstein, T. R., and E. Winner. "Enhancing empathy and theory of mind", *Journal of Cognition and Development*, 2012, vol. 13(1), pp. 19-37.

Henry, C. S., and L. Hubbs-Tait. "New directions in authoritative parenting", In *Authoritative Parenting: Synthesizing nurturance and discipline for optimal child development*, R. E. Larzelere, A.S. Morris, A.W. Harrist, editors, pp. 237-264. American Psychological Association, 2013.

Horton, R. S., and T. Tritch. "Clarifying the links between grandiose narcissism and parenting", *Journal of Psychology*, 2014, vol. 148(2), pp. 133-143.

Juang, L. P., D. B. Qin, and I. J. Park. "Deconstructing the myth of the 'tiger mother': An introduction to the special issue on tiger parenting, Asian-heritage families, and child/adolescent well-being", *Asian American Journal of Psychology*, 2013, vol. 4(1), p 1.

Kidd, D. C., and E. Castano. "Reading literary fiction improves theory of mind", *Science*, 2013, vol. 342(6156), pp. 377-380.

Kim, S. Y., Y. Wang, D. Orozco-Lapray, Y. Shen, and M. Murtuza. "Does 'Tiger Parenting' Exist? Parenting profiles of Chinese Americans and adolescent developmental outcomes", *Asian American Journal of Psychology*, 2013, vol. 4(1), pp. 7-18.

Maccoby, E. E., and J. A. Martin. "Socialization in the context of the family: Parent-child interaction", *Handbook of Child Psychology: Vol.4. Socialization, personality, and social development* (4th ed.), P. H. Mussen and E. M. Hetherington, editors. Wiley, 1983.

Mechanic, K. L., and C. T. Barry. "Adolescent grandiose and vulnerable narcissism: Associations with perceived parenting practices", *Journal of Child and Family Studies*, April 2014, pp. 1-9.

Mongrain, M., J. M. Chin, and L. B. Shapira. "Practicing compassion increases happiness and self-esteem", *Journal of Happiness Studies*, 2011, vol. 12(6), pp. 963-981.

Omer, H., S. G. Steinmetz, T. Carthy, and A. von Schlippe. "The anchoring function: Parental authority and the parent-child bond", *Family Process*, 2013, vol. 52(2), pp. 193-206.

Ornaghi, V., J. Brockmeier, and I. Grazzani. "Enhancing social cognition by training children in emotion understanding: a primary school study", *Journal of Experimental Child Psychology*, 2014, vol. 119, pp. 26-39.

Padilla-Walker, L. M., and L. J. Nelson. "Black Hawk down? Establishing helicopter parenting as a distinct construct from other forms of parental control during emerging adulthood", *Journal of Adolescence*, 2012, vol. 35(5), pp. 1177-1190.

Phelan, T. *1-2-3 Magic: Effective discipline for children 2–12*, ParentMagic, Inc., 2010.

Ryder, J. A. *College Student Volunteerism: A quantitative analysis of psychological benefits gained through time spent in service to others*, ProQuest Information & Learning, 2006, dissertation 66.

Schiffrin, H. H., M. Liss, H. Miles-McLean, K. A. Geary, M. J. Erchull, and T. Tashner. "Helping or hovering? The effects of helicopter parenting on college students' well-being", *Journal of Child and Family Studies*, 2014, vol. 23(3), pp. 548-557.

Segrin, C., A. Woszidlo, M. Givertz, and N. Montgomery. "Parent and child traits associated with overparenting", *Journal of Social and Clinical Psychology*, 2013, vol. 32(6), pp. 569-595.

Supple, A. J., and A. M. Cavanaugh. "Tiger mothering and Hmong American parent–adolescent relationships", *Asian American Journal of Psychology*, 2013, vol. 4(1), p. 41.

Vinik, J., A. Almas, and J. Grusec. "Mothers' knowledge of what distresses and what comforts their children predicts children's coping, empathy, and prosocial behavior", *Parenting: Science and Practice*, 2011, vol. 11(1), pp. 56-71.

11. 소미(SoMe)에서 소위(SoWe)로: 소셜 미디어 잘 활용하기

Ahn, D., and D. H. Shin. "Is the social use of media for seeking connnectedness or for avoiding social isolation? Mechanisms underlying media use and subjective well-being", *Computers in Human Behavior*, 2013, vol. 29(6), pp. 2453-2462.

Arthur, C. A., and L. Hardy. "Transformational leadership: A quasi-experimental study", *Leadership & Organization Development Journal*, 2014, vol. 35(1), pp. 38-53.

Bergman, S. M., M. E. Fearrington, S. W. Davenport, and J. Z. Bergman. "Millennials, narcissism, and social networking: What narcissists do on social networking sites and why", *Personality and Individual Differences*, 2011, vol. 50(5), pp. 706-711.

Buckels, E. E., P. D. Trapnell, and D. L. Paulhus. "Trolls just want to have fun", *Personality and Individual Differences*, 2014, vol. 67, pp. 97-102.

Buffardi, L. E., and W. K. Campbell. "Narcissism and social networking web sites", *Personality and Social Psychology Bulletin*, 2008, vol. 34(10), pp. 1303-1314.

Burke, M., C. Marlow, and T. Lento. *Social Network Activity and Social Well-Being*, Proceedings of the SIGCHI Conference on Human Factors in Computing Systems, ACM, 2010.

Burlingame, G. M., D. T. McClendon, and J. Alonso. "Cohesion in group therapy", *Psychotherapy*, 2011, vol. 48(1), pp. 34-42.

Carpenter, C. J. "Narcissism on Facebook: Self-promotional and anti-social behavior", *Personality and Individual Differences*, 2012, vol. 52(4), pp. 482-486.

Chou, H. T. and N. Edge. "They are happier and having better lives than I am: The impact of using Facebook on perceptions of others' lives", *Cyberpsychology, Behavior, and Social Networking*, 2012, vol. 15(2), pp. 117-121.

Ellison, N. B., C. Steinfield, and C. Lampe. "The benefits of Facebook 'friends': Social capital and college students' use of online social network sites", *Journal of*

Computer-Mediated Communication, 2007, vol. 12(4), pp. 1143-1168.

Gentile, B., J. M. Twenge, E. C. Freeman, and W. K. Campbell. "The effect of social networking websites on positive self-views: An experimental investigation", *Computers in Human Behavior*, 2012, vol. 28(5), pp. 1929-1933.

Gonzales, A. L., and J. T. Hancock. "Mirror, mirror on my Facebook wall: Effects of exposure to Facebook on self-esteem", *Cyberpsychology, Behavior, and Social Networking*, 2011, vol. 14(1, 2), pp. 79-83.

Greenwood, D. N. "Fame, Facebook, and Twitter: How attitudes about fame predict frequency and nature of social media use", *Psychology of Popular Media Culture*, 2013, vol. 2(4), p. 222.

Hanckel, B., and A. Morris. "Finding community and contesting heteronormativity: Queer young people's engagement in an Australian online community", *Journal of Youth Studies*, 2014, vol. 17(7), pp. 872-886.

Kross, E., P. Verduyn, E. Demiralp, J. Park, D. S. Lee, N. Lin, H. Shablack, J. Jonides, and O. Ybarra. "Facebook use predicts declines in subjective well-being in young adults", *PLoS One*, 2013, vol. 8(8), e69841.

Malkin, C., and J. E. Stake. "Changes in attitudes and self-confidence in the women's and gender studies classroom: The role of teacher alliance and student cohesion", *Sex Roles*, 2004, vol. 50(7, 8), pp. 455-468.

Manago, A. M., T. Taylor, and P. M. Greenfield. "Me and my 400 friends: The anatomy of college students' Facebook networks, their communication patterns, and well-being", *Developmental Psychology*, 2012, vol. 48(2), pp. 369-380.

Nathan DeWall, C., L. E. Buffardi, I. Bonser, and W. Keith Campbell. "Narcissism and implicit attention seeking: Evidence from linguistic analyses of social networking and online presentation", *Personality and Individual Differences*, 2011, vol.

51(1), pp. 57-62.

Panek, E. T., Y. Nardis, and S. Konrath. "Mirror or megaphone?: How relationships between narcissism and social networking site use differ on Facebook and Twitter", *Computers in Human Behavior*, 2013, vol. 29(5), pp. 2004-2012.

Song, H., A. Zmyslinski-Seelig, J. Kim, A. Drent, A. Victor, K. Omori, and M. Allen. "Does Facebook make you lonely?: A meta analysis", *Computers in Human Behavior*, 2014, vol. 36, pp. 446-452.

Weiser, E. B. "The functions of Internet use and their social and psychological consequences", *CyberPsychology & Behavior*, 2001, vol. 4(6), pp. 723-743.

Wilson, R. E., S. D. Gosling, and L. T. Graham. "A review of Facebook research in the social sciences", *Perspectives on Psychological Science*, 2012, vol. 7(3), pp. 203-220.

12. 행복하고 열정적인 삶: 건강한 나르시시즘이 주는 최고의 선물

Frimer, J. A., L. J. Walker, W. L. Dunlop, B. H. Lee, and A. Riches. "The integration of agency and communion in moral personality: Evidence of enlightened self-interest", *Journal of Personality and Social Psychology*, 2011, vol. 101(1), pp. 149-163.

Greenberg, J., and Mitchell, S. *Object Relations in Psychoanalytic Theory*, Harvard University Press, 1983.

옮긴이
이은진

전북대학교 정치외교학과를 졸업하고 경희대학교 평화복지대학원에서 국제및공공정책학을 전공했다. 미국 워싱턴 D.C.에 있는 비정부기구 APPA $^{\text{Action for Peace by Prayer and Aid}}$에서 인턴으로 일하며, 워싱턴 D.C. 시정부 아시아태평양 담당관실에서 번역 업무를 담당했다. 옮긴 책으로는《슈퍼 브랜드의 불편한 진실》,《이그노벨상 이야기》,《위 제너레이션》,《섹스, 폭탄 그리고 햄버거》,《차이나 브라더스》,《아직도 끝나지 않은 여행》,《분별력》,《아이아스 딜레마》,《반기문과의 대화》,《그리스도처럼》,《핀란드의 끝없는 도전》,《나는 에이지즘에 반대한다》등이 있다.

나르시시즘 다시 생각하기

첫판 1쇄 펴낸날 2017년 8월 20일
3쇄 펴낸날 2024년 10월 1일

지은이 크레이그 맬킨
옮긴이 이은진
발행인 조한나
편집기획 김교석 유승연 문해림 김유진 곽세라 진하연 박혜인 조정현
디자인 한승연 성윤정
마케팅 문창운 백윤진 박희원
회계 양여진 김주연

펴낸곳 (주)도서출판 푸른숲
출판등록 2003년 12월 17일 제2003-000032호
주소 서울특별시 마포구 토정로 35-1 2층, 우편번호 04083
전화 02)6392-7871, 2(마케팅부), 02)6392-7873(편집부)
팩스 02)6392-7875
홈페이지 www.prunsoop.co.kr
페이스북 www.facebook.com/prunsoop **인스타그램** @prunsoop

ⓒ푸른숲, 2017
ISBN 979-11-5675-703-0 (03180)

* 잘못된 책은 구입하신 서점에서 바꾸어 드립니다.
* 본서의 반품 기한은 2029년 10월 31일까지입니다.